东南交通·青年教师·科研论丛

U0961574

城市交通与城市经济发展

王　卫　编著

东 南 大 学 出 版 社
·南京·

内容简介

交通，是城市要素集聚与扩散的重要渠道与载体，也是城市竞争力的重要因子。它决定了城市在区域的什么位置形成，为城市的发展提供内生支持力，更在区域空间上影响整个城市体系的构成与分布。

本书在城市发展理论、城市经济学理论的研究基础上，系统研究了城市交通与国民经济的关系、城市交通的成本效益与价格理论、城市活动选址与交通、城市交通项目经济评估、城市交通经济影响分析、综合开发与城市轨道交通发展、第三次工业革命和大数据对城市交通未来发展的影响等，丰富了城市交通规划、建设、运营与管理的理论与方法。

本书可作为交通运输工程专业的教学用书，也可以作为交通工程、城市规划、土木工程等相关行业技术与管理人员的参考用书。

图书在版编目(CIP)数据

城市交通与城市经济发展/王卫编著. —南京：东南大学出版社，2016.3

ISBN 978-7-5641-6313-6

Ⅰ.①城… Ⅱ.①王… Ⅲ.①城市交通—关系—城市经济—经济发展—中国—文集 Ⅳ.①F572-53 ②F299.2-53

中国版本图书馆 CIP 数据核字(2016)第 008812 号

城市交通与城市经济发展

编　　著　王　卫
责任编辑　丁　丁
编辑邮箱　d.d.00@163.com

出版发行　东南大学出版社
社　　址　南京市四牌楼 2 号　邮编：210096
出 版 人　江建中
网　　址　http://www.seupress.com
电子邮箱　press@seupress.com
经　　销　全国各地新华书店
印　　刷　江苏凤凰数码印务有限公司
版　　次　2016 年 3 月第 1 版
印　　次　2016 年 3 月第 1 次印刷
开　　本　787 mm×1 092 mm　1/16
印　　张　12
字　　数　292千
书　　号　ISBN 978-7-5641-6313-6
定　　价　46.00 元

本社图书若有印装质量问题，请直接与营销部联系。电话(传真)：025—83791830

总　序

在东南大学交通学院的教师队伍中，40 岁以下的青年教师约占 40%。他们中的绝大多数拥有博士学位和海外留学经历，具有较强的创新能力和开拓精神，是承担学院教学和科研工作的主力军。

青年教师代表着学科的未来，他们的成长是保持学院可持续发展的关键。按照一般规律，人的最佳创造年龄是 25 岁至 45 岁，37 岁为峰值年。青年教师正处于科研创新的黄金年龄，理应积极进取，以所学回馈社会。然而，青年人又处于事业的起步阶段，面临着工作和生活的双重压力。如何以实际行动关心青年教师的成长，让他们能够放下包袱全身心地投入教学和科研工作中，这是值得高校管理工作者重视的问题。

近年来，我院陆续通过了一系列培养措施帮助加快青年人才成长。2013 年成立了"东南大学交通学院青年教师发展委员会"，为青年教师搭建了专业发展、思想交流和科研合作的平台。从学院经费中拨专款设立了交通学院青年教师出版基金，以资助青年教师出版学术专著。《东南交通青年教师科研论丛》的出版正是我院人才培养措施的一个缩影。该丛书不仅凝结了我院青年教师在各自领域内的优秀成果，相信也记载着青年教师们的奋斗历程。

东南大学交通学院的发展一贯和青年教师的成长息息相关。回顾过去十五年，我院一直秉承"以学科建设为龙头，以教学科研为两翼，以队伍建设为主体"的发展思路，走出了一条"从无到有、从小到大、从弱到强"的创业之路，实现了教育部交通运输工程一级学科评估排名第一轮全国第五，第二轮全国第二，第三轮全国第一的"三级跳"。这一成绩的取得包含了几代交通人的不懈努力，更离不开青年教师的贡献。

我国社会经济的快速发展为青年人的进步提供了广阔的空间。一批又一批青年人才正在脱颖而出，成为推动社会进步的重要力量。世间万物有盛衰，人生安得常少年？希望本丛书的出版可以激励我院青年教师更乐观、自信、勤奋、执着地拼搏下去，搭上时代发展的快车，更好地实现人生的自我价值和社会价值。展望未来，随着大批优秀青年人才的不断涌现，东南大学交通学院的明天一定更加辉煌！

2014 年 3 月 16 日

前　言

城市是人类社会生产力发展到一定阶段的产物，是经济密集的社会有机体，是区域发展的中心。城市的产生与发展，经济始终是最重要的驱动力之一。未来的社会，城市仍将占据主导地位。城市由于具有较好的基础设施、区位条件、生活设施、交通条件及服务能力等优势，对各类要素产生着更大的吸引力。各类要素在有限的城市空间聚集，形成了伴随着工业化进程的城镇化。城市因此成为区域的资源转换中心、价值增值中心、物资集散和流转中心、资金配置中心、信息交换中心和人才聚集中心，最终成为区域的经济发展中心。同时，城市与区域内城镇根据各自优势进行产业分工，形成专业化的生产经营协作体系，从而形成了在空间上分布的城市体系。这种产业体系和城市体系的合理构建，为城市发展奠定了坚实的基础。

交通作为城市产生的重要前提之一，决定了城市在区域的什么位置形成，并为城市要素的集聚、竞争力的提高、城市的发展与壮大提供了内生的支持力，更在区域空间上影响整个城市体系的构成与分布。城市交通借助于对城市经济要素配置的影响，对城市产业、空间布局、城市竞争力起着重要的导向作用。同时，城市的兴起与发展，也推动了交通技术和方式的进步。当前，我国正处于机动化和城镇化快速发展阶段，城市各要素的集聚所引起的规模不经济现象愈发严重，城市交通拥堵以及环境影响正是这种不经济效应的显著表现。缓解城市交通拥堵，已经成为城市管理者、城市交通规划管理研究人员的共同目标。

从20世纪80年代美籍华人张秋先生将城市交通规划管理科学引进国内以来，城市交通规划管理在我国已经发展了三十多年。经过这么多年的城市交通规划管理研究与实践，为什么我国大部分城市还是面临严重的交通问题？归根结底，在于现行的很多规划管理工作没有按照经济发展的规律来进行。传统以出行需求为导向的交通规划管理，本质上仍然是在持续强化城市集聚效应，无法从根本上缓解由此带来的规模不经济现象。为缓解城市交通拥堵，城市交通规划管理必须首先进行自身理论和方法的创新。这就要求我们回到城市交通的本源——以城市经济发展的视角来探索城市交通问题改善的方法。近年来，城市交通规划管理领域也陆续引进了一些新的理念，比如可持续发展、以人为本等等。但是，这些理念的落脚点在哪里？如何由口号转变成落地的措施？经济发展是城市化的基础，可以为上述城市交通规划管理理念的落实提供抓手。

作者从城市经济发展的角度，就城市交通的内涵、在城市发展中的作用、交通发展的经济性评价等基本理论和相关交通开发模式展开探讨，尝试为城市交通规划、建设、管理运营的理论和技术创新提供可能的方向和途径。

本书综合运用城市地理学、城市规划学、城市经济学、发展经济学和交通工程学等交叉学科知识来探索城市交通的经济本质和发展问题。全书共分九章，第一章和第二章分别研究城市和城市经济学的内容，第三章以南京市的统计数据实证研究城市交通与城市经济的宏观关系，第四章到第七章重点探讨城市经济、城市选址、交通经济评估和交通经济影响分析，第八章研究如何通过综合开发这一社会经济综合手段推动城市轨道交通发展，第九章前瞻性地研究了第三次工业革命和大数据对城市交通规划管理理论以及实践的影响。

本书的出版得到了国家自然科学基金(基金号 51208101)、江苏省优势学科建设的资助。还要感谢现代城市交通技术江苏高校协同创新中心、江苏省城市智能交通重点实验室、东南大学交通学院青年教师发展委员会给予青年教师出版的支持与帮助。

在研究与撰写过程中参考引用了众多前辈和同行的研究成果，借此机会致以真诚的谢意！

本书在写作过程中得到了家人无私的关怀、支持和鼓励，谨致以衷心的感谢！

由于作者水平有限，仅在感知的基础上对相关问题进行了探讨，难免有错漏之处，恳请读者批评指正。

王卫

2015 年 4 月

目　录

第一章　城　　市

城市是人类在不断地改造和利用自然界的过程中逐步产生的，城市的产生一直被认为是人类文明的象征。从广义来讲，城市是多数人和多数企业活动的空间[1]。随着经济全球化进程的加快，城市日益成为人类社会经济生活的主宰，并在新的地域分工中扮演着日益重要的角色。城市促使资源及要素流动性的增强，尤其是人才流、物流、资金流、技术流、信息流速度加快，给城市资源的重新整合和市场化配置创造了有利的条件和机会。城市从无到有，从简单到复杂，从低级到高级的发展历史，映射着人类社会发展过程。

1.1　城市的起源与演化

城市的产生是随着人类文明的发展而逐渐出现的。正如美国著名城市学家刘易斯·芒福德所说，“要详细考察城市的起源，我们首先必须弥补考古学者的不足之处，他们力求从最深的文化层中找到他们认为能表明古代城市结构秩序的一些隐隐约约的平面规划。我们如果要鉴别城市，那就必须追溯其发展历史，从已经充分了解了的那些城市建筑和城市功能开始，一直回溯到其最早的形态，不论这些形态在时间、空间和文化上距离已被发现的第一批人类文化丘有多么遥远。远在城市产生之前就已经产生了小村落、圣祠和村镇。而在村庄之前则早已有了宿营地、贮物场、洞穴及石冢。在所有这些形式产生之前则早已有了某些社会生活倾向——这显然是人类同许多其他动物物种所共有的倾向”[2]。

城市作为社会生产力发展到一定阶段的产物，从萌芽到形成，即“城”与“市”有机地结合为真正意义上的城市，在历史上主要经历了三个阶段。一是乡村式城堡阶段；二是城、市分离阶段；三是城、市结合一体化阶段[3]。从奴隶社会到封建社会的漫长岁月中，一直是乡村在经济上统治城市。即从城市兴起到工业革命以前，是人类社会以农业经济和乡村聚居为特色的发展、完善的漫长过程。在这期间，城市兴衰、起伏，总的发展水平较低，城市远未成为社会发展的主导力量。只是到工业革命以后，城市的性质才发生了根本变化，从政治、军事堡垒一跃而成为经济活动的中心，并不断聚集整合各类生产要素。

1.1.1　城市为什么会存在

城市为什么会存在，无论对于研究城市经济还是城市交通，这都是最基础的问题。人类需要土地生产粮食和其他资源，而在拥挤的城市中生活的人们完全与种植粮食的土地相脱离。城市之所以存在，是因为人类科技已经创造出了生产和交换系统，为人类向自然规律提出挑战奠定了物质基础[4]。一个城市的发展必须满足下面三个条件。

(1) 农业生产过剩。城市以外的人口必须生产足够的粮食，来满足他们自己和城市居民的食物需求。

(2) 城市生产。城市居民必须从事生产，生产出某种产品或服务，以便用这些产品或服务去交换农民种植的粮食。

(3) 用于交换的运输体系。为使农民种植的粮食与城市产品能更便利地进行交换，城市必须有一个高效的运输体系。同时，城市人口聚集的一个重要原因也是在于交通运输技术的进步，它能以更高的速度和更低的成本运输更多的货物[5]。

1.1.2 中国城市的起源与演化

城市是社会生产力发展到一定阶段的产物，是经济密集的社会有机体，是区域发展的中心[6]。根据城市发展的三阶段规律，乡村式城堡阶段在中国古代历史文献中多称作“城”或“城邑”等。它产生的最初动机完全是为了防御上的需要，因此它首先必须具备防御的设施——城墙。城墙在古代成为城的最主要标志。城、市分离阶段，大致从夏初到西周前期。到夏、商时期，伴随着统治阶级机构的逐渐增大，单纯的对外防御性城堡逐渐发展为不仅对外具有防御性作用，而且对内也具有政治中心职能的都城。城、市结合一体化阶段，从西周开始。城与市在逐渐有机地结合以后所表现出的集合性特点与综合性功能日益显现。与夏、商时期的都邑相比，这一时期城与市的合一较为明显，城邑也有较大的发展。这不仅表现在城邑点的增多，城区分布范围的扩大，城区区域结构的变化，而且还表现在人口有较快的增加，城内人口构成也日趋复杂化。所有这些，都反映出当时的城与市已逐渐结合为一体，成为古代中国城市，更成为真正意义上的城市。

近代我国城市发展速度加快，区域差异明显，通商口岸城市迅速兴起，而内陆城市依然衰败。如近代上海的超速发展与其作为通商口岸的地位是分不开的。上海位于长江和黄浦江交汇处，得天独厚的地理位置有利于其发展成为一个国际性的商业中心。但在中国城市发展史上，上海并不是一个古老而繁荣的城市，只是东南沿海的交通枢纽和商业重镇。作为一个地区的行政中心和经济中心，它缺乏全国性的意义和影响。在 19 世纪 50 年代中期，上海超过以前中国唯一的对外口岸广州，成为中国的对外贸易中心，进而发展成为中国的金融中心、经济中心和文化中心，最终提升为世界闻名的港口和大都市。广大西部地区由于缺乏现代经济的支撑，城市发展处于停滞状态。由于中国近代城市是产生于半殖民地、半封建社会基础上的，因而与西方近代城市发展有很大的不同。表现为城市发展水平很低，城市发展极不平衡，这种不平衡既表现在城市与城市之间，也表现在城市自身内部。

新中国成立后，沿用了历史上行政中心与经济中心合二为一的国家经济管理体制，使城镇体系中各级行政中心城市的作用得到进一步加强。城市数量增长迅速，城镇体系的等级规模发生了很大的变化，特大城市和大城市数量持续增长，中等城市发展最快，小城市发展相对缓慢。城市作为工业建设的载体，在国民经济中居于越来越重要的地位。新兴工业城市吸纳了农村劳动力进入城市，提高了全国的城镇化水平，改变了原有的城乡空间格局。另一方面，小城镇发展缓慢。新中国成立初期，中国采取了以农业支持工业的工业化模式，迅速建立起了国家的工业体系，并将经济建设的重点放在城市，导致了全国大部分地区小城镇的停滞和衰落。1979 年以来，改革开放使得中国城市数量迅速增加，初步形成了大中小城市合理布局的城镇体系，地区分布也日趋合理。同时，形成了以北京、上海、广州等特大城市为核心的城市群、都市圈[3]。

1.1.3 西方城市的起源与演化

城市研究者按社会经济发展形态的标准，将西方城市历史分为四个时期，早期城市、中世纪城市、近代城市和现代城市[8]。

(1) 早期城市。早期城市通常指奴隶制时代的城市，又称古代城市，与城市发展三阶段中的乡村式城堡阶段对应。由于各国、各民族发展历史不同，因而无统一的时限，主要指在两河流域、尼罗河流域出现城市。两河流域和尼罗河流域最早出现城市与这一地区的良好生态条件密切相关。适宜的生态条件、肥沃的土壤对游牧民族产生了巨大吸引力，大量人口的定居，使这一地区人口密度增大。

早期城市有一些共同的特点，如适宜的生态条件、复杂的社会结构、粮食过剩和交换的结合。除此以外，早期城市的特征还包括城市发展缓慢、规模比较小、城市中已有脱离农业生产的劳动者；城市的生产生活方式还相当落后，城市的经济功能不居重要地位，许多早期城市存在着宗教和政治合一的权力结构。

(2) 中世纪城市，又称中古城市。中世纪城市一般指古代与近代之间的封建制时代的欧洲城市。中古时期的欧洲城市，其外貌、规模、功能与古代城市有很大的不同。一方面，由于社会生产力水平的提高，促进了经济和社会发展。另一方面，生产技术、社会和政治组织在位于交通要道中的城市中发展和建立，本身又促进了城市的进一步发展。城市逐渐成为地区的统治中心，控制着周围的广大农业地带，利用附近的各种资源，发展地区贸易，巩固军事统治和行政管理，繁荣地方经济。

中世纪城市的特点包括宗教在人们的精神世界中占重要地位，教堂往往和政厅广场结合在一起[9]，商业在城市形成和发展过程中作用很大，一些城市由封建城堡构成，许多城市则是自治城市，城市建设突出了对外交通的重要性。

(3) 近代城市。近代城市通常指资本主义时代的城市。近代城市形成和发展的动力是机器工业的发明和使用，即工业革命推动了近代城市的形成和发展。由于工业革命促成了近代城市的形成和发展，使得许多近代城市都打上了工业化城市的烙印。

工业革命的开始迎来了城市发展史上一个崭新的时期。工业革命首先在英国发生，导致了最早的近代工业城市的产生，如伦敦、利物浦、伯明翰、曼彻斯特等。英国的首都伦敦成为当时世界上最大的城市，也是世界的工业生产和贸易中心。不仅如此，工业革命也使得城乡关系发生了实质性的变化，城市形成了一系列不同于农村的社会结构、制度体系、价值观念和生活方式，促成了城市和乡村社会的分离，吸引了更多的农村劳动力向都市聚集，开始了以城市为生活聚居中心的城镇化时代。

在工业革命的浪潮中，城市发展之快超过了以往任何时期。在区域范围内，随着资本、工厂、人口向城市集中，一些地理条件优越的地区人口集中、密度高，特别是煤田和沿海地区。如英国的兰开夏地区、德国的鲁尔地区、美国的大西洋和五大湖沿岸，都是工业革命中形成的城市密集区，导致城市空间分布严重不平衡。在进行工业革命的同时，西方许多资本主义国家还向海外实行殖民扩张政策，使得亚非众多沿海城市在殖民主义的刺激下，开始畸形繁荣起来，加速了这些地区的城镇化进程。如果说在古代，城市的规模取决于周围地区粮食生产的数量，那么在工业革命时代，蒸汽机动力的使用则成为城市发展的支撑，大批劳动力涌入新的工业中心，交通运输、贸易使城市可以在更大范围内获取所需的物资。

近代城市发展基本特点包括城市加速发展，规模日趋扩大，城市人口急剧增长；城市的经济功能日益突出，尤其是像英国伦敦这样的大城市的经济功能不断强化；环境质量日益恶化，人口过度集中导致交通拥挤等城市病出现并随之蔓延。

(4) 现代城市。现代城市是指 20 世纪特别是第二次世界大战以来的城市。工业革命使城市和乡村彻底分离，集中了越来越多的各种类型的生产、生活活动。活动的集中性和多样性使城市在经济和社会发展方面占有绝对的优势。现代城市的发展，除了工业化推动的因素外，科学技术和先进管理不断运用于生产，资本赖以扩张的技术基础发生了变化，技术上的突破使世界性经济活动成为可能。这些技术对劳动的区域性分工和就业都产生了深远的影响，催生了现代大都市的诞生。一方面，新技术革命极大地推动了世界经济的发展。另一方面，工业社会向信息社会的转型，改变了世界各国的产业结构和职业结构，由此形成的现代城市是具有较强的经济中心功能、良好的基础设施、合理的服务体系、有效的创新机制、现代化的工作生活方式、先进的管理制度和手段的城市。近几十年来，城市已由点式独立发展过渡到连片发展，城市与城市之间不再是乡村田野形态，而是由现代化的高速公路或铁路、新兴的工业区和现代化的娱乐服务设施交叉而成的“城市带”。和工业革命时期的城市相比，现代城市的类型不再单一化，而且城市范围已经拓展到了原来比较明显的边缘之外，城市的边界变得越来越模糊。

现代城市取得的发展验证了经济学的一个基本原理，即规模收益和专业化分工效率。城市由于具有较好的基础设施、区位条件、生活设施、交通条件及服务能力等优势，对各类要素产生着更大的吸引力。各类要素在相对狭小的空间聚集，高效率地生产和经营，生产要素的聚集形成了伴随着工业化进程的城镇化。城市因此成为区域的资源转换中心、价值增值中心、物资集散和流转中心、资金配置中心、信息交换中心和人才聚集中心，最终成为区域的经济增长中心。同时，城市与区域内城镇根据各自优势进行产业分工，形成专业化的生产经营协作体系，形成了不同城镇在空间上的分布格局。这种产业体系和城市体系的合理构建，为城市发展奠定了坚实的基础。一个城市与其周围区域所形成的协作分工关系越紧密，区域城市体系越具有更强的发展力。总的来说，城市的发展走向是由驱动和转向变量决定的。驱动变量包括市场环境和政府支持这两个外在的、相对固化的结构性要素。转向变量包括公共控制和地方文化这两个能够左右城市发展轨迹的内在要素[10]。

1.2 城市的内涵与特征

1.2.1 城市的内涵

从一般意义上讲，城市泛指与乡村相对的一种概念，是具有一定规模的非农业人口聚集地，这种聚集地是以人为主体的经济空间、社会制度等紧密联系的有机体。作为一个高度集中的经济综合体，城市集中了社会经济活动的许多方面。尤其是在现代城市中，不仅集聚了工业以及与工业相关的产业部门，而且包容着比工业范围广泛得多的金融、商贸、运输、信息、旅游等第三产业，这使城市越来越成为一种高度分工又密切协作的经济体系。纵观城市发展的历程，可以说，城市历来是先进生产力聚集的地方，是创造社会财富最多的地方。城市是特定区域的人口中心、经济中心和国家社会生活的中心，对于乡村而言是一种相对永久性的大型聚落，也是人类物质财富和精神财富生产、集聚和传播的中心，是一个极其复杂而且处于动态变化之中的巨系统，影响和联系面极为广阔。尽管如此，要真正在城市和乡村之间划出一条有严格意义的界限绝非易事。这是因为从乡村到城市是渐变的或交错的，不存在一个城市与乡村之间有明显区别的标志点。工业革命以后城市发展迅速，古代如城墙一类的明显界限不再存在原有的意义，但每个城市毕竟还是相对集中的。进入现代后，城市变成了中心城市和包括外围若干城镇在内的城郊复合体，与周围地区的联系在空间上日趋广泛，这使划分城乡界限又增加了难度。尽管城市是“城”和“市”逐渐结合为一体而形成的，但现代所谓的城市早已不是“城”与“市”的简单结合，其功能和要素要更为复杂和多样。

关于城市的概念，不同的学者有不同的表述，至今无公认的定论。其原因在于城市的表现形式非常多，人们可以从不同的角度，不同的侧面去描述、定义它，而且对其认识也是由表及里、由浅入深的。同时，城市的聚集性质，决定了对城市的研究必须具备多学科性。

城市经济学者认为，城市是一个有限地域内集聚的经济实体、社会实体、物质实体三者结合的有机系统；是人们为生存和发展，经过创造性劳动加以利用和改造的物质环境；是区域经济的增长极；是不同等级区域政治、经济、文化的中心；是人类集聚最经济的形式。美国著名城市学家刘易斯·芒福德认为，城市不只是建筑物的群体，更是各种密切相关、经济相互影响的各种功能的集合体。他认为，城市的定义，不在于它的物质形式，更重要的是它的传播和延续文化的功能。他指出“如果我们仅研究集结在城市墙范围以内的那些永久建筑物，那么，我们就根本没有涉及城市的本质问题”，“在城市成为人类的永久性固定居住地之前，它最初只是古人类聚会的地点，这些地点是先具备磁体功能，而后才具备容器功能的。这些地点能把一些非居住者吸引到此来进行情感交流和寻求精神刺激，这些能力同经济贸易一样，都是城市的基本标准之一，也是城市固有活力的一个证据。这同乡村那种较为固定的、内向的和敌视外来者的村庄形式完全相反”。英国学者 K. J. 巴顿指出“所有的城市都存在着基本的特征，即人口和经济活动在空间上的集中。用经济学的术语来说，城市是一个坐落在有限空间地区内的各种经济市场——住房、劳动力、土地、运输等——相互交织在一起的网状系统”。中国城市经济学家饶会林教授从城市形成和发展的特点出发描述了城市的定义，“城市是生产力发展到一定阶段的产物，是经济密集的社会有机体，是区域发展的中心”。

城市社会学认为，城市是大多数居民从事工商业和其他非农产业的社区，是人类居住、生活、工作的基本社区之一。由此把城市定义为具有一定地理界域的社会组织形式。他们认为城市应具备的条件包括有较多的、集中居住的、不同职业身份的居民；有相当数量的居民从事非农业劳动；具备市场功能和局部调节能力；有一种超过家庭或某种小集团的社会约定的准则。美国芝加哥学派创始人 R. E. 帕克在《城市：对于开展城市环境中人类行为研究的几点意见》中，阐述了芝加哥城市社会学研究的指导性纲领，第一次指出城市是一个有秩序的有机系统，城市绝不仅仅是个人的集合体，也不是各种基础设施的聚合体。“城市，它是一种心理状态，是各种礼俗和传统构成的整体，是这些礼俗中所包含并随传统而流传的那些统一思想和感情所构成的整体。”

城市地理学是较早涉足城市问题的一个学科，它侧重于从地域、空间、地理环境的角度理解城市[11]。地理学者认为，城市是发生在地球上的一种宏观现象，有一定的空间性、区域性和综合性。城市是产业人群集中区域，是国民经济空间与劳动人口投入点和结合点。法国著名地理学家菲利普·潘什梅尔认为，城市既是一个景观、一片经济空间、一种人口密度，也是一个生活中心和劳动中心。德国地理学家F. 拉采尔提出，地理学上的城市是指交通环境方便的、覆盖有一定面积的人群和房屋的密集结合体。

我国的一些学者从系统论的角度来研究城市。他们提出应该把城市看成是一个多功能、多层次、多要素的大系统。认为城市是一个以人为主，以空间利用为特点，以聚集经济为目的的集约人口、集约经济、集约文化、集约信息的地域系统，是一个与周边地区进行人、物、信息交流的动态开放系统。如钱学森从系统的观点出发，将城市概括为："以人为主体，以空间和自然环境的合理利用为前提，以积聚经济效益和社会效益为目的，集约人口、经济、科技、文化的空间地域大系统。"

由于任何社会、任何历史阶段，城市都以人为中心，以人为主体，城市既是人的物质生存之所，也是人的精神家园。因此，对于城市的本质界定都离不开人的生存与发展。随着社会经济的发展，城市的内容、功能、结构、形态在不断演变，人们从不同角度对其概括，不断丰富城市的内涵，由此推动了城市的进一步发展。城市正在改变着生态、经济、政治和社会关系的方方面面[12]。世界各国的城市发展表明，城市与经济发展始终是相伴而生的，在经济发展的每一次高潮，都毫无例外地促进了城市的发展；在城市发展的同时，也更进一步促进了经济的增长。

1.2.2 城市的特征

城市是生产力发展到一定阶段的产物，是经济密集的社会有机体，是区域发展的中心。概括起来，城市主要具有以下特征：

1）聚集性

城市发展的主要原动力是城市经济的空间集聚效应[13]。就其本质而言，城市是聚集经济及其社会承担者存在的空间组织形式。城市在它发展的历程中，始终伴随着聚集经济。从理论上说，聚集经济既是城市这种空间组织形式产生的根源，又是推动城市发展的基本动力之一。城市由于所具有的区位条件、服务能力、交通运输、信息交换、权力资源、设施水平、人口规模等诸多优势而具有较强的聚集功能，在区域范围内能够更有效地聚集人口、产业、资源等要素，形成规模化效应。同时，还可以更经济地获得专业化的要素和人力的投入，以更低成本获得技术信息和公共产品，增强企业的互利性和关联性，降低企业的交易成本，实现劳动的高效率产出、财富的高效率创造和价值的快速增值，实现城市经济规模和空间规模的膨胀。所以，聚集性是城市发展的前提和关键。城市的规模经济具有两层含义，一是经济活动空间的集中不仅可以节约运输、信息收集等交易费用，而且可以最大限度地发挥城市供水、供电、交通、公共管理等规模经济效益，降低社会公共活动成本。二是在城市现有要素不变的条件下，城市功能调整或城市空间布局的改变都有可能在资源重组过程中，通过各种资源和要素的重新整合提升城市的整体经济效益。

2）开放性

城市是一个开放的系统，开放性是城市经济有机体的本质属性。城市作为人类各种活动的集聚场所，通过人流、物流、资金流和信息流与外围区域发生多种联系，通过对外围腹地的吸引作用和辐射作用，成为区域的中心。外围区域则通过提供农产品、劳动力、商品市场、土地资源等而成为城市发展的依托。因此，城市与区域相互依存，城市借区域而立，区域依城市而兴。

城市的开放性体现在城市经济与外部经济的联系上。城市是区域经济活动的中心，时刻与外界发生着错综复杂的联系。城市经济运行过程中产生的吸引和辐射机制，构成了城市经济多层次、多方位、多功能的开放系统。城市必须依赖农业的剩余支撑城市的生存，乡村是城市生产的原料供应地和产品销售市场，从而使城市经济与乡村经济的联系更加紧密，乡村经济对城市经济的依赖性增强。同时，城市与其他城市之间存在着空间分工，在区域经济中承担着重要的责任。区域经济正是通过城市经济与外部紧密联系在一起的。在现代城市中，各类城市聚集程度的加剧，促使社会分工为适应市场需求而进一步细化，从而从根本上推动了城市功能从单一走向综合，使城市累积起更强的吸引力和辐射力，并带动周边地区的发展，进一步缩小了城乡差别。

城市的开放性体现在劳动力流动、资本流动、技术扩散、信息传播以及城市信息中心和运输枢纽作用上。如城市中现有的劳动力经常面临城市外部移民的竞争，这些移民主要来自于农村或小城镇，他们对工作条件和收入的期望值通常低于城市原有的劳动者，与城市原有劳动者争夺工作机会，迫使原有劳动者降低收入要求。当一个城市的劳动力成本较高，影响到企业的盈利能力时，企业就会将资本转移到劳动力相对较为低廉的地方去，从而对这些地区的经济发展产生促进作用，而资本流动的同时又带动技术的扩散和产业的进步。

3）区域性

城市是区域的核心，区域是城市形成和发展的基础，决定着每个城市的特点。城市发展产生的辐射和吸引力同样影响和推动着区域经济发展。城市与区域的相互作用使城市与区域的各要素配置到最适合其发挥效用的地域空间，增强了城市与区域的秩序感和时空感，使城市与区域构成了一个具有一定结构和功能的有机整体。城市从区域获取发展所需要的原料、燃料和劳动力，又要为区域提供产品和各种服务。城市与区域之间的这种双向联系无时无刻不在进行，它们互相交融、互相渗透。

根据城市与区域的辐射力与集聚力来划分，城市与区域的相互关系分为向心型和离心型。向心力和离心力是城市空间增长的两种主要力量。这一思想最先源于美国地理学家科尔毕，他提出了向心力与离心力学说。根据这一学说，向心型是指区域向城市的集聚力大于城市对区域的辐射力。一般发生在城镇化的初级阶段，区域人口、生产要素从空间上的分散状态向城市节点集结、汇集。离心型是指集聚力和辐射力之合力背离城市，从城市指向区域，表现为城市的人口、生产要素离开城市，流向区域，并呈分散状。

根据城市与区域相互作用的空间效果来划分，城市与区域的相互关系分为外延型和飞地型。外延型是指集聚力和辐射力的合力作用在城市地域，使城市逐渐由内向外推进，使郊区城镇与大城市在地域上连成一体，成为大城市的组成部分。飞地型是指集聚力和辐射力之合力作用于城市之外的某一空间地域，其空间效果表现为城市在扩展过程中新城区与老城区在地域空间上的隔离，但在功能上保持密切的联系。

城市与区域的相互关系还可以分为单核心、双核心和多核心城市区域，是指在区域内以一个、两个和多个核心城市为中心城市，核心城市一般是区域的增长极。区域中心城市是一个区域综合实力的集中体现，是区域经济社会发展的中枢。在带动和组织区域发展过程中，城市往往以区域生产中心、流通中心、管理服务中心、教育培训中心以及区域创新中心的身份发挥重要作用。

4）产业结构的高级化

产业结构的高级化是指城市经济产业结构的总体水平或是主导产业明显高于作为对照的城乡边缘区和乡村经济。这种现象不是现代城市所独有，而是自城市出现以后就一直存在着。产业结构的高级化是世界各国经济发展到一定阶段之后出现的共同趋势。产业结构的高级化包括两方面的内涵。首先是城市产业部门特别是城市的三次产业部门按市场需求结构形成合理、恰当的比例关系，使城市产业结构合理化。再者是城市产业结构在更高的档次上实现比例协调，适应需求结构的变化。随着产业结构的演进，城市产业结构中第二产业所占比重逐渐下降，第三产业所占比重逐渐上升。表现为第一产业向二、三产业升级演化，由劳动密集型产业占优势的阶段向资本和技术密集型占优势的阶段演进，由制造初级产品产业优势向制造中间产品、最终产品的产业优势演进。

城市产业结构高级化与城市经济发展水平具有密切联系，一些发达城市如纽约、巴黎和东京等，第三产业在经济中占很大的比重。城市的产业结构水平决定了经济发展水平，城市经济和乡村经济的差距表现在产业结构的高级化差异上。纵观历史，城市的产业结构始终处于领先地位。城市产业结构高于乡村地区，其原因是多方面的。首先，与城市经济发展水平较高有关。城市经济以工业为主，特别是重工业成为带动城市经济乃至区域经济发展的主要动力。其次，产业结构的升级与技术水平的进步有关。随着技术水平的升级，所需要投入的固定资产的数量在增加，这要求有很大的市场需求才能补偿巨额的投资，而只有城市才具有这样的市场潜力。最后，与城市经济的聚集性有关。城市的经济活动聚集在特定的空间中，一方面，便利了人们的交往；另一方面，加强了企业之间竞争的激烈程度，竞争使城市成为创新活动的源泉。

从人类发展历史的纵向比较看，任何经济的发展、任何国家的富强，其最主要的表现形式就是人均收入的不断提高。在人均收入提高的同时，城镇化水平不断提高，产业结构从制造业为主向服务业为主过渡，这样的趋势不可阻挡[14]。

5）层次性

城市并不是孤立存在的，而通常是由若干个城市共同组成具有一定等级层次的城市体系。这是因为在发展经济学中，比较优势是一个重要概念。国家、个人的发展都要发挥比较优势，城市发展也不例外。一个城市和其他城市之间既存在竞争又存在联系。因此，它不会同时发展所有的产业来满足自身的需要，而只重点发展自身具有比较优势的产业，并通过这些产业的发展带动整个城市的发展，其他产业发展可以依赖于体系中的其他城市来进行。在城市体系中，有作为核心的中心大城市，也有作为次级城市的中等城市以及小城市，它们共同协作而承担较为完整的经济和社会职能。中心城市的经济功能往往具有综合性的特点，中心城市通过集聚、扩散和创新等经济功能的指挥，带动整个区域经济的发展[15]。如美国的纽约是由中心城市和 60 多个卫星城市组成的城市综合体。再如中国的长江三角洲地区，在适度发展大城市和特大城市的同时，各中小城市和诸多城镇也得到了较快的发展，从而形成了大中小城市并举，城市等级更加完善的结构。

城市发展的层次性不仅表现在人口和用地规模上，同时表现在生产力水平等其他方面。城市体系是构成一个区域或国家的相互依赖、相互作用的城市组合，这些城市作为一个系统相互作用的主体，不仅创造了一个国家或区域增长和发展的格局，也形成了这种格局的空间特征。城市体系的合理化必须以生产要素自由流动为前提，以企业自主选址和劳动者自由迁徙为条件，以集聚效应和拥挤效应之间的权衡为机制。于是，具有不同的地理、自然、历史等条件的城市都达到最大化劳动生产率的最优规模，从而形成不同规模、不同功能的城市相互分工、相互依存、共同发展的城市体系[14]。

1.3　城市功能

1.3.1　城市功能及其演化

城市功能是一个系统的概念。城市功能的本质是将一定地区的人口流、智力流、物质流、能量流、资金流、信息流聚集起来，通过城市活动满足城市内部需要并向其他地区扩散。一个城市的功能是多样的，可把城市的各项具体功能看作系统的组成要素，包括经济功能、政治功能、社会功能、文化功能等。首先，城市的经济功能是城市作为经济中心引导地区产业发展，并成为地区发展的经济支柱，同时，为人口就业提供更多机会的功能。其次，城市的政治功能是指城市作为政治中心引导着国家与地区的政治导向的功能。只要在权力主导经济社会资源配置的国家，城市的政治功能永远是城市发展的关键要素。再次，城市的社会功能是城市政府对所辖区域行使社会管理、执行政策法规、维持社会治安、实行社会保障等的功能。城市作为社会中心应该为人们提供便利的公共设施和良好的生活交流环境。最后，城市的文化功能是体现城市精神文明的功能，包括文化、科技、教育、卫生以及宗教等。城市作为文化中心担负着保留与传播地区与民族文化的功能，使得不同城市形成不同的文化氛围。由于城市担当了上述诸多功能，从而构成了复杂的城市系统。

1933年，国际现代建筑协会以“功能城市”为主题的第四次会议在雅典举行，此次会议所通过的著名的《雅典宪章》，从城市规划的角度论述了城市的四大功能：居住、工作、游憩和交通。其核心思想是居住区应选在城市最好的地段，在不同地段根据生活情况制定不同的人口密度标准；工业必须依其性能、需要进行分类，选址时应考虑与城市其他功能的相互关系；利用城市建设和改造的机会开辟城市游憩用地，满足居民游憩需要；城市必须在调查的基础上建立新的街道系统并实行功能分类，以适应城市现代交通工具的需要。尽管该宪章中有关城市功能分区的观点引起颇多争议，但对缓解当时欧洲城市存在的一系列矛盾和问题起了一定的作用。面对当时大多数城市无计划、无秩序发展过程中出现的问题，尤其是工业与居住混杂所导致的严重的卫生问题、交通问题和居住环境问题等，宪章起到了缓解和改善作用。同时，会议所提出的功能分区思想是城市规划管理领域的一次重大革命[16]。

1.3.2　城市功能的类型

城市功能类型分类方法很多，将城市功能归为对外功能和对内功能是最常见的分类。城市外部功能实现的前提是内部功能的实现，而外部吸纳功能的强化又进一步提升其内部功能。城市对内功能是对于城市经济内部居民和企事业单位等所起的作用，它主要表现为城市的聚集经济效益和区位经济效益。城市的对外功能是指城市经济对外部的经济作用。

城市的对外功能是城市的基本功能，是城市功能的核心，主要是由城市向城市以外地区的供给引起的，这里起作用的是比较成本利益、生产专业化和规模经济三者的综合。对外功能指城市对特定区域内资源发挥吸纳作用，并随城市发展对社会经济文化等诸多方面产生辐射和带动作用。一般所说的城市对外功能是某一城市或某类城市所特有的功能，这些功能往往同城市特有的地理位置、环境条件、历史发展、经济特点有关。

城市的对内功能也称为非基本功能，是每个城市都必须具备的功能，如居住、生产、交通、生活、娱乐和行政等功能。作为城市，必须依靠这些功能来维持其生存。城市的对内功能会随着城镇化水平的提高、社会经济生活的变化而变化。在城市对内功能中，有伴随城市存在而存在的功能，如居住功能，也有随城市发展和演变而形成的新的功能，如信息扩散功能。城市功能优化，首先必须有利于城镇化水平和居民生活质量的提高，有利于城市对内功能的拓展。

城市对外功能和对内功能两部分是相互依存的。如果城市经济生活中对外功能部分的内容和规模日渐发展，这个城市的发展就势不可挡。如果城市的对外功能部分由于某种原因而衰落，同时却没有新的对外功能发展起来，那么这个城市就无可挽回地要趋向衰落。城市的对外功能和对内功能是可以转化的。许多城市发展的事实说明，原先的以对外功能为主的部门到一定时候会衰落，原先以对内功能为主的部门中也会成长出新的对外功能。城市越大，其内部各种经济活动之间的依存关系越密切，城市内部的交换量越多，城市居民对各种消费和服务的要求也越高，城市也越有可能建立较为齐全的为生产和生活服务的各种行业和设施。

1.4 城市产业

1.4.1 城市产业的内涵

产业是国民经济中按照一定的社会分工原则，为满足社会某种需要而划分的从事产品和劳务生产及经营的各个部门，包括国民经济的各行各业。产业是城市发展的载体，一个城市的发展模式、经济发展速度和经济发展水平与这个城市的产业发展息息相关。如果说经济是城市腾飞的基础，那么产业就是经济的骨架。城市是人口、产业和其他各种生产要素的聚集地。通过要素聚集为产业发展提供便利的同时，也形成了规模效应，导致城市空间结构的更替和演化。产业发展不仅需要各种要素作支撑，而且需要巨大的市场作保证。因此，城市是产业发展的依托和重要的外部条件。

1. 城市要素状况决定城市产业选择

城市要素分为自然要素和非自然要素，其中自然要素包括自然条件和自然资源；而非自然要素包括社会、经济、文化等方面的要素。在城市产业选择过程中，各要素的重要性并不完全相同。由于这些要素是动态变化的，从而使产业选择和演变也就具有了动态特点。纵观城市自农业社会以来产业发展的轨迹，我们可以看到这些城市的产业变化呈现出由自然要素主导阶段、资本要素主导阶段逐步向知识经济阶段发展的规律。以巴黎、纽约、伦敦和东京为例来说明，见表 1-1。

表 1-1　国外城市不同产业发展阶段的主要产业[17]

城市	自然要素主导阶段	资本要素主导阶段	知识经济阶段
巴黎	冶金、食品、化工、纺织	冶金、电子、汽车制造、航空	电子、汽车、飞机、造船、服装、金融、商业
纽约	服装、鞋帽、印刷、皮革、食品、造船、机械制造	造船、机械制造、建筑、商业、物流	金融、保险、房地产
伦敦	商业	电气机械、汽车、飞机、商业	金融、保险、专业服务
东京	纺织、食品	钢铁、化工、机械	金融、信息、新材料

尽管上述四个城市处于各阶段的时间前后并不一致，但在各阶段中仍呈现出一些共同特征。自然要素主导阶段各城市的自然资源和自然条件（主要是地理位置）在影响城市产业的选择和发展中发挥了重要作用，基础设施较完善是影响中心区中低技术产品制造业和商业发展的重要保障要素。因此，城市一般发展原材料加工型制造业，如巴黎、纽约。伦敦因为周围有伯明翰、利物浦等工业城市的存在，而成为商业中心。

资本要素主导阶段由于基础设施的不断完善，交通技术的不断进步，资本、技术等在区域之间的流动性大大增强，对城市产业的发展产生了重要影响，从而使得城市内部钢铁、化工、机械、电子等资本密集型和技术密集型产业大大发展。企业对金融、保险、商务服务、科学研究需求的大大增加，刺激了生产性服务业的发展。

知识经济阶段城市内部资本充裕、人力资源丰富，电子技术和信息技术出现并快速发展。城市基础设施进一步完善，城市产业主要集中在生产性服务业和社会服务业，新兴产业成为城市产业结构的重要组成部分。

2. 产业对城市竞争力的影响

城市竞争的实质，是包含城市产业在内的全方位的竞争。

产业对城市竞争力的影响包括五个方面：一是城市产业协调度影响城市产业发展和城市价值体系的构成。如果城市各产业、各部门在生产上相互衔接、紧密配合，并形成合理的比例，则城市资源在各部门之间将得到合理配置，城市产业规模得以扩张，企业生产成本和交易成本有效降低，城市价值升高。二是城市产业结构对城市要素供给的适应性，影响城市产业发展和城市价值体系。城市的自然、社会、政治、经济、技术和对外关系形成城市特定供给结构。城市产业结构与之适应，则城市要素比较优势得以发挥，城市价值提升，竞争力提高。三是城市产业的技术结构，影响城市价值体系。产品技术含量高，可以降低传统和新兴产业的相对成本，提高城市产品的市场占有率，获得高额租金。四是城市产业的应变能力影响城市的竞争力。城市产业的应变能力反映了产业的活力和适应市场的能力，产业如果能够根据市场变化迅速转型或及时调整战略，则城市的竞争力就高。五是企业规模的大小影响城市价值。大企业具有人才、资金、技术、管理及规模优势，所以，大企业有利于提高城市竞争力；而中小企业是城市就业、生产和出口增长的来源，能够快速适应市场需求的变化，使城市经济充满活力。除此之外，城市产业的外向度决定了城市的开放程度和与国际接轨的情况，直接影响着在经济全球化背景下城市的国际地位和声誉，也是城市竞争力的重要表现。产业尤其是服务产业的发展，进一步改善了城市的环境和功能，反过来对于城市聚集人口，扩大规模形成了正效应关系。

1.4.2 城市产业结构及演变规律

产业结构是指国民经济中产业的构成及其相互关系，有广义和狭义之分。狭义产业结构是指构成产业总体的产业类型、组合方式、各产业之间的本质联系，各产业的技术基础、发展程度及其在国民经济中的地位和作用。广义产业结构除了狭义产业结构的内容外，还包括产业之间在数量比例上的关系、在空间上的分布结构等。由于产业结构中各产业的状况、发展程度有差别，相互之间的关系及其在国民经济中的地位和作用的不断变化，因而产业结构状况会有差异，并且处于动态的变化中。

城市产业结构是指城市内部各产业部门之间量的比例关系及其特定的相互关系。城市产业结构是国民经济结构在城市范围内的具体化[6]。同时，城市产业结构的状态决定着城市的经济增长。从静态的角度看，当城市产业面对的市场需求结构一定时，城市经济的增长则受制于城市三次产业是否协调，三次产业中的各种部门是否与资源条件、生产要素配置现状相适应，整个城市的产业结构是否与市场需求结构相协调。特别是传统产业与新兴产业之间的比例、城市产业的专业化水平、第三产业的发达程度将直接决定城市经济的总量规模和增长速度。从动态的角度看，当城市产业面对的市场需求结构发生变化时，城市产业结构对这种需求结构变动的适应能力直接决定着城市经济的增长。随着城市人均收入的提高，需求结构会发生显著的变化，如果城市产业结构能够适应这种变化，则将推进城市经济持续稳定增长。经济发展和经济增长伴随着产业结构的演进，经济发展阶段的演进是以主导产业部门的更替为主要特征的[18]。

我国目前采纳的三次产业的划分标准是 2003 年国家统计局公布的《三次产业划分规定》。规定明确第一产业是农业(包括林业、牧业、渔业等)，第二产业是工业(包括采掘业、制造业、自来水、电力蒸汽、热水、煤气)和建筑业，第三产业是除上述第一、第二产业以外的其他各业，包括交通运输、仓储和邮政业、信息传输、计算机服务和软件业、批发和零售业、住宿和餐业、金融业、房地产业、租赁和商务服务业、科学研究、技术服务和地质勘察业、水利、环境和公共设施管理业、居民服务和其他服务业、教育、卫生、社会保障和社会福利业、文化、体育和娱乐业、公共管理业等。

城市产业结构是决定城市经济功能和城市性质的内在因素。产业结构调整和由此引起的人口从农业及工业生产中解放出来，为第三产业的发展提供了可能，从而推动了城镇化的演进和城市的发展。更为重要的是，它促进了城市功能的进一步完善，从根本上对包括城市用地结构、市域城镇体系和区域城市群体在内的广义的城市空间结构产生重大影响。

城市产业结构提升与区域经济发展互为因果。一方面，产业结构的升级要以区域经济的发展作为前提。区域的协调发展、城市等级结构的趋于成熟，为中心城市产业结构的积极调整提供了背景和动力。另一方面，区域的持续发展也有赖于中心城市高效的产业结构和强大的辐射功能。一个分工明晰、相互联动的区域城市体系必然具有一个人流、物流、资金流、技术流、信息流的指挥中心。中心城市的产业结构特征决定了其对所在区域要素的集聚能力与辐射范围，从而推动着区域城市等级体系的完善。

城市产业结构的调整还会引起城市空间分布格局的变化。当城市产业结构由第二产业主导型向第三产业主导型发生转变时，生产方式也会相应地由劳动密集型向资金、技术密集型过渡。这种经济结构上的根本性转变，一方面使得进一步的聚集发展变得不经济，另一方面也为产业迁移和重新布局提供了可能。因此，市域城镇体系所承载和赖以发展的动力是产业结构调整扩散作用所形成的产业在市域范围的重新分布。

关于城市产业结构演变规律的研究主要有两类：

(1) 配第—克拉克定理。配第—克拉克定理是研究经济发展中的产业结构演变规律的重要学说，是科林·克拉克在威廉·配第的研究成果基础上深入分析和研究就业人口在三次产业中分布结构的变动趋势后得出的。威廉·配第在《政治算术》中指出，制造业比农业，进而商业比制造业能够得到更多的收入。在经济发展中，这种不同产业之间相对收入上的差异，会促使劳动力向能够获得更高收入的部门移动。科林·克拉克就此问题作了进一步研究。配第—克拉克定理主要描述了在经济发展中劳动力在三次产业分布结构的演变规律，指出了劳动力分布结构变化的动因是产业间在经济发展中产生的相对收入的差异。由此出发，产业结构演变规律的探讨必须深入研究第一、二、三次产业所实现的国民收入的比例关系及其变化。

(2) 库茨涅兹的进一步研究。在配第和克拉克研究成果的基础上，美国著名经济学家库茨涅兹在产业结构演变动因的分析方面作了进一步的深入研究，库茨涅兹的研究成果包括：

● 第一产业实现的国民收入，随着年代的延续在整个国民收入中的相对比重同农业劳动力在全部劳动力中的相对比重一样，处于不断下降之中。

● 第二产业的国民收入的相对比重，大体上是上升的，然而工业部门劳动力的相对比重是大体不变或略有上升。

● 第三产业的劳动力相对比重，差不多在所有国家里都是上升的。但国民收入的相对比重却未必和劳动力的相对比重是同步上升的。综合起来看，是大体不变，略有上升。

工业化以前，第一产业处于主导地位。进入工业化以后，第一产业的比重开始下降，第二产业比重迅速上升。但是第二产业的比重有一个极限(一般不超过 50%)，在达到这个极限之后便逐渐下降。这是因为第二产业的发展带动了第三产业的发展，且第三产业比重会逐渐超过第二产业的比重。在产业结构的要素密集程度上，逐渐由劳动密集型产业为主向资金密集型产业为主再向技术密集型产业为主演进。工业内部逐渐由原材料、初级产品为中心向组装加工业，再向以高、精、尖工业为中心演进，由低附加值产业向具有高附加值的产业演进。表 1-2 展示了产业在不同工业化阶段的比例发展趋势。

表 1-2 不同阶段产业结构演变特征[19]

特征＼阶段		前工业化阶段	工业化阶段			后工业化阶段
			早期	成熟期	后期	
从业人数比例	第一产业	＞80%	由 80%降至 50%	由 50%降至 20%	由 20%降至 10%	＜10%
	第二产业	＜20%	由 20%升至 40%	50%左右	由 50%降至 25%	＜25%
	第三产业	＜10%	由 10%升至 20%	由 20%升至 40%	由 40%升至 70%	＞70%
非农人口/总人口		＜20%	由 20%升至 30%	由 30%升至 50%	由 50%升至 70%	＞70%

1.5 城市空间结构

空间是人类社会活动的场所，是城市存在的基本形式之一。空间是一个非常抽象的概念，人类的所有活动都在空间上反映出来。空间结构是地理学对地理事物空间分布状态的描述，其基本组成要素是“点、线、面”，即城市、居民点（“点”），交通、通讯等基础设施（“线”）和功能区（“面”）在空间上的不同组合形态。

1.5.1 城市空间结构的内涵

城市空间结构是人类社会经济活动的长期历史积累而逐步形成的，不同的社会经济发展阶段，其空间结构具有不同的特征，所以，长久以来对于城市空间结构的定义并没有统一的说法。对城市空间结构比较典型的理解认为，空间结构是指城市要素在空间范围内的分布和联结状态，一般表现为三种形式：一是密度，即城市要素在空间范围内表现的数量的一种综合。二是布局，即城市要素在城市空间的具体分布。三是城市形态，指城市空间结构的整体形式，是城市空间布局和密度互相影响、互相作用而引起的城市三维形状和外观的表现。

城市空间结构受社会生产力发展和城市自身自然社会经济因素的影响形成三种典型空间结构类型，即单中心结构、多中心结构和网络化结构。①单中心结构的城市只有一个中心，城市空间发展沿建成区边缘向外摊大饼式地扩展，或沿主干道（或河流）延伸成带状结构。这种模式下，城市有一个劳动力高度集中的商务中心，城市居民居住在中心之外，通勤到市中心，城市交通流呈放射状。在城市处于中小规模时，单中心类型具有其合理性。可以节省用地，节约能源。但当城市规模较大时，产业和人口过分集中，则易产生一系列的城市问题，如交通拥堵，地价高昂，发展空间狭窄，生态环境恶化。② 多中心结构。随着科学技术和生产力的迅速发展，世界上许多大城市迅速膨胀和高度集中，由此带来一系列的“城市病”。在此背景下，伦敦、巴黎、莫斯科等城市进行了郊区卫星城的规划和建设。这种模式下，城市有多个就业中心，城市居民在理论上可以通勤到其中任何一个就业中心，城市交通呈随机型。③网络化结构。随着信息产业在国民经济中所占比重的迅速提高，信息技术在各种产业和人们社会生活中的应用日益广泛，城市土地利用强度不再是由里向外递减，中心区产业和人口密度将下降，网络化结构成为未来城市空间结构的发展趋势。

1.5.2 城市空间结构演变的动力

城市空间结构的演化遵循城市增长和区域经济发展的规律。产业发展按第一、第二、第三产业，第二、第一、第三产业和第三、第二、第一产业的顺序发展，用地类型由农业用地向非农业用地转化，圈层结构也由少而增多，功能结构由简单综合、整体分化、局部分化、局部综合向整体综合的方向转化。内外联系由松散到密切，空间结构由不稳定到稳定进化。城市经济的发展必然带来城市要素的空间增长和格局变化，空间增长在平面上表现为城市群地域的蔓延，在垂直方向上以空间增厚的形式显现——城市向高空和地下扩展。空间格局的变化表现为城市功能区的替代和城市要素空间密度的增加。

从实质内涵看，城市空间结构的形成和变化是城市内部、外部各种力量相互作用的物质空间反映，受政治、经济、社会、文化活动的交织影响。在市场经济条件下，单一的力量不足以完全决定城市空间的结构。在诸多的社会力量中，在特定时期会有特定力量主导最后的合力，并主要地影响城市空间结构的变化。城市中各区的功能变化则是城市空间结构变化的产物。城市空间演化过程是城市的凝聚力促使其创新活动向城市以外区域扩散和传播的过程。城市所固有的凝聚力促使其在技术、文化、经济等方面不断创新，从而形成城市功能的迅速增长、城市地域的不断扩大。城镇化就是城市的社会、经济、文化和空间等特征以城市为中心的扩散、渗透和普及的过程。城镇化的类型与空间扩散的类型是相对应的。城镇化过程中形成三种空间形式，即城市规模和市区的扩大、城镇体系的发育以及城市飞地的出现。空间扩散根据其区位变化的特征，可分为三种基本类型：扩展扩散、等级扩散和位移扩散。扩展扩散是以创新源地为中心，向周围地域连续扩散；等级扩散是该创新源地遵循着一定的等级顺序扩散；位移扩散是扩散地随时间产生非均衡的位移。可见城市空间扩散的三种类型与城镇化过程形成的三种空间形式是一致的。从理论上讲，城镇化进程应与城市空间演化过程同步协调发展。城市空间结构的演变进而促进城市景观生态格局的演变，从而对城市自然环境与资源的利用产生影响。概括起来，促使城市空间结构演变的动力主要有以下三个方面：

（1）城市经济资源的空间聚集效应。聚集效应是城市各种经济要素、经济活动的相关性与结构性产生的重要机制，是城市形成、生存和发展的重要动力和依据。城市是一个相互联系、相互依赖的动态体系，城市经济的一个重要特征是各区位间的高度依存性。外部性的存在，不仅影响厂商和居民的生产和消费决策，而且制约着整个城市地区的经济发展和空间布局，影响城市内部空间结构呈现渐进的、动态的演化特征。在空间竞争机制下，组成城市的经济单位和产业分布在激烈的竞争中要求的生存和发展，必须以最小成本、最大利润和最优市场为目标，选择最佳发展区位，从而使各种经济单元实现有序性分布。也就是说，城市结构的时空演替和分化都是在激烈的竞争过程中实现的。城市发展动力体现在新产业与旧产业、高效与低效的矛盾中。在长期的空间竞争中，各种经济实体和企业可以不断调整所处区位，而导致空间聚集现象发生。空间聚集是一种特殊的空间动态现象，在城市空间的动态发展中，某些地方吸引了来自其他地方的人口、资金而增长起来；相应地，某些地方则发生衰退。聚集效应是社会经济活动空间的集中所形成的聚集经济与聚集不经济综合作用的结果。聚集经济效益是城市土地利用结构形成的根本动力。城市不同部位聚集效应的变化，必然会导致厂商、居民选址的变化，并影响到某一区位的空间聚集达到一定程度后，地价上涨、交通拥挤、基础设施负荷过重，引起聚集不经济，便发生空间扩散现象。由于信息场的空间分布具有明显的距离衰减特征，因而距离成为影响扩散过程的首要因素。在空间扩散的效应下，创新源地周边的地区则形成近均质的功能区域，放大了某一功能区的范围，在空间扩散中实现了空间扩张。

在生产成本相同的条件下，由于聚集效应的存在，城市中各厂商在不同的区位可获得不同的收益。在条件许可的情况下，企业决策者总希望把企业配置在聚集效益最大的地区，居民的要求也与此类似。城市可以集聚较高的智力、技术和财力、物力，来实现土地的集约化利用，形成紧凑的城市发展空间，避免土地的浪费。加之聚集经济效益是城市土地利用结构形成的根本动力,影响到城市土地的有效利用和城市空间的变化,使得城市空间结构表现为内部调整和外部扩展的现象。由于城市土地供给的有限性和滞后性,对区位的竞争必然增加不可移动性质的土地的稀缺性,从而提高城市土地要素的价格,使得城市地租上涨,厂商的地租增加。区位越有利,竞争越激烈,聚集经济效益越明显。同时,带来城市内不同地段土地价格上涨幅度的不同。如市中心区区位最好,由支付能力强的商业和服务业占有,由中心区向外随着土地价格的下降而分布着居民区和工业区。

城市发展需要建筑空间来支撑,满足这一要求主要是通过建新城、对已开发的城市土地的再开发、城市空间扩展。但对已开发的城市土地的再开发是无法满足城市高速发展所要求的建筑面积的。因而,很多城市选择"摊大饼"式的扩展。但土地开发利用是有成本的,且因城市基础设施以及城市活动的空间相互依赖性,使得城市土地开发成本有很大的空间差异性。当开发规模增大超过一定界限时,平均成本会随规模而上升。也就是说,在市场经济条件下,基于供需关系的价格决定了资源的分配。城市土地的地价决定了城市空间结构的现状,引导了其未来发展的方向。城市用地与劳动、资金、技术等生产要素一样,存在着作为要素投入的效益问题,城市用地产出率是衡量城市土地集约化利用是否合理的重要指标。在我国城镇化成本不断上涨的背景下,郊区及中心城市将成为城市化的重点区域[20]。

(2) 交通运输是城市空间结构演化的外在作用力。交通运输对城市空间结构演化所起的重要作用既是直接的又是间接的[21]。城市作为区域的中心,与区域及区域外的物质联系主要靠对外交通来实现。因此,交通的发展促进了城市空间扩展并改变城市外部形态,对城市空间扩展具有重要作用。一方面,城市总体的聚集效应增加,导致资源要素更大规模的集中和城市规模的扩大,而城市规模的扩大又进一步促进了交通范围的延伸和要素更大规模的集中。另一方面,聚集总体规模的扩大,既有导致密度提高的影响,也有导致密度降低的影响。

城市形成后,集聚对城市空间扩展起主导作用,原动力来自于对周围区域的吸引。其扩展的特征之一是城市扩展的相对独立性,之二是城市间联系的微弱性,之三是扩展方向的不稳定性。以中国城市为例,在铁路、公路充分发展以前,城市多位于大江、大河沿岸,城市空间扩展沿江河流向而呈明显的带状分布。铁路、公路的发展在改变城市交通条件的同时,也改变了城市沿河单一扩展的方式,使得公路、铁路、水路共同成为城市空间扩展的轴线,从而使城市空间扩展更具灵活性。交通线路的开辟与建设往往成为城市空间扩展的伸展轴,对城市空间扩展具有指向作用。中心城市被扩展轴联系在一起,当城市空间扩展到一定程度时,城市数量增加,城市间的吸引范围不断削弱或增强,城市群体内部的联系进一步密切。两个或多个都市之间由于引力加强和影响空间的临近,会出现影响区互为空间环境的局面,形成城市连绵区。

城市交通对城市空间结构的影响主要是通过交通可达性来表现的。它表明城市运输网络提供该处发展的机会,也就是在此处获得聚集效应的能力。城市中心可达性较高,往往形成繁华的商业区,而城市边缘区可达性较低,人口密度也较低。城市可达性的改变,将直接引起城市空间结构的变化,城市的扩展总是趋向可达性高的方向。另外,交通运输速度的提高也使城市空间扩展速度加快,它使分散的城市空间可以通过快速便捷的交通加强联系而成为有机整体,为城市间加强合作和联系提供了便利。可达性的改善提高依赖于交通运输技术的进步。纵观交通运输技术从马车、汽车到铁路的发展历程,也是城市空间形态从星状、扇形、同心环状到多核模式的演变[22]。

在一定的社会经济条件下，城市外部空间结构变化的主要影响因素是城市空间地域的联系与作用程度，而这在很大程度上取决于该地域的空间可达性。从静态的角度讲，城市的外部空间结构变化是以城市质点间的空间距离表示的不同城市间的经济关联流量关系。在交通技术不断创新的背景下，空间可达性随交通技术的创新而变化，并因此而改变着城市空间拓展的方向。依托交通走廊的载体作用，城市之间会逐渐实现社会、经济、文化的整合，进而推动城市空间结构不断演化[23]。在此过程中，始终遵循由单一化向复杂化转变的增长方式，引领人口、工业向远离中心的方向发展，打破原有的环状空间扩展格局，代之以网状空间结构形式。随着城市所在区域交通网络的不断分异，主要放射线间可达性较差的区域不断得到填充，地域活动的均质性逐渐形成，城市区域空间一体化格局日益形成。

(3) 政府、城市经济组织和居民是城市空间结构演变的重要动力主体。呈现多元化的动力主体，由于各自在城市中所处的地位不同而产生了不同的利益追求，共同决定了城市空间结构的走向。城市空间结构在自组织力的作用下经历集聚—拥挤—分散—新的集聚。同时，城市建设中一直存在着有意识的人为干预，即政府的作用。因此，城市空间结构就是通过城市空间内部自组织过程及政府引导的过程而逐步向理性方向发展。首先，政府在城市土地利用中起主导作用。政府拥有和支配包括城市土地在内的一切生产资料。通过计划、政策或指令性的划拨，实现城市土地开发和利用。在市场经济条件下，政府在资源配置中的作用集中体现在弥补市场缺陷方面。建立城市土地资源信息系统，完善土地资源规划、管理制度，健全土地交易与管理制度成为城市政府的首要职能。政府对城市土地利用空间结构的作用通过城市建设管理过程中制定的各种制度、法律、规章、条例来实施。政府的政策、战略会造成城市空间系统的结构性巨变，对城市发展产生决定性作用。其次，企业作为城市的经济组织单元，总是以最小的成本投入期望换取最大的效用，因而成为城市空间结构演变的重要推动者。尽管与政府和企业相比，城市居民在城市空间和土地利用中处于劣势，对城市空间结构不可能产生大的影响，但其影响还是存在的。尤其是在市场化程度较高的国家，城市居民对城市空间结构的作用相对来说比较明显。

第二章　城市经济发展

城市是一定区域的政治、经济、科学、文化和教育中心，是由各相关要素组成的组织社会生产、生活最经济的形式。城市给人类社会带来了新的理念、新的希望、新的选择、新的文化及新的格调。最先进的思想文化、最先进的科学技术首先产生在城市里。随着经济全球化进程的加快，城市日益成为人类社会经济生活的主宰，并在新的劳动地域分工中扮演着日益重要的角色。现代经济中，城市是现代化的中心，是技术创新和技术进步的基地，也是区域社会经济发展的主导力量。然而，也应该看到，人类在创造城市辉煌的同时，也带来了城市社会所特有的经济、社会、交通、环境等问题。这些问题困扰着城市自身的发展，已经成为整个国家乃至全球必须关注的重要问题。传统城市化在经济学中的基本含义是指由于工业化而引起的人口向城市集中的过程。城市经济发展的扩散和辐射效应使得城市在区域经济发展中扮演火车头的角色。城市经济发展与城市经济增长这两个术语之间存在本质的区别[24]，也带来相关城市发展模式的不同。基于研究城市经济问题目的，本章将主要研究城市经济的内涵以及城市经济学的基本内容。

2.1　城市经济

2.1.1　城市经济的形成

城市的产生，是由社会经济的发展决定的，归根到底，是由生产力的发展决定的。城市的形成史也是城市经济的形成史。第三次社会大分工后，商业和商人的产生基本上完成了城市的产生过程。因为商业经济活动的性质决定了必须以城市为依托，以集中的城市作为活动中心和贸易中心。同时，城市地区的商品买卖活动，对周围地区产生了巨大的经济影响，加强了城市的吸引力与辐射力。某一地区内部的分工，首先引起工商业劳动和农业劳动的分离，从而也引起城乡的分离和城乡利益的对立。城市工业本身一旦和农业分离，它的产品一开始就是商品，因而它的产品的出售就需要有商业作为媒介。因此，商业依赖于城市的发展，而城市的发展也要以商业为条件。

城市的产生过程就是城乡分离的运动过程。《资本论》概括地指出：一切发达的、以商品交换为媒介的分工的基础，都是城乡的分离。可以说，社会的全部经济史，都概括为这种分离的运动。

（1）城市一旦产生便立即形成新的经济部门和新的经济力量，具有自己的活动方式和相对独立的经济利益，形成与农村不同的特点。

（2）城市与农村不仅形成了固有的活动方式和经济特点，并且使整个人类分裂成两大阵营——农村与城市，它们之间形成了显著的差异。

(3) 随着城市的产生和发展，城市逐步成为统治乡村和领导乡村的经济力量。

2.1.2　城市经济的发展

纵观人类历史，城市经济的发展大体上经历了三个阶段[25]：

1. 古代城市经济

这里的古代城市系指资本主义以前的城市。由于城市是社会分工的扩大和商品经济发展的产物，因此，城市总是在灌溉便利、农业开发较早、农产品丰富、交通方便的地区出现和形成。据历史记载和考证，早期城市主要分布在两河流域(底格里斯河和幼发拉底河)、尼罗河中下游、印度河流域、黄河中下游、安第斯山脉等地区。早期城市一方面是剩余农产品的交换中心，也是当时的社会、宗教、政治、军事、科学、文化、手工业的中心。由于当时社会的生产力还比较低下，农业在整个经济中占据统治地位，城市对农村在经济上的依赖性很强。因此通常以一个城市为中心，加上周围村庄共同组成一个独立的国家或行政组织，这就是城邦式的城市。到了中世纪，社会生产力有了巨大的进步。农业生产技术明显提高，剩余农产品越来越多，手工业技术得到进一步发展，手工业匠人专业化和集中化的趋势增强，交通运输手段增多并广泛利用，交通条件更加方便。这些都促进了商品交换规模的扩大。商业活动，特别是跨区域贸易日趋活跃，推动了城市的扩大和发展。

2. 近代城市经济

工业革命创造了人类历史上前所未有的生产力，迅速地改变了资本、财产和人口的分散状态，使人类摆脱了对土地的依附。工业革命促使以机器大工业代替了以手工劳动为主的工场手工业，以社会化专业协作代替了分散、孤立的生产状态，交通运输业的发展大大促进商品交换、经济联系和社会往来，缩短了空间距离。这一切带来城市的巨大变化，城市数量迅速增加，出现了许多新型城市——工业城市；城市规模急剧扩大，人口数量明显增加；城市性质和功能发生变化，经济功能特别是工业生产功能和商品交换功能，越来越突出；财富的巨大集中，成为资产阶级的经济统治中心。

英国首先开始了工业革命，并使它很快地走上了工业化道路。机器大工业在各地的兴起，迅速形成现代化的工业城市。利物浦、伯明翰、曼彻斯特等新兴工业城市就是在工业革命的带动下兴建起来的。由于工业生产的猛烈增长，产品源源不断地投放市场，使一些城市同时成为贸易中心，首都伦敦不仅是英国生产及贸易中心，也是当时世界的经济中心，从1801年到1851年的半个世纪里，英国5 000人以上的城镇由106座增至265座，城镇人口比例由26%增至45%。到1900年，其比例又增到70%。英国是世界上第一个城市人口超过农村人口的国家。近代城市同中世纪的城市相比，具有以下特点：

(1) 城市数量增加，规模扩大。城市是伴随着工业的发展、人口的增长大量兴建起来的。工业革命对城市的发展产生了巨大影响，带来了革命性的变化，形成了许多新兴的工业城市。工厂规模的不断扩大，导致人口的聚集、消费的集中，城市规模空前地扩大。工厂的规模经济、城市的聚集经济与先进的生产手段和集约化的经营方式的结合，使城市产生出前所未有的经济效益，创造出巨大的物质财富和精神财富。城市成为整个国民经济和地区的经济中心。

(2) 城市职能趋向多样化。近代城市不仅是工业生产中心、科学技术中心，而且是商业中心、金融中心、信息中心、文化中心、交通枢纽和行政中心。经济对行政的依附日渐削弱，经济对政治、军事的影响和控制明显加强。

(3) 城市作用和范围扩大。由于生产方式和交通运输的变革，不仅使城市内部的分工和协作进一步加强，而且使分工和协作扩大到城市外部，以至发展到其他国家的城市，从而使城市之间的经济联系加强，有的城市以至成为世界性的经济中心。城市之间形成具有一定秩序和格局的城市体系。

(4) 城市基础设施和公用事业得到明显的改善。由于道路系统的修建和完善，集中供水、排水、供电、供气，以及电话的广泛使用和防洪、排涝等防灾系统的加强，一方面形成城市生产和经济活动正常运转的社会环境，加强了企业对城市的依赖性；另一方面，使人们的生活比以往任何时候都更加方便，生活质量明显提高。

3. 现代城市经济

20 世纪以来，特别是第二次世界大战后，整个世界城镇化的进程明显加速，从 1950—2014 年的 64 年中，世界城市人口的总数从 7.1 亿增加到近 38.8 亿，增长了 5 倍多。城镇化水平从 1950 年的 28.6%提高到 2014 年的 54%。根据图 2-1 显示，2007 年城市人口在历史上首次超过了农村人口数量。城镇化的外观形态、类型特征与过去的城市相比都发生了巨大的变化。全世界城镇化进程明显加速，其中发展中国家城市发展的速度快于发达国家。从 1950—2050 年的 100 年中，世界城镇化趋势如表 2-1 所示。

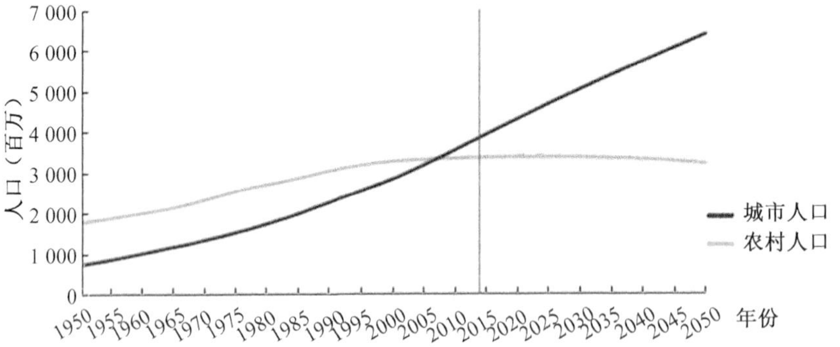

图 2-1 1950—2050 年世界城市与乡村人口变化[26]

表 2-1 1990—2050 年世界各地区人口变化[26]

地区、国家 \ 年份	城市			农村			城市人口占比(%)			平均年增长率(%)
	1990	2014	2050	1990	2014	2050	1990	2014	2050	2010—2015
全世界	2 285 031	3 880 128	6 338 611	3 035 786	3 363 656	3 212 333	43	54	66	0.9
较发达地区 a	830 952	980 403	1 113 500	317 326	275 828	189 610	72	78	85	0.3
欠发达地区 b	1 454 079	2 899 725	5 225 111	2 718 460	3 087 828	3 022 723	35	48	63	1.2
不发达国家 c	107 335	283 855	895 701	402 019	635 275	914 889	21	31	69	1.7
欠发达地区(排除最不发达国家)d	1 346 744	2 615 870	4 329 410	2 316 440	2 452 553	2 107 834	37	52	67	1.3

续表 2-1

	城市			农村			城市人口占比（%）			平均年增长率（%）
地区、国家＼年份	1990	2014	2050	1990	2014	2050	1990	2014	2050	2010—2015
欠发达地区（排除中国）	1126378	2115652	4148069	1854345	2446901	2684617	38	46	61	0.9
高收入国家 e	834 931	1 035 404	1 212 666	287 614	256 311	185 266	74	80	87	0.3
中等收入国家	1 325 274	2 555 840	4 284 327	2 346 129	2 484 859	2 139 791	36	51	67	1.3
中等偏上收入国家	793 208	1 541 090	2 155 352	1 153 047	920 812	562 801	41	63	79	1.5
中等偏下收入国家	532 067	1 014 751	2 128 975	1 153 047	1 564 047	1 576 990	31	39	57	1.1
低收入国家	109 850	268 441	819 856	394 871	616 562	883 673	22	30	48	1.5

注：a 发达地区包括欧洲、北美、澳大利亚、新西兰和日本。

b 欠发达地区包括非洲、亚洲（不包括日本）、拉丁美洲、加勒比海、美拉尼西亚、密克罗尼西亚、波利尼西亚，对应常见的发展中国家提法。

c 全世界一共 49 个不发达国家，34 个在非洲，9 个在亚洲，5 个在大洋洲，1 个在拉丁美洲和加勒比海地区。

d 其他欠发达国家由排除不发达国家的欠发达地区组成。

e 国家的收入分类标准按照 2012 年世界银行人均国民收入制定。

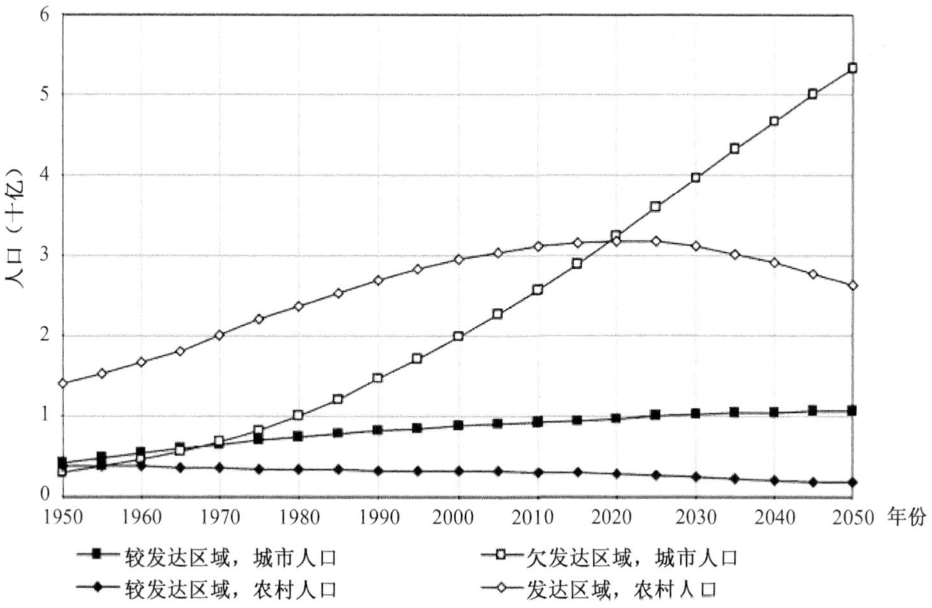

图 2-2　按发展集团划分的 1950—2050 年城市人口与农村人口分布趋势[27]

从 2010 年到 2015 年，世界城市人口的年平均增长率为 0.9%，其中较发达地区为 0.3%，而欠发达地区为 1.2%，明显地高于较发达地区。根据图 2-2 所显示的趋势，欠发达地区将在 2020 年左右实现城市人口与农村人口在数量上的平衡。

现代城市已经发展为多个城市的联合体。单个城市的界限日趋模糊，城市的行政界限与实际界限之间明显地不一致，从而形成城市地区（或称为城市带、城市群）。我国除了京津冀、长三角、珠三角三大最知名的城市群之外，还有山东半岛城市群、辽中南城市群、中原城市群、长江中游城市群、海峡西岸城市群、成渝城市群和关中城市群。据统计，上述十大城市群的土地面积占全国总面积的 9.99%，2005 年，人口所占比重为 35.02%，而 GDP 所占比重为 52.83%。也就是说，十大城市群以不到 1/10 的土地面积，承载了 1/3 以上的人口，创造了 1/2 以上的 GDP。

城市群是生产力布局的新形式，是地区间、城市间经济联系不断加强的结果。城市群(带)集中了国家重要的工业、商业、金融、外贸机构和设备，是国家经济的心脏地带，对国内其他地区，甚至对世界经济都会起到巨大的推动作用。

第二次世界大战以后，由于大城市和特大城市的惊人发展，城市中心区越来越拥挤，地价巨涨、污染严重、环境恶化、生活质量下降，加上私人小汽车的大量发展，从而使原来设在市中心的工厂、企业纷纷外迁。这样就使市中心区商店萎缩、营业下降、政府税收减少，出现城市中心区衰落的现象。郊区不仅实现了城镇化，而且越来越兴旺繁荣。有的学者把这种现象称为“反城镇化倾向”。

2.1.3 城市经济在国民经济中的地位和作用

城市与城市经济在国民经济发展中占有重要的地位，起着重要的作用。

1. 城市经济的发展，加深了社会分工，推进了社会生产力的发展

最早的城市的产生与人类社会三次大分工有着密切关系。农业和畜牧业的分离产生了人类第一次社会大分工，开始有了剩余产品的交换，有了最初的氏族部落的固定居住点。随着生产的发展，有了金属的加工，引起了手工业与农业的分离，出现了第二次社会大分工，发生了商品生产，形成了商品交换的场所(市集)。进入奴隶社会初期，社会上出现了商人阶层，因而形成人类第三次社会大分工，形成了人类社会最早的城市。城市产生以后，进一步加深和发展了社会分工，进一步促进了社会生产力的发展。

2. 城市促进了商品和市场经济的发展

城市经济是商品经济。城市的商品经济在古代奴隶制社会和封建社会就具有十分重要的作用。在商品生产中，商品交换是生产者之间的中介，沟通了城市和乡村、城市和城市，以至国与国之间的联系，使生产者之间的联系越来越广。商品经济对自然经济起着瓦解的作用，它不断地促使小农经济的分化。欧洲封建制度之所以能较早瓦解，资本主义之所以能较早地产生，都是因为城市商品经济发挥了很大的作用。

到了近代，资本主义依靠城市商品经济的发展，不断使生产机械化和劳动社会化，分工愈来愈细，贸易不断扩大，创造了巨大的国内市场和国际市场。它使生产竞争达到了前所未有的激烈程度，不断刺激生产和科学的进步。使资本不断集中和积累起来，输出到世界各个角落。它不断扩大和发展交通，从而使世界联结为一个整体。

3. 城市是工业化的基地

城市和城市经济发展的速度和规模，与现代化工业的发展密切相关。随着工商业的发展和生产力水平的提高，城市在工业化中的作用越来越重要。一个国家、一个地区和全世界城市人口的增加与该地区、该国家和全世界的工商业发展是相适应的，是成正比例发展的。

现代的历史是乡村城镇化。工业城市的不断出现、城市人口机械性地增长、城市总人口比重的不断上升、农村人口不断减少，是当前世界社会经济发展的主要潮流。城镇化和工业化，是社会生产力发展的重要表现。

4. 城市是社会经济的中心

城市总是一定地区的经济中心，是一定地区商品交换的枢纽。城市工业生产对农业生产的发展具有很大的推动作用。城市的繁荣也把农业从中世纪的简陋状态中解脱出来。没有城市工业发展和进步，农村生产发展和进步是不可能的。城市工商业的发展，促进了商品的流通。城乡生产的商品率不断提高，商品流通辐射的范围越来越广。城市作为交换中心和运输中心调节生产和生活的作用越来越强。城市工商业的发展加快了货币流通和资金周转，促进了城市金融事业的发展。城市是消费中心，一方面它是大量消费的集中地，另一方面它又是消费水平最高的地区。城市集聚了资本、劳动、土地和国家权力这四个参与经济发展剩余价值分配的要素，国家权力是再分配工具，通过税收使全民分享经济发展剩余价值[28]。

在城市发展过程中，形成了大中小不同类型的城市，因此，城市的经济中心作用也是分层次的。大城市对应规模较大的经济中心，中等城市对应中等的经济中心，小城市则是对应小的经济中心，它们始终是一定区域内的经济中心。现代城市和城市经济的发展，已经把整个城市和整个社会连成了一体，城市是整个地区和整个社会经济活动的调节中心。

2.2　城市经济学

2.2.1　城市经济学内涵

城市经济学属于地理学和经济学的交叉学科。经济学研究在资源稀缺背景下人们的决策问题，为家庭制定效用最大化决策，而为企业则制定利润最大化决策。地理学是研究事物如何在空间上配置的学科，并回答人类活动的起源地问题。城市经济学将地理学和经济学融合为一体，研究在家庭效用最大化和厂商利润最大化下的位置或区位选择。城市经济学还可以用于甄别无效率的区位选择，对可供选择的公共政策进行检验，以便作出有助于提高效率的决策。

城市经济学可以分成六个相关领域[4]：

(1) 市场在城市发展中的作用。企业和家庭在城市间所作的区位决策推动了城市形成，并使其在规模和经济结构上存在很大差异。

(2) 城市土地利用。企业和家庭的区位决策使城市土地利用模式得以形成。同一百年前人口高度集中的城市形成鲜明对比的是，现代城市中的就业广泛分布在大都市区内。

(3) 城市交通。城市交通是城市赖以存在的基础，是城市交换的载体。城市交通拥挤已成为全球城市面临的共性问题，在城市经济学框架下研究这一问题的可行解决方案，有助于更好地理解城市交通问题的本质。

(4) 犯罪和公共政策。揭示城市犯罪问题与贫困、低教育水平等城市问题之间的关联性。

(5) 住宅和公共政策。由于住宅区位具有固定性，使得住宅选择与区位选择之间存在很强的关联性。

(6) 地方政府支出与税收。在地方政府分片管辖的体制下,许多大都市区都有几十个地方行政机构,包括各个市政管辖区和特区。家庭在进行区位选择时,会综合考虑税收和地方公共产品供给的影响。

2.2.2 城市经济学五大公理

城市经济学主要研究家庭和企业的区位选择问题,因此,它必然假设企业和居民是可移动的。然而,当环境发生变化时,人们不能立即改变他们的工作场所和居住地。因此,一个完全流动性模型可以告诉我们更多长期变化的信息而不是短期的。一般的家庭每七年要改变一次居住地,这意味着每七年有 14%的人口要进行迁移,由此区位选择问题成为城市经济学的研究重点。城市经济学的五个公理是城市经济学的核心,它们共同构成了区位选择模型的基础[4]。

公理一　通过调整价格实现区位均衡

当没有一个企业或者家庭想进一步改变位置时,均衡区位便形成了。假设甲和乙共同竞争两套出租的住宅,一套位于美丽的海滩旁,另一套位于嘈杂的高速公路旁。如果两套住宅的价格相同(相同的租金),甲将更偏好于海滩附近的住宅,而乙也是如此。如果通过掷硬币的方式把靠近海滩的住宅给获胜的一方,这将不会形成一个区位均衡,因为不幸运的一方获得了靠近高速公路附近的住宅,为了获得更满意的住宅,他还有进一步改变区位的动机。

获得区位均衡的条件是对靠近海滩的住宅收取更高的价格。为消除人们再次迁移的动机,靠近海滩的住宅价格要高到足以补偿较舒适的外部环境。但问题是,甲愿意为在海滩附近居住支付多少钱呢?如果甲愿意支付 1 000 元,而乙也同意该价格,那么,海滩附近住宅的价格将比高速公路附近的住宅价格高出 1 000 元。一般来说,通过价格调整可以使人们在不同环境下获得相同的效用水平,并在各自满意的和不满意的区位上居住。

上述经济规则在劳动力市场中会产生同样的作用。工人们为获得理想区位上的就业岗位而展开竞争,这会导致该区位上的工资下降。假设甲和乙共同竞争两个工作岗位,一个在 A 镇,另一个在 B 镇,且该镇拥有非常好的社会环境。如果每月工资存在 500 元的差距,用以弥补城镇间社会环境的差异所带来的影响,那么 A 的均衡工资将比 B 的工资高 500 元。此时,对于这两个工人来说在哪里工作是无差异的,因为到 B 镇工作,就意味着工资下降 500 元。在劳动力市场中,通过工资的调整可以使人们在各自满意的和不满意的环境中工作。

通过土地价格的调整也可以使厂商间达到区位均衡。写字楼企业为获得交通最便利的土地而展开竞争。中心城区的土地交通最便利,因而该区位上的土地价格也最高。当区位均衡得以实现时,该类型的企业选择远离城市中心、交通不甚便利的土地,其为此支付的土地价格也较低。而那些获利能力更强的厂商将选址于道路通达性最好的土地。

公理二　自我强化效应产生极端结果

自我强化效应是指促使已经发生变化的事物朝着相同的方向产生额外变化的过程。假设汽车销售商最初均匀分布在城市内部。如果一个销售商迁移到汽车一条街,与另一个销售商相邻,之后会发生什么呢?消费者在购买汽车之前会对不同品牌进行详细比较,而在汽车一条街上的两个销售商为了吸引更多的购买者,都会积极推出比较购物模式。在汽车一条街上不断增加的交易额进一步增加了该地区的吸引力,其他地区的销售商也将纷纷迁移到这里。最终的结果是，众多企业的集聚形成了汽车产业带，在产业带中，它们之间形成共同竞争的态势。

自我强化效应还可以发生在人们的区位决策方面。假设艺术家们最初均匀地分布在一个区域内的 12 个城市中。如果一些艺术家偶然来到一个城市，他们的集聚所营造的创作氛围带来的影响包括：① 这些艺术家会因此产生更多的创作思想和创造技能；②他们可以共享工作室、印刷设备、工具供应商信息和其他设备。这些艺术家的集聚将会吸引这个地区的其他艺术家，使得艺术产品逐步向该城市集中。经过几十年来，城市吸引了越来越多的艺术家，民间创作也随之得到了较快发展。

公理三　外部性导致非效率

在大多数交易中，消费者和销售商通常将交易成本和利润限定在一定的范围内。如果消费者支付的价格等于生产该商品的成本，那么，没有哪一方愿意担负交易成本。也就是说，消费者仅想从该产品的消费中获取收益。相反，如果交易参与者以外的人承接了一部分交易成本或利润，将产生外部性，也就是说，这部分人承担了交易的外部性。

当一个消费者支付的价格低于产品的生产成本时，一个外部化的成本将产生。产品的价格通常包括劳动力成本、资本成本和产品的原材料成本，但是，通常不包括生产产品所引起的环境成本。例如，小汽车燃烧汽油所产生的空气污染成本，部分由呼吸该空气的人所承担。同样的，当你在拥挤的公路上行驶时，你就会降低其他人的行车速度，意味着其他司机承担着一部分成本。

当消费者购买产品使其他人获得了额外收益时，就会产生外部化的利润。例如，重新粉刷自己的旧房屋，将改善居住区的景观，邻居的住宅价值也会同改善过的住宅一样得到提升。教育之所以能产生外部性，是因为它可以提高人的交流和思维技能，使人们成为更优秀的劳动者。另外，在受过教育的劳动者的影响下，其同事的劳动生产率会有所提高，工资也会因此而上涨，最终该劳动者也会获得一部分教育外部性收益。

当存在外部成本或收益时，我们并不认为市场均衡具有社会效率。正如驾驶汽车，在有外部成本的情况下，人们支付的价格低于社会成本，使得拥有汽车的人会越来越多。再如教育活动，在有外部收益的情况下，人们获得的收益少于整个社会的收益，因此，他们会采取行动以降低教育的社会效率水平。在多数情况下，有一个简单的解决办法来解决外部性问题，即采取征税或给予补贴的方式来使外部性内在化，以让所有人都为自己的行动承担全部的社会成本和获取全部的社会收益。

公理四　生产受规模经济影响

当生产的平均成本下降而产出上升时，便产生了规模经济。对大多数产品的生产而言，如果采取相对较小的生产工艺和双倍的投入，平均生产成本将下降。用经济学术语来说，就是当长期平均成本曲线的斜率为负时，生产才达到规模经济。规模经济产生的原因有以下两点：

(1) 投入要素的不可分割性。一些资本投入存在粗放性，不能随着生产规模的缩小而减少。其结果是较小的厂商投入同大厂商类似规模的生产要素。例如，无论每天生产一个飞盘，还是生产一千个飞盘，都必须要有一个模具。同样的，无论每天只生产一个微处理器，还是一天生产一千个微处理器，都需要一间清洁的房屋和其他昂贵的设备。由于该生产要素的成本平均分担在增加的产出上，使得平均生产成本随着产出的提高而减少。

(2) 专业化因素。在只有一个人的厂商内，一个工人担负着不同的生产任务。而在一个拥有大量工人的大厂商内，每个工人负责很少的任务。由于他们的工作具有连续性(很少把时间用在不同工作的转换上)和熟练性(从经验和学习中获得)，这就大大提高了生产率。专业化工人的概念指的是那些精通某一工艺的人。

规模经济在城市经济学中扮演着重要角色。如果没有规模经济，城市就不会存在。将产品从生产地运到消费地需要昂贵的运输费用，因此，在城市内部生产产品是明智的，它的优势是可以节约运输成本。

生产领域的规模经济程度影响着所有的产品。比如:生产微处理器的设备价值 50 亿元，它有几百个复杂的工序，每个工人都具有很高的专业化水平，使其在生产中形成了巨大的规模经济。相反，用价值 5 000 元的烤箱制作比萨饼，仅有很少的几道工序，因此规模经济很快就会丧失。一般来说，规模经济的程度是由不可分割要素投入的数量和专业化机会所共同决定的。

公理五　竞争导致零经济利润

如果企业进入市场不受限制，预期就会有更多的企业进入市场，直到该市场的经济利润为零。这里的经济利润等于总收入超过总成本的部分，经济成本包括所有投入的机会成本。企业家的时间机会成本和企业获得的投资资金的机会成本是经济成本的两个关键的组成部分。例如，假如一个企业家从其他投资中获得 60 000 元的收入，同时又对该企业投资 100 000元，而这 100 000 元来源于利润为 8%的共同基金，则该企业所要支付的经济成本将包括 60 000 元的时间成本和 8 000 元的投资成本。一旦我们考虑所有的机会成本，零经济利润就意味着企业有足够的资金支持企业运营。厂商获得零经济利润也就意味着赚取了正常的会计利润。

在城市经济学中，竞争有一个空间维度。每一个企业都在一定区位上进入市场，每个企业的利润还受其他企业区位条件的影响。空间竞争更类似于垄断竞争，企业是在没有进入壁垒的市场中销售异质性产品的。每个企业都因生产异质性产品而具有垄断性，但由于消费者偏好很容易在不同类型产品间转换，故市场进入的无壁垒性将导致企业为争夺消费者而展开竞争。伴随着空间竞争的展开，每个企业在自己公司周围都会形成区位垄断性，但是市场进入的非壁垒性使这些企业保持了竞争状态，而其他企业直到经济利润下降为零时才停止进入该市场。

2.3 发展经济学

2.3.1 经济发展的内涵

经济发展的影响可以从经济发展与经济增长的关系、以人为本的发展和可持续发展三个层面来理解。总体而言，经济发展的总方向，反映了具有不同目标的政治家和企业家的总体选择意图[29]。

1. 经济发展与经济增长的关系

经济发展与经济增长是两个常用的词。很多情况下人们不加区别而将两者混为一谈。

经济增长是指社会财富总量的增加，一般用实际的国民生产总值或国内生产总值的增长率来表示。经济发展的概念，既有量的内容，也有质的规定，除了包含经济增长的内容，还包括卫生、教育和人类其他福利的发展[24]。20世纪五六十年代，许多发展中国家仅仅注意到发展的数量问题，即经济总量的扩大和人均收入的提高，采取的发展战略重点在于数量的扩张（GNP的快速增长），而忽视了对社会全体成员的基本需要的满足，忽视了增长成果的公平分配，忽视了政治变革、社会变革与社会进步，从而导致两极分化愈演愈烈，人力资源严重浪费，自然资源大量毁坏[30]。在发达国家的工业化进程中，人们不必过分区分增长与发展的差别，原因在于这些国家在经济增长的背后，隐含着一种与社会经济结构相适应的内在而又灵活的反应机制[31]。然而，发展中国家则有所不同，由于社会经济结构和体制的僵化和刚性，故在制定经济发展战略时不仅要关注数量的增长，更要追求质的变革。

经济发展不仅包括经济增长，还包括经济结构的变化。这些变化包括：

(1) 投入结构的变化。从简单劳动转到复杂劳动，从手工操作转到机械化操作，从传统的生产方法转到现代的生产方法，从劳动密集型技术转到资本密集型技术和知识密集型技术，生产组织和管理形式从传统的小生产转到现代的大公司。

(2) 产出结构的变化。在国民经济中，第一产业的劳动力和产值比重趋于下降，第二产业比重趋于上升，第三产业比重逐渐扩大，最终成为经济中最大的部门。每个部门内部的结构也相应发生变化，逐渐趋向平衡。在产业结构的转换过程中，农村人口向城市迁移，城镇化和工业化同步进行。

(3) 产品构成的变化和质量的改进。产品和服务构成适应消费者需求的变化，质量不断提高，品种更加多样化。

(4) 居民生活水平的提高。具体表现在人均收入持续增加，一般居民营养状况、居住条件、医疗卫生条件和受教育程度明显改善，文化生活更加丰富多彩，人均预期寿命延长，婴儿死亡率下降，物质和文化环境比以前更加舒适。

(5) 分配状况的改善。收入和财产的不平等程度趋于下降，贫困人口趋于减少。

此外，经济发展离不开社会变迁。如人口结构、社会分层结构、社会制度和文化等必然伴随着经济的发展而变化调整。从这个意义上讲，经济发展本身也包含了社会进步、社会转型和社会变迁。

综上可见，经济发展比经济增长包含的内容要丰富和复杂得多。当然，没有经济增长就不会有经济发展。就此而言，经济增长是经济发展的必要条件。但是，经济增长不一定会带来经济发展。也就是说，经济增长不是经济发展的充分条件。在经济增长过程中，如果生产方式和生产技术仍然以传统为主；如果产业结构没有什么变化，仍然以传统农业为主，二元结构鲜明，城镇化和工业化严重不平衡；如果生产出来的产品相当一部分是假冒伪劣产品，以损害消费者的利益为代价；如果生产的产品大量积压，缺乏需求；如果一国政府把收入增长的大部分用于建造豪华的办公楼，维持庞大的军队和官僚机构，致使普通居民的收入和生活水平长期得不到提高；如果人类居住的生活环境遭到破坏，污染严重，导致生活质量下降和健康受损；如果收入和财富分配越来越不均，贫困人口不但没有减少，反而还在增加，那么，这种经济增长就不会带来真正的经济发展[30]。

2. 以人为本的发展

不同的国家由于处于不同的社会经济背景和经济发展水平，因而并不遵循相同的价值准则。例如有些国家偏重于经济效益和个人作用，有些国家则更强调民族独立和社会公正。但是，在探讨和确定发展的最基本的价值判断准则时，应该排除各种异化现象，回到人自身的发展上。简言之，就是追求以人为本的发展，基本内容包括在不同层次上满足人的基本需要和发展人的能力。

经济学家丹尼斯·古雷特[32]认为，发展至少有三个基本内容：生存、自尊和自由。所谓生存，就是提供基本生活的需要，包括食物、住所、健康和保护，以维持人的生存。当这些基本需要中的任何一项得不到满足或严重匮乏时，就意味着存在“绝对不发达”的状况。没有在社会水平和个人水平上持续不断的经济进步，人力资源及其潜能就很难得以发挥。因此，要满足人的基本需要，就必须提高人均收入、根除绝对贫困、增加就业机会、减少收入分配不平等。所谓自尊，是指人要被当作一个人来看待，要让人能够感受到自身价值的自尊感，而不是为了他人的目的被作为工具来使用。自尊的性质和形式可能会因不同的社会和文化背景而发生变化。目前，人们常常把国家的繁荣和物质财富的丰富作为实现自尊的基本形式及一般价值尺度。所谓自由，就是把人从异化的物质生活条件以及种种惯例和教条主义的信仰的社会奴役下解放出来。自由还意味着社会及其成员选择范围的扩大，或者限制范围的缩小。阿瑟·刘易斯[33]在强调经济增长与从奴役下取得自由之间的关系时断定：“经济增长的好处并不在于财富造成的幸福的增长，而在于它扩大了人类选择的范围。”财富可以使人获得他在贫困时不能获得的对自然界和周围环境更大的控制能力，可以使人获取更多的闲暇，得到更多的物质产品和服务。此外，自由还包括思想表达自由以及参与社会活动和公共事务的政治自由。

1998 年诺贝尔奖得主阿马蒂亚·森指出，发展的目的不仅在于增加人的商品消费数量，更重要的还在于使人们获得能力。根据这一思想，联合国开发计划署提出了人类发展（ Human Development）的概念，进一步拓展了发展目标的内涵，指出发展是一个不断扩大人们选择的过程。从 1990 年起，联合国开发计划署每年一度发行《人类发展报告》，对世界各国的人类发展状况进行比较和评估。

《人类发展报告》定义的人类发展与古雷特教授关于发展的三个核心含义相类似，两者都是强调以人为中心的发展。人类发展包括两个方面：人的能力的形成和人的能力的运用。人的各种能力包括拥有足够的收入来购买各种商品和服务的能力、延长寿命的能力、享受健康身体的能力、获得更多知识的能力以及参与社会公共事务的能力等等。能力的运用对于人的发展也相当重要，如将人的能力运用到工作中，或者创造闲暇，或者去从事政治和文化等方面的活动。如果发展不能使人的能力得到运用，许多人力资源的潜力将难以发挥。当然，人的各种能力的提高需要有社会总产品的增加，需要有经济的增长。只有经济持续增长，才有可能不断增加生产性就业和收入水平，改善民众的物质生活条件，提高健康水平和文化素养，等等。没有经济增长，这些能力的扩大是相当有限的。但是，有了经济增长，不等于会自动导致人的发展。

3. 可持续发展

第二次世界大战结束后至 20 世纪 60 年代，世界上许多发达国家都忙于战后的重建、恢复和发展，不少发展中国家启动了工业化进程。然而，与工业化相伴而来的一系列问题开始凸现出来，如人口爆炸、不可再生资源耗竭、生态环境恶化、城市拥挤等等。尤其在发展中国家，由于技术水平低、资金匮乏、人口压力等原因，生态环境难以改善，出现了“贫穷—人口增长—环境退化—贫穷”的恶性循环。1972 年，联合国在瑞典首都斯德哥尔摩举行人类环境会议，与会的发达国家和发展中国家达成一种共识，要在不妨碍发展的条件下保护环境。保护和改善环境已成为人类一个迫切的目标，也是关系到人类千秋万代的长远问题。自 20 世纪 80 年代以来，人类认真总结了自己的发展历程，重新审视自己的经济活动与发展行为，提出了一种新的发展思想和发展模式——可持续发展。

按照 1987 年世界环境与发展委员会在一份纲领性文件《我们共同的未来》中的定义，所谓可持续发展就是“既满足当代人的需要，又不对后代人满足其需要的能力构成危害的发展”。这一概念的核心思想是健康的经济发展，应建立在可持续生存能力、社会公正和人民积极参与自身发展决策的基础之上。可持续发展所追求的目标是既使人类的各种需要得到满足，个人得到充分发展，又要保护资源和生态环境，不对后代人的生存和发展构成威胁。衡量可持续发展主要有经济、环境和社会三方面的指标，缺一不可。

可持续发展并不否定经济增长，尤其是发展中国家的经济增长。毕竟经济增长是促进经济发展，促使社会物质财富日趋丰富、人类文化和技能日益提高，从而扩大个人和社会的选择范围的原动力。但是，传统的增长方式需要改善。可持续发展反对以追求最大利润或利益为取向、以贫富悬殊和掠夺性资源开发为代价的经济增长。它应以无损于生存环境为前提，以可持续性为特征，以改善人民的生活水平为目的。

可持续发展与以人为本的发展和经济发展的目的基本上是一致的，它们都强调生活质量的改善和社会的进步。对发展中国家来说，实现经济发展是十分关键的，因为贫困与不发达正是造成资源与环境恶化的根本原因之一。只有消除贫困，才能形成保护和建设环境的能力。世界各国所处的发展阶段不同，发展的具体目标也各不相同，但发展的内涵均应包括改善人类生活质量，保障人的基本需要，并创造一个自由平等的、和谐的社会。总之，体现以人为本和追求可持续性应该是发展的永恒主题。

2.3.2　发展经济学的形成与演进

1. 发展经济学的起源及其兴起

作为一门独立的学科分支，发展经济学兴起于第二次世界大战结束以后，特别是 20 世纪 50 年代和 60 年代；但它创立的渊源，或者说思想观点的酝酿，则可以追溯到第二次世界大战结束以前的 30 年代末、40 年代初，甚至更早一些。

第二次世界大战结束以后，民族独立运动席卷全球，一大批亚非拉国家先后摆脱殖民主义的统治，赢得了政治独立。这些国家只有尽快地发展经济才能改变自己落后的地位，进而才能巩固政治上的独立。但是对于这些国家来说，适宜的经济发展理论仍是相当缺乏的，一个完整的学科体系也难以在这些国家形成和兴起。而在世界的另一端，发达国家迫于经济上和政治上的需要开始重新考虑它们与世界上较为贫穷国家之间的关系。因为发展中国家经济发展状况的好坏，直接影响着发达国家的经济与贸易。在政治上，意识形态的分歧和对立，迫使西方资本主义集团和东方共产主义国家为争取第三世界的大多数国家而进行经济上的竞争。总之，由于国家之间经济联系的增强以及出于本国自身发展的需要，发达国家尤其是西方资本主义发达国家的经济学家，感到有必要对发展中国家的经济发展问题进行研究。正是在以上历史背景下，一个以发展中国家经济发展为研究主题的经济学分支学科呼之欲出。就是在这段时期，刚刚成立不久的联合国和世界银行等国际机构组织，也表现出对发展中国家的极大兴趣，出版了大量的世界经济统计资料。组织了包括不同应用经济学分支领域的专家，到发展中国家进行实地考察，并担任政府顾问和开展咨询工作。同时，它们就发展问题举办了一些专题讨论，定期和不定期地出版统计公报和各种发展文献。同样也是在这段时期，许多欧美国家的国内问题专家改弦更张，以发展经济学家的名义出现，发展经济学开始成为热点学科并进入了大学经济系的课程表。从此，各种各样的发展模式和理论观点相继被提出，发展经济学也就作为现代经济学的一个新的分支，在西方逐步形成和发展起来。

2. 20世纪五六十年代的发展经济学

20世纪的50年代和60年代是发展经济学的繁荣与大发展时期。在这一时期，许多国家的专家学者，根据现代经济学的体系与发达国家经济发展的经历，构造了各种理论模式来解释发展中国家经济贫困落后的原因，并筹划经济发展的战略。在这段时期影响较大的发展经济学理论主要有二元经济模型、平衡增长理论、经济成长阶段理论和拉美结构主义理论。

在这一时期，发展经济学家普遍认为，以市场价格机制运作为理论核心的西方正统经济学并不适用于发展中国家。因为发展中国家的国内市场体系尚不完善，价格运作机制严重扭曲，社会经济结构缺乏弹性，人们作为生产者或消费者的经济行为均不符合“经济人”逻辑。因此，发展中国家的经济发展不能指望市场价格机制对其进行自动调节，而需要借助于国家干预或计划来进行经济结构的重大改进和经济关系的重大调整。这一调整的实质就是实现工业化，即从以农业占统治地位的经济转向以工业和服务业为主的经济结构。而在工业化过程中，资本稀缺是制约发展中国家经济增长的主要因素，资本积累是加速发展的关键。这一共识的形成受到了当时三个重要的理论和经济实践背景因素的影响：一是哈罗德-多马经济增长模型；二是西方盛行的凯恩斯国家干预主义；三是前苏联推行的高度集中的计划经济和政府主导的工业化模式[30]。总之，此时期发展经济学的理论观点比较明确，即强调资本积累、工业化和发展计划对经济发展的重要性和必要性。这些观点后来分别被叫作“唯资本化论”、“唯工业化论”和“唯计划化论”。在对外经济关系问题上，早期发展经济学一般不支持比较成本理论和自由贸易政策，而是主张贸易保护，强调国家对外贸易保护的政策。

3. 20世纪70年代至80年代初期的发展经济学

在早期发展经济学理论的影响下，绝大多数发展中国家采取依靠计划化、国有化和奉行进口替代战略等，推行国家主导的发展政策，来加速资本积累和工业化的发展道路。然而，许多发展中国家的实践结果不但未达到预期的经济目标，还在经济运行中遭遇着种种困难。与此形成鲜明对照的是，那些对外经济比较开放、注意发挥市场作用、实行出口导向政策的发展中国家(例如东南亚地区)，却在经济上取得了较快的进步。面对这种情况，从20世纪60年代后期尤其是70年代以后，发展经济学家大都以一种平静的态度反思早期的发展理论，并在许多方面作出了重大修正和转变。20世纪60年代末期以后，新古典主义复兴在发展经济学中逐渐形成主流，到70年代末80年代初，新古典经济学的理论几乎渗透到了所有的发展研究领域，新古典主义认为，价格是经济发展的核心问题，但发展中国家的价格扭曲现象，成为经济发展的最大制约。价格扭曲的关键，是政府政策的误导和政策体系的冲突，因而又提出与其矫正价格不如矫正政策的主张。新古典主义经济发展理论的政策主张，有三个基本观点：一是主张保护个人利益，强调私有化的重要性；二是反对国家干预，主张自由竞争、自由放任；三是主张经济自由化，包括贸易自由化和金融自由化。这些观点和主张被概括为华盛顿共识。

毫无疑问，华盛顿共识为发展经济学带来的理论贡献是巨大的，几乎所有经济学家已经达成共识——只有市场经济才能发展经济。沿着这条道路发展经济也是发展中国家应该努力的目标。这是发展经济学的重大进展，也是研究经济发展问题的出发点。但问题是，市场经济不可能自动在落后贫穷的国家产生，在市场化进程中存在许多不确定性和困惑，例如，如何在制度改革中促进市场化？如何建立健全市场制度？如何在开放条件下保证经济金融稳定安全？因此，在华盛顿共识指导下的发展经济学重新遭遇一系列困惑。发展中国家的市场不发育与市场体制的不健全，并不因为新古典主义政策的实施而得以自动消除，经济自由化尤其是金融自由化的过度推崇和出口导向的过分渲染，再加上金融体制的不发育、各种结构二元问题的长期存在，使得新古典主义的发展政策甚至在一些曾经取得相当成功的国家和地区也遭遇了失败。

究其原因，新古典主义框架下的发展经济学存在天生的弱点。因为在它的分析视野里，不存在时间变量，历史不起作用。制度、政治、法律、文化等因素被视为经济运行的既定因素或外生变量，价格机制和市场是所有经济活动的核心。事实上，经济不发达与上述这些变量是紧密关联的。据此，人们逐渐认识到，在既定的制度结构和制度安排的基础上，新古典主义的"矫正价格"和"矫正政策"主张根本不可能使整个经济最终摆脱困境。因此，发展理论期待着一种新理论的创新。

4. 20世纪80年代中期以后的发展经济学

20世纪80年代中期以后，尽管新古典主义思想在发展经济学领域继续发挥着重大的影响，但是随着越来越多的来自发展中国家的经济学家的加入，发展经济理论的研究一方面呈现多元化的趋势，另一方面不同发展学说又趋于融合。现在，发展经济学作为一门经济学学科，研究出现了若干明显的新趋向，大致可以归纳如下：

第一，经济学主流理论和方法有了重大进展，这些进展也开始体现在发展经济学研究范围和分析深度上。在理论研究上，以结构研究为主转向以组织和政策研究为主，从一般研究转向不同类型的研究，不同学派之间出现了交融发展的趋势。例如，在各种学派交融的综合发展之中，新古典政治经济学派开始显示出强劲的解释力，于是制度分析、交易成本分析、公共选择分析、寻租分析和新古典分析相结合，从而使人们更深入地认识到不发达社会经济结构呈僵化和刚性的实质和原因。

第二，对发展的含义有了更为深入的认识。诺贝尔奖获得者、印度经济学家阿马蒂亚·森在20世纪80年代初提出了一种评价发展的新方法，根据他的思想，联合国开发计划署提出了人类发展的概念，认为发展的核心问题就是以人为本的发展，发展的进程应该为人们创造一种有益的环境，使他们能够独立地和集体地去发挥他们的全部潜力，不断扩大他们的选择范围，发展还应该考虑后代的可持续性。从1990年起，《世界人类发展报告》每年发行一期。由于环境问题变得日益严重，开始直接影响和制约发展中国家的长期经济增长，故从20世纪90年代开始，西方出版的发展经济学教科书无一例外地增加了新的一章，专门论述环境与可持续发展问题。

第三，从全球角度考虑发展问题。随着国际货币基金组织、世界银行和联合国有关机构等国际性组织对发展中国家的影响日益增加，发展中国家与发达国家相互依存关系的日益增强，发展问题实际上已超出了发展中国家自身的范围。例如，以因特网技术为代表的信息技术革命、跨国公司在全球的扩张、金融风暴在地区间的扩散等。要解决这些问题就要求发展经济学必须成为一门研究全球性共同问题的经济学。

第四，对发展经济学进行革新，建立符合发展中国家实际情况和要求的新型发展经济学。在新型发展经济学理论探索中，非经济因素的分析重新受到重视，特别是关于制度因素的分析逐渐成为发展研究领域的关注热点。正是在新古典主义框架下的发展经济学遭遇困惑之际，以 R. 科斯为代表人物的新制度经济学开始崛起并被广泛引入发展研究领域。它既继承了古典经济学中对制度研究的关注，又吸收和发展了现代经济理论中惯用的基本分析方法。20 世纪 80 年代中期以来，在发展经济学中运用新制度经济学来进行制度研究的文献已逐渐增多。到了 20 世纪 90 年代，更是发生了重大转变，许多经济学家都对经济发展中的制度问题予以高度重视，这就为发展经济学提供了新的研究视角。新制度经济学家把制度作为经济活动中一个重要的内生变量，并运用新古典主义供求分析法，探讨发展中国家在经济发展过程中所面临的制度障碍，以及克服制度障碍可供选择的各种方案和思路，从而逐渐形成了发展经济学的新制度主义理论。

然而，新制度主义发展理论本身的发展并不能完全代表发展经济学学科的发展方向。这是因为尽管制度分析至关重要，但制度的建立、调整和变迁本身并不是经济发展的目的，而仅是手段，因为结构的不均衡和结构的调整、转换，仍然是发展中国家经济社会变革所面临的主要问题。换言之，工业化是经济发展中具有根本性和决定性的基本内容，发展中国家可视为“处于工业化过程中的农业国家”，发展中国家的经济发展过程可以具体而明确地称为“农业国的工业化”，这就必然构成发展经济学研究的主题[34]。此外，伴随着农业国工业化、信息化和全球化的新发展，发展中国家面临新型工业化道路的选择。

2.3.4 经济发展测评

影响经济发展的因素包括储蓄和投资、人口、自然资源、对外贸易、产业结构、收入分配、产业政策以及制度等因素[35]。对经济发展的测评往往是在上述因素的基础上，进行相应指标和方法的选择。

1. 国民收入核算体系

自从库兹涅茨等人建立了国民收入核算体系以来，联合国有关机构、世界银行及世界上众多国家，都先后采用了国民生产总值(GNP)或人均 GNP 作为衡量一国经济发展程度的指标。采取 GNP 或人均 GNP 作为衡量发展水平的指标简单明了，通用性强，易于收集和整理比较(例如，使用实际 GNP 的增长率表示经济增长率)，因而国际组织经常将此作为划分国家类别的基本依据。

这种方法在经济分析中，特别是在国际比较中仍然存在着许多缺陷。第一，它不能及时反映所生产的产品和劳务的类型，或从使用这些产品和劳务中得到福利的情况。因为在发展中国家，许多产品和服务并没有进入市场交换，而是直接由家庭成员自给自足。第二，由于统计技术上的困难，地下经济无法计算在内。由于地下经济都是秘密进行的，交易收入不公开，因而无法在 GNP 中统计。按一些学者的估计，美国地下经济占 GNP 的比重达 3%～20%；发展中国家更为严重，如印度估计为 30%，缅甸则达到 50%之多。第三，没有反映由于环境污染、都市化和人口增长所付出的社会代价。尽管环境资源难以纳入国民收入核算体系，但是，资源耗竭和环境恶化对生产率和经济增长的不利影响是显而易见的。据《1992年世界发展报告》反映，土壤侵蚀可能引起的经济损失每年达到 GNP 的 0.5%～1.5%，热带森林每年以 9%的速度递减。第四，汇率不能反映国家间真实收入差别。

用国民收入核算体系来衡量经济发展，其最大问题还在于它难以反映经济发展的全貌，不能说明经济发展的动态内容。例如，经济结构的变化与调整、收入分配的改善与贫困人口的减少、就业水平的上升与实际生活质量的提高等。尽管如此，目前经济学中还没有发现比 GNP 或 GDP 更好的作为一国国民产品的综合指标。因此，这一指标仍然被广泛使用。不过，我们必须清楚要全面反映经济发展状况，仅用这一个指标是远远不够的。许多学者一直在设法建立其他的综合指标体系，来替代或补充传统的度量指标。这些指标大致可分为两类，一类是采用生活质量衡量发展；另一类是采用社会、经济和政治因素相互作用的标准来衡量发展。

2. 社会经济综合发展指标体系

1）联合国社会发展研究所的 16 项指标体系

这项研究涉及选择最适当的发展指标，以及对这些不同发展水平指标间的相互关系的分析。最初，联合国考察了 73 项指标，最后从中选择了 16 项主要指标，分为以下两类：①社会指标(7 项)：出生时的预期寿命；2 万人以上地区人口占总人口的百分比；人均每日消费的动物蛋白质；中小学注册人数总和；职业教育入学比例；每间居室平均居住人数；每千人中读报人数。②经济指标(9 项)：从事经济活动人口中使用电、水、煤等的百分比；每个男性农业工人的农业产量；农业中成年劳动力的百分比；人均消费电力的千瓦数；人均消费钢的公斤数；能源消费(折合人均消费煤的公斤数)；制造业在国内生产总值中的百分比；人均对外贸易额；工薪收入者在整个从事经济活动人口中的百分比。

指标的选择是根据它是否和社会发展指数联系密切。这种发展指数与各种单个的社会和经济指标的关系，要比与人均国民生产总值等指标的关系更为密切。这个体系的特点是以福利为中心，重点考察卫生、营养和教育状况，反映了基本需求战略的基本要求；其缺点是大多采用人均指标，未能反映社会与经济结构变动的因素。

2）阿德尔曼和莫里斯的 40 变量体系

20 世纪 60 年代末，美国经济学家 I. 阿德尔曼和 C. T. 莫里斯提出的发展指数，是根据经济、政治和社会因素之间相互作用的方式来衡量发展的。这项研究根据 40 个变量，对 74 个国家进行了分组，用因素分析法考察了社会和政治变量与经济发展水平间的相互依赖关系，发现了某些关键性因素与经济发展水平间的许多相关关系。这 40 个变量的指标包括四类：①总体经济特征(3 个)：传统农业部门的大小；二元结构的程度；城镇化的程度。②总体社会文化特征(9 个)：基本社会组织的特点；当地中产阶级的地位；社会流动性的程度；识字率；大众传播媒介的水平；文化和种族的同质程度；社会紧张程度；自然人口生育率；观念的现代化程度。③政治指标(12 个)：国家一体化程度与民族意识；政治权力集中程度；民主制度的力量；政治上的反对派与出版自由度；政党竞争程度；政党制度的基础；工人运动的实力；传统的上层人物的政治力量；武装力量的政治力量；政府机关的效率；领导层对经济发展(改革)的支持程度；政治稳定程度。④经济指标(16 个)：人均国民生产总值；人均国民生产总值增长率；自然资源蕴藏量的大小；总投资率；工农业现代化水平；1950 年以来工业化程度的变化；农业组织的特点；农业技术现代化水平；1950 年以来物质资本的增加程度；

税收体制的实际水平；1950 年以来税收体制的改进程度；财政体制的实际水平；人力资源的提高程度；对外贸易的结构；农业劳动生产率的改善程度；有形的长期资本充足程度。

3）世界银行设计的世界发展指标体系

从 1978 年起，世界银行每年发行一期《世界发展报告》。在这里，世界银行也设计了一套反映一国社会和经济发展主要特征的世界发展指标体系。每年发生一些变化。2007 年世界银行发展指标分五类表：

第一类表——主要发展指标：人口和人口年龄构成、人均国民生产总值及其年均增长率、出生时的预期寿命、成人识字率、人均二氧化碳排放量；

第二类表——贫困：国家贫困线、国际贫困线；

第三类表——千年发展目标，即消除贫困、改善生活：收入或消费的比例（最低 20%）、5 岁以下儿童营养不良状况、初等教育完成率、初等中等教育中男女比例、5 岁以下儿童死亡率、母亲健康状况、艾滋病率；

第四类表——经济活动：国内生产总值及其年均增长率、生产的年均增长率（包括农业、工业、制造业、服务业等的增长）支出比、政府最终消费支出比、资本形成总额占 GDP 比、贸易差额占 GDP 比、GDP 隐含平减指数年均增长率；

第五类表——贸易、援助与金融：商品进口出口比、制成品出口比、高技术出口比、经常账户余额、外商直接投资、官方发展援助、外债、银行提供的国内信贷比、净移民数。

3. 物质生活质量指数

物质生活质量指数（Physical Quality of Life Index，PQLI）是由莫里斯等人于 20 世纪 70 年代初开创的。他们用预期寿命、婴儿死亡率和识字率三项指标组成一套简便的综合指数，每项指数都用百分制表示每个国家的成绩。“1 分”表示“最坏”，而“100 分”则表示“最佳”。预期寿命的上限 100 分定为 77 岁，下限 1 分定为 28 岁。各国的预期寿命都在这上下限之间，从 1 到 100 评分。例如，预期寿命上限 77 岁和下限 28 岁之间的中点为 52 岁，就近 52 岁定为 50 分。与此类似，婴儿死亡率上限为 9‰，下限为 279‰。识字率用 1 至 100 的百分比来衡量，可直接用百分制划等级。一旦一个国家的预期寿命、婴儿死亡率和识字率按百分制打出分来，用同样的权数平均，就可计算出这个国家的 PQLI 了。这种指标体系的主要优点是所需资料容易找到，计算简便易行。但 PQLI 所衡量的“生活质量”的范围过于狭窄，没有考虑到社会和心理上的许多因素，诸如安全感、公正、人权等。

4. 人类发展指数

最有影响的发展度量指数是人类发展指数（Human Development Index，HDI），它是由联合国发展计划署在 1990 年首次发表的《人类发展报告》中提出来的，其后发表的人类发展报告对这一指标进行了一些修正。这个指数也是由三个指标构成的，即寿命、教育程度与生活水准。寿命以出生时的寿命预期来衡量；教育程度以成人识字率与初、中、高各级学校入学率两个指标加权平均获得（其中给予成人识字率 2/3 权数，入学率 1/3 的权数）；生活水准以调整的人均 GNP 来表示（即人均 GNP 按照购买力评价和收入边际效用递减原则来调整）。这三个指标是按 0 到 1 分级的，0 为最坏，1 为最好。在算出每个指标的等级后，对它们进行简单的平均，便得到一个综合的人类发展指数。然后，按指数的高低对世界上的 100 多个国家进行排序。人类发展指数分为三组：低人类发展指数（0～0.50）、中等人类发展指数（0.51～0.79）、高人类发展指数（0.8～1）。

《2001 年人类发展报告》对 1999 年 162 个国家（或地区）的人类发展指数的排序如下：高人类发展指数的国家（或地区）有 48 个，平均的人类发展指数是 0.904，挪威最高，为 0.939，澳大利亚、加拿大和瑞典并列第二，为 0.936；中等人类发展指数的国家有 78 个，平均的人类发展指数是 0.662；低人类发展指数的国家有 36 个，平均的人类发展指数为 0.416。从国家（或地区）数目来看，大多数的人类发展指数处于中等水平。作为一个整体，发展中国家（或地区）的人类发展指数平均为 0.647，世界平均为 0.716。

1999 年中国的人类发展指数为 0. 718，属于中等人类发展指数国家（或地区）行列，排在 174 个国家（或地区）的第 87 位，比中等人类发展指数的平均数（0.740）要低，与世界平均的人类发展指数 0.716 差不多，但比发展中国家平均的人类发展指数 0.647 要高。分项来看，中国的寿命预期指数为 0.75，教育指数为 0.80，GDP 指数为 0.60，与中等人类发展指数相当（分别是 0.74，0.81，0.66）。

这里需要指出的是，最初人类发展指数只是用来度量相对的人类发展水平，而不是绝对的人类发展水平。后来，联合国发展计划署对人类发展指数进行了修正，使之能反映一国长期人类发展的进步状态。

第三章　城市交通与国民经济关系

城市交通发展与城市经济发展互为前提和基础，其发展水平的高低也直接影响到国民经济的发展速度。随着国民经济的不断发展，资源和要素的充分自由流动，导致了社会经济发展对交通存在一定的依赖和需求关系。同时，城市交通需求的增长是社会经济发展的结果，是城市发展所无法避免的客观事实。交通的发展能够提高经济效率、节约交易成本、促进经济发展，从而能够起到提高居民生活质量、增进社会福利的作用。此外，城市交通的发展也将会对城市国民经济的发展产生深刻的影响。本章将以南京市城市交通与国民经济为例进行实证研究，从城市交通与产业结构、城市公共交通与国内生产总值、机动车保有量与国内生产总值、城市道路建设与国内生产总值之间相关性分析和弹性系数分析，来研究城市交通与国民经济的关系问题。

3.1　城市交通与产业结构

3.1.1　城市交通与产业结构理论关系

在考虑产业结构与城市交通相互之间影响作用时，需要注意城市中产业结构和城市交通运输的相关联系，以及在城市交通的发展过程中产业结构的变化对其产生的作用。

经济发展包括经济增长和结构优化这两层含义。经济增长是指国内生产总值在绝对数量上的增加；结构变化是指经济结构中各产业增长的不平衡，即某些产业增长较快而某些产业增长较慢甚至出现负增长。交通运输作为国民经济派生的需求，其发展与一个国家或地区的生产布局、资源分布、经济发展水平、产业结构和人民消费水平等因素密切相关。交通产业作为国民经济的一个子产业，受经济变迁和其他产业发展演变的影响，其在国民经济中的地位和作用也会发生变化。分析发现，交通产业与国民经济相互作用的演变历程大致呈现以下规律：

(1) 人均 GDP 在 1 000 美元以下时，处于工业化初期，国民经济产业结构以纺织工业、采掘原材料工业为主，对煤炭、矿石、钢铁产品等批量大、附加值低的大宗散货运输需求急剧增加，货物运输量的增长基本快于 GDP，即货运弹性系数普遍大于或接近于 1，而单位 GDP 产生的货物运输量逐步上升。此时的客运出行较少，因此人均出行次数不多，出行距离较短，客运弹性系数相对偏小。

(2) 人均 GDP 在 1 000～4 000 美元之间时，进入工业化中后期，工业结构发生较大变化，经济增长对原材料的依赖开始缩小，小批量、多批次、高附加值产品的运输需求趋于上升，对运输质量的要求更加严格。这一时期货运量增长比前一时期明显放慢，大体上与

GDP 增长保持同步或者更低一些，而单位 GDP 引起的货运量较工业化初期明显下降。随着国民经济的发展，居民生活水平提高，旅客出行需求增加，客运量稳步增长，弹性系数相对回升。

(3) 人均 GDP 在 4 000～10 000 美元及以上时，进入后工业化阶段。经济结构转向以高技术产业和服务业为主，产品结构以高附加值化和轻型化为主，交通运输主要满足以消费者为导向的小批量乃至个性化灵活多变的生产方式。货物运输总量处于相对比较稳定的状态，单位 GDP 产生的货物运输量明显减少，但运输服务要求更加可靠、快速、方便；客运量的增长速度普遍快于国民收入增长速度，并对快速、安全、舒适、便利等方面提出了更高的要求[36，37]。

处于工业化阶段的国家或地区，产业结构的升级必然会对运输需求产生更高的要求：第一产业的调整使流通量增加，需要有与农产品生产和流通配备的低成本、高效率的运输服务体系；第二产业结构的调整使轻重量、深加工、高附加值的产品比重增加，市场竞争从价格竞争为主转而要求从质量、价格、速度等多方面竞争；第三产业比重的提升，特别是现代物流业、旅游观光业的发展，促使人们对客、货的运输模式的选择也有了新的要求，对服务质量有更高的要求。

不同时期的产业结构水平对交通运输也有不同的需求。产业结构水平低的时期，往往只需要交通运输从量上适应，产业结构水平高的时期，对交通运输提出更高的要求，需要从质上满足。如果一个国家或地区交通运输业的发展不能满足经济的发展，就会对经济的增长产生消极作用，而经济增长缓慢又使资金紧张，减少对交通的投资，最终会影响交通运输业的发展。反之，如果一个国家或地区拥有较好的交通基础设施，将会大力支持和刺激当地国民经济的发展，国民经济的发展又会反作用于交通运输，即增加对交通运输的投资，所以，交通运输与国民经济之间构成了相互制约、相互促进的关系。

3.1.2　南京市产业结构和城市交通相关性

南京地处长江下游，是我国著名古都、江苏省省会、长江下游重要的中心城市，是上海和长江中上游的结合点。从某种意义上讲，是东部与中西部、北部与南部商流与物流的必经之路。东接富饶的长江三角洲，南靠宁镇丘陵，西倚皖赣山区，北连江淮平原，全市总面积 6 587.02 km^2，2013 年总人口为 638.48 万人，地区生产总值 8 011.78 亿元。近年来，产业结构布局调整和高度化升级步伐显著加快，高新技术产品产值比重大幅提高，2013 年三次产业结构比重为 2.3∶43.3∶54.4，比 1990 年的 9.6∶54.4∶36.0 有了明显的优化提高，第三产业比重上升最为明显。

南京市城市交通的发展极为迅速，2005 年 4 月 10 日正式开通运营地铁一号线，是中国内地继北京、天津、上海、广州、深圳之后第六个建成并运营地铁的城市，目前，城市轨道交通系统日均客流量超过 300 万人次，现已形成了城市地面公共交通与轨道交通并重，私人交通限制发展，出租车引导发展的城市客运交通与城市货运交通，它们共同构成了南京市的城市交通系统。2013 年，南京市交通运输、仓储和邮政业投资增长 23.3%，全年客运总量 49 407.11万人，客运周转量 453.32 亿人公里；货运总量 44 052.08 万吨，货物周转量 5 080.46亿吨公里。

1. 南京市产业结构演化

不同时期南京市产业结构变化体现在以下三点：

1）产业结构总体呈“二、三、一”结构向“三、二、一”结构转变趋势

从 1984—2013 年的南京产业结构演化来看，其演进状态总体呈“二、三、一”的关系，处于工业化发展的中期阶段。第一产业比重下降的同时，总量得到提升。第二产业总量增加，比重反而下降，竞争力和综合效益明显提高，尤其是制造业部门的科技含量、创新能力和产品的附加价值均有巨大的提高。第三产业增加值比重和总量不断上升，其增加值已由 1984 年的 15.28 亿元增加到 2013 年的 4 356.56 亿元，占 GDP 比重上升了 33.48 个百分点。但 2008 年以来，第三产业比重超过了第二产业，产业结构呈“三、二、一”的关系，说明南京市产业结构已经开始呈现出后工业化特征，具体数据如表 3-1 所示。

表 3-1　南京三次产业间的结构变化情况（数据来源：南京市统计局）

年份	1984	1986	1988	1990	1992	1994	1996	1998
第一产业	7.9%	6.6%	4.2%	9.6%	7.9%	7.6%	7.2%	6%
第二产业	73%	64.9%	60.4%	54.4%	57.6%	52.1%	50.9%	49.8%
第三产业	19.1%	28.5%	35.4%	36%	34.5%	40.3%	41.9%	44.2%
年份	2000	2002	2004	2006	2008	2010	2012	2013
第一产业	5.3%	4.8%	3.3%	3%	2.5%	2.8%	2.6%	2.3%
第二产业	48.4%	47.3%	49.8%	49%	47.5%	46.5%	44%	43.3%
第三产业	46.3%	47.9%	46.9%	49%	50%	50.7%	53.4%	54.4%

2）轻重工业发展失衡，重工业化特征显著

1990 年开始，南京市政府重新提出要优先发展重工业，并确定了“电子”、“化工”、“汽车”等产业为支柱产业。重工业占工业总产值比重开始持续上升，轻工业发展相对缓慢，这种状况直至 2006 年才得到扭转。同世界其他国家相比，日本在 1992 年的轻、重工业比为 35.7∶64.3，韩国 1989 年的轻、重工业比为 32.7∶67.2，均比南京要小。从世界范围来看，大部分国家在完成了重工业化任务后，其重工业化率基本上在 60%～65%之间。可见，南京产业结构呈一度明显地偏重型结构（图 3-1）。

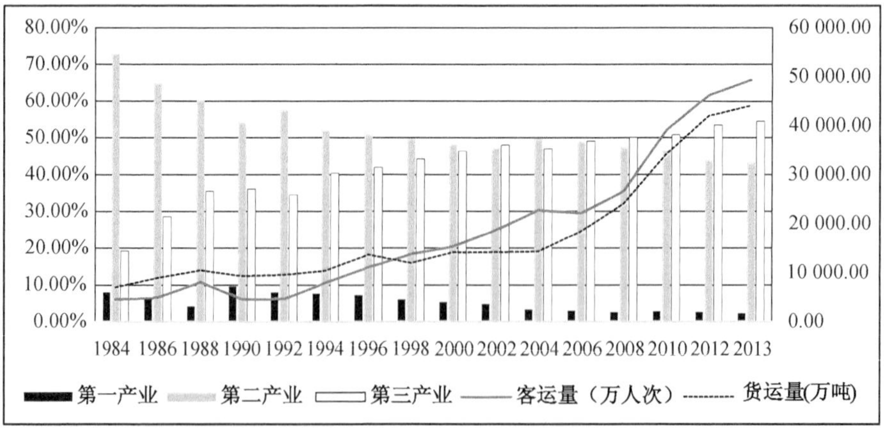

图 3-1　南京 1984—2013 年三次产业与货运量、客运量的增长情况（数据来源：南京市统计局）

3）高新产业发展迅速，传统工业发展缓慢

1984—1990年，南京市工业产业的发展主要涉及传统工业，高新产业还未崛起，发展速度较为缓慢。1990年，南京开始实施新型工业化战略，以电子、新材料、新能源、生物医药为代表的科技含量高、产业关联度大的高新技术产业得到迅速发展。仅电子及通讯设备制造业占工业总产值比例便由1990年的11.16%上升到2013年的17.18%。传统工业发展则相对缓慢，劳动密集型产业和资本密集型产业占工业总产值比重不断下降。例如，石油加工及炼焦业的产值比重也由1990年的12.19%下降到2013年的8.69%。

2. 南京市城市交通结构变化过程

南京市货运总量的演变从1984—2013年有明显的增长趋势。1984—2005年货运总量总体偏少，增长速度较慢，总体呈平稳增长趋势。公路货运量逐年增长，铁路货运量所占比重小。2006—2013年，南京市货运总量与前一阶段相比，这一时期的货运总量和各自的比重都有很大的变化，货运总量增长速度明显加快，增长幅度较大。

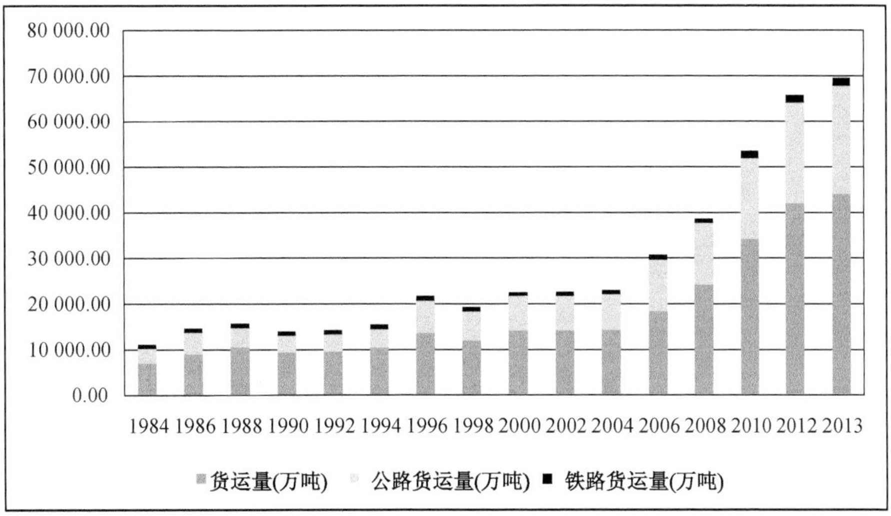

图3-2　1984—2013年南京市货运量的变化示意图(数据来源:南京市统计局)

从图3-2中公路货运量、铁路货运量各自的比重来看，1984—2013年间南京市铁路货运量和公路货运量有了明显的变化，铁路货运量、公路货运量比重均有所增长，公路运输涨幅明显。铁路货运量的增长速度较缓，且幅度与公路货运量的增长相比较为微小。公路运输仍在南京市货运市场上占明显优势地位。

其次，南京市客运总量的发展总体呈稳步增长态势，如图3-3所示。1984—2009年，客运总量呈波动增长趋势，增加幅度较为稳定，幅度很小，公路客运量比重占据主体部分，每年都在80%以上，铁路客运量比重次之。2009—2013年，南京市客运总量呈加快上升趋势，从2009年的26 641万人次，到2013年突破了49 407万人次。公路客运量所占比重的优势更加明显，占绝对优势，凸显了公路运输在南京市客运中的重要地位。

总体来看，南京市客货运输量均呈现逐年增长趋势，特别是公路运输的增加尤为明显，近年来随着南京市交通基础设施的建设投入增加，南京市城市交通结构较为完善。

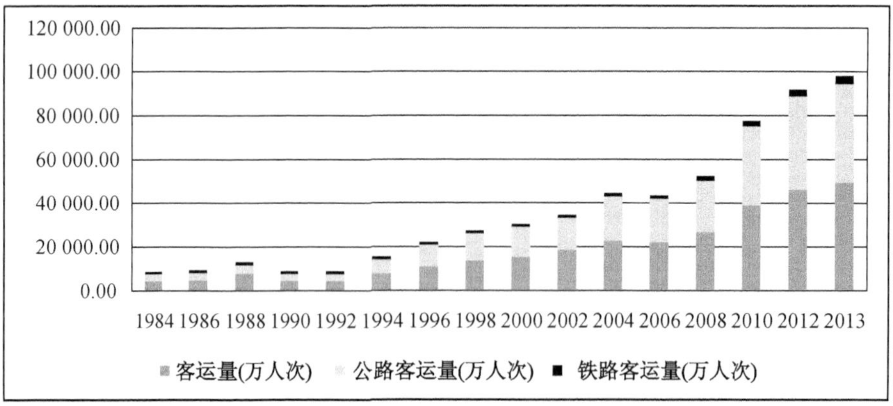

图 3-3　1984—2013 年南京市客运量的变化示意图

3. 南京市产业结构对城市交通影响分析

交通运输结构指交通运输组成要素及要素内部之间的比例构成和相互联系。是产业结构一个组成部分，是国民经济中使人和货物产生空间位移的基础结构。南京市产业结构对城市交通影响的实证分析将采用交通运输结构中的货运量和客运量作为分析指标，其中货运量分为铁路货运量、公路货运量，客运量分为铁路客运量、公路客运量。

根据南京市 1984—2013 年统计年鉴和交通运输统计资料，1984—2013 年南京市国民经济三次产业产值和客货运输数据如表 3-2 所示。

表 3-2　1984—2013 年南京市三次产业与交通运输统计（来源：南京市统计局）

年份	GDP(亿元)	第一产业	第二产业	第三产业	货运量(万吨)
1984	80.00	7.9	73.0	19.1	7 002.27
1986	86.00	6.6	64.9	28.5	8 927.45
1988	130.32	4.2	60.4	35.4	10 474.30
1990	160.89	9.6	54.4	36.0	9 303.70
1992	246.88	7.9	57.6	34.5	9 554.88
1994	466.86	7.6	52.1	40.3	10 364.80
1996	674.90	7.2	50.9	41.9	13 632.20
1998	825.13	6.0	49.8	44.2	11 941.00
2000	1 021.30	5.3	48.4	46.3	14 102.00
2002	1 576.20	4.8	47.3	47.9	14 165.00
2004	1 910.00	3.3	49.8	46.9	14 289.00
2006	2 773.78	3.0	49.0	49.0	18 402.00
2008	3 814.62	2.5	47.5	50.0	24 118.00
2010	5 012.64	2.8	46.5	50.7	34 224.67
2012	7 201.57	2.6	44.0	53.4	41 998.53

续表 3-2

年份	公路货运量（万吨）	铁路货运量（万吨）	客运量（万人次）	公路客运量（万人次）	铁路客运量（万人次）
2013	8 286.00	2.3	43.3	54.4	44 052.08
1984	3 192.71	895.89	4 549.45	3 297.48	1 071.64
1986	4 790.27	934.20	4 919.10	3 487.40	1 215.70
1988	4 253.10	980.10	8 097.00	3 679.60	1 449.90
1990	3 756.30	941.20	4 595.20	3 211.40	1 214.10
1992	3 772.80	946.30	4 624.48	3 100.00	1 311.60
1994	4 103.00	994.00	7 917.60	6 427.00	1 286.70
1996	7 093.70	972.40	11 097.60	9 926.30	1 062.30
1998	6 368.00	925.00	13 784.00	12 523.00	1 051.00
2000	7 590.00	829.00	15 294.00	13 869.00	1 181.00
2002	7 610.00	832.00	18 632.00	14 583.00	1 268.00
2004	7 841.00	865.00	22 770.00	20 362.00	1 476.00
2006	11 249.00	1 096.00	22 123.00	19 999.00	1 497.00
2008	13 650.00	964.20	26 641.13	23 720.00	2 033.00
2010	17 683.00	1 593.55	39 104.06	36 004.00	2 427.85
2012	22 020.00	1 805.83	46 254.64	42 519.00	3 066.36
2013	23 738.00	1 701.55	49 407.11	45 070.00	3 602.32

灰色关联理论也称灰色关联度理论，它是根据因素之间发展态势的相似或相异程度，亦即“灰色关联度”来衡量因素间关联程度的一种新的分析方法。对于两个系统之间的因素，其随时间或不同对象而变化的关联性大小的量度，称为关联度。在系统发展过程中，若两个因素变化的趋势具有一致性，即同步变化程度较高，即可谓二者关联程度较高；反之则较低。对于研究南京市产业结构演变与城市交通之间的关系，采用灰色关联分析是一个很好的方法。使用灰色关联度分析方法，可以用货运量、客运量为参考数列，以第一产业、第二产业、第三产业为比较数列的灰色关联系数，对 1984—2013 年南京市的三次产业与货运量、客运量标准化数据进行分析计算。应用灰色关联分析法步骤包括：

（1）确定参考数列 $\{C^*\}$ 和比较数列 $\{C\}$，其中 $\{C^*\}=[C_1^*, C_2^*, \cdots, C_n^*]$、$\{C\}=[C_1^i, C_2^i, \cdots, C_n^i]$。

（2）对参考数列和比较数列进行无量纲化处理。设第 k 个指标的变化区间为 $[j_{k1}, j_{k2}]$，j_{k1} 为第 k 个指标在所有被评价对象中的最小值，j_{k2} 为第 k 个指标在所有被评价对象中的最大值，则可以用式 3-1 将原始数值变成无量纲值 $C_k^i \in (0, 1)$。

$$C_k^i = \frac{j_k^i - j_{k1}}{j_{k2} - j_k^i},\ i = 1,\ 2,\ \cdots,\ m,\ k = 1,\ 2,\ \cdots,\ n \qquad \text{(公式 3-1)}$$

式中：C——无量纲值；

k——研究对象指标；

i——年份。

（3）求参考数列与比较数列的灰色关联系数，灰色关联系数求解如公式 3-2 所示。

$$\xi_i(k) = \frac{\min_i \min_k |C_k^* - C_k^i| + \rho \max_i \max_k |C_k^* - C_k^i|}{|C_k^* - C_k^i| + \rho \max_i \max_k |C_k^* - C_k^i|} \qquad \text{(公式 3-2)}$$

式中：$\rho \in (0,\ 1)$，一般取 $\rho = 0.5$。

（4）求解关联度，关联度计算如公式 3-3 所示。

$$r_i = \frac{1}{n} \sum_{k=1}^{n} \xi_i(k) \qquad \text{(公式 3-3)}$$

（5）关联度排序。若关联度 r_i 最大，说明 $\{C\}$ 与最优指标 $\{C^*\}$ 最接近，即第 i 个被评价对象优于其他被评价对象，据此可以排出各被评价对象的优劣次序[38]。

依据灰色关联分析模型的步骤，对南京市三次产业的演变对交通运输的影响进行分析，选取南京市部分年份的三次产业和交通运输数据作为分析依据：

（1）建立参考数列和比较数列：以货运量和客运量分别作为参考数列；以第一产业、第二产业和第三产业分别作为比较数列。

（2）对数据进行标准化处理：由于各类数据指标的量化标准不同，为保证数据间相同因素的可比性，利用公式 3-1 分别对参考数列和比较数列数据进行无量纲标准化处理，其结果如表 3-3 所示。

（3）求解参考数列和比较数列之间的灰色关联系数：根据表 3-2 的数据，利用公式 3-2 计算出南京市以货运量和客运量为参考数列，以第一产业、第二产业、第三产业为比较数列的灰色关联系数，结果见表 3-4。

表 3-3　南京市三次产业与交通运输统计资料(1984—2013 年)数据标准化处理数据

年份	GDP(亿元)	第一产业	第二产业	第三产业	货运量(万吨)
1984	0.01	0.77	0.84	0.09	0.14
1986	0.01	0.59	0.61	0.33	0.18
1988	0.01	0.26	0.48	0.51	0.22
1990	0.01	1.00	0.31	0.53	0.19
1992	0.03	0.77	0.41	0.49	0.20
1994	0.05	0.73	0.25	0.64	0.22
1996	0.08	0.67	0.22	0.68	0.29
1998	0.10	0.51	0.18	0.74	0.25
2000	0.12	0.41	0.14	0.79	0.30

续表 3-3

年份	GDP(亿元)	第一产业	第二产业	第三产业	货运量(万吨)
2002	0.19	0.34	0.11	0.83	0.30
2004	0.23	0.14	0.18	0.81	0.31
2006	0.33	0.10	0.16	0.86	0.40
2008	0.46	0.03	0.12	0.89	0.54
2010	0.60	0.07	0.09	0.90	0.77
2012	0.87	0.04	0.02	0.97	0.95
2013	1.00	0.00	0.00	1.00	1.00
年份	公路货运量（万吨）	铁路货运量（万吨）	客运量（万人次）	公路客运量（万人次）	铁路客运量（万人次）
1984	0.10	0.07	0.07	0.05	0.13
1986	0.17	0.11	0.08	0.06	0.18
1988	0.15	0.15	0.14	0.06	0.26
1990	0.13	0.11	0.07	0.05	0.18
1992	0.13	0.12	0.07	0.05	0.21
1994	0.14	0.17	0.14	0.12	0.20
1996	0.27	0.15	0.21	0.20	0.12
1998	0.24	0.10	0.26	0.26	0.12
2000	0.29	0.00	0.29	0.29	0.17
2002	0.29	0.00	0.36	0.31	0.20
2004	0.30	0.04	0.45	0.44	0.27
2006	0.45	0.27	0.44	0.43	0.27
2008	0.56	0.14	0.53	0.52	0.46
2010	0.74	0.78	0.79	0.79	0.60
2012	0.92	1.00	0.93	0.94	0.82
2013	1.00	0.89	1.00	1.00	1.00

表 3-4　南京市三次产业与货、客运量(1984—2013 年)的灰色关联系数

年份	货运量			客运量		
	第一产业	第二产业	第三产业	第一产业	第二产业	第三产业
1984	0.73	0.89	0.68	0.53	0.70	0.86
1986	0.51	0.89	0.62	0.42	0.68	0.92
1988	0.48	0.97	0.52	0.44	0.70	0.80

续表 3-4

年份	货运量			客运量		
	第一产业	第二产业	第三产业	第一产业	第二产业	第三产业
1990	0.35	0.38	0.33	0.67	0.82	0.92
1992	0.42	0.38	0.37	0.32	0.47	0.58
1994	0.31	0.43	0.23	0.38	0.34	0.47
1996	0.43	0.56	0.43	0.36	0.33	0.49
1998	0.45	0.43	0.45	0.26	0.37	0.58
2000	0.45	0.55	0.32	0.33	0.56	0.63
2002	0.43	0.48	0.33	0.41	0.55	0.83
2004	0.38	0.53	0.37	0.36	0.45	0.85
2006	0.38	0.43	0.34	0.35	0.56	0.86
2008	0.36	0.46	0.33	0.37	0.70	0.92
2010	0.51	0.66	0.42	0.58	0.78	0.81
2012	1.00	0.87	0.65	0.33	0.38	0.47
2013	0.84	0.93	0.70	0.57	0.82	1.00

（4）灰色关联度计算：由于参考数列和比较数列的关联系数数值很多，信息过于分散，不方便比较，所以，将各个时刻的关联系数集中为一个值，称为灰色关联度或关联度。根据表 3-4 所列的每个时刻的关联系数，利用公式 3-3 计算出南京市客货运量与产业结构的关联度，结果如表 3-5 所示。

表 3-5　南京市三次产业与货、客运量（1979—2013 年）关联度

关联度	货运量	客运量
第一产业	0.50	0.42
第二产业	0.62	0.58
第三产业	0.44	0.75

（5）关联度排序：根据表 3-5 的计算结果，对南京市三次产业与货运量、客运量的关联度进行排序。如图3-4所示。

对于货运量来说，关联度最大的是第二产业 0.62，其次是第一产业 0.50，然后是第三产业 0.44。说明 1984—2013 年南京市第二产业的演变对货运量的变化影响比较大，第二产业仍然以货运量比较大的产业类

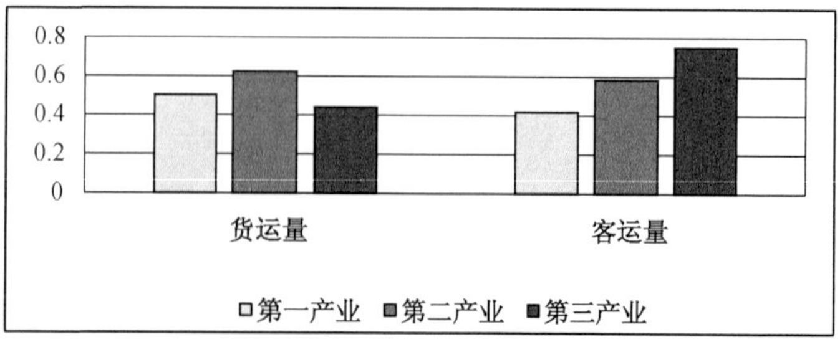

图 3-4　南京市三次产业与货、客运量关联度（1984—2013）

型为主。第三产业和第一产业的演变对货运量变化的影响相对于第二产业的影响而言小很多。1984—2013年随着产业结构的不断调整，南京城区范围内第一产业所占份额较小，第二产业也逐渐搬至市郊，第三产业兴起但货运份额不足以与第一、二产业所造成影响相比较。因此就南京市货运而言，第二产业与货运量的关联度最高，第一产业次之，第三产业关联度最低。

对于客运量，与其关联度最大的是第三产业0.75，其次是第二产业0.58，最小的是第一产业0.42。结合南京市居民出行调查可知，近年来南京市第三产业发展迅速，随之带来的是各类购物、旅游、休闲等交通出行需求的产生，必然需要提供与交通需求适应的交通供给，客运量随之增加。同时，交通运输本身即属于第三产业的构成部分。南京市在20世纪90年代出于对产业优化和城市升级的考虑，与全国其他很多城市一样采用“退二进三”的政策，将大量第二产业迁至远离城市中心区域的市郊，随之带来的就是原本居住在市区工厂周围的职工产生的从居住地到工厂所在地的通勤交通。加之第二产业本身所吸引构成的客运量，第二产业与客运量的关联度排在第二位。

3.2 城市公共交通与国民经济发展

城市国民经济的发展，一方面为城市公共交通建设提供了必要的物质与资金基础；另一方面也引发交通需求在数量和时空分布上均发生了深刻的变化。随着收入的提高，居民的消费结构也发生了明显的变化，用于交通方面的支出逐年提高，上下班以外非基本出行的需求迅速增加，对交通服务的要求也越来越高。公共交通发展成为推动经济增长的重要助力之一。一方面，公共交通投资力度不断增长，其所占交通国内生产总值比例逐年提高，对经济增长的贡献不断加大；另一方面，由于公共交通规模扩大和效率提高，使得居民出行机动化程度提高，人们可以选择到离家更远的地方就业以及进行各种各样的休闲娱乐活动。随着公共交通的建设与发展，人们的出行距离越来越远，能获得更多的就业机会，接受更好的教育和更好的医疗服务，进行更加丰富的休闲娱乐活动。为了量化国民经济发展程度，本节将具体研究南京市GDP与公共交通发展之间的关系。

1. 南京市GDP与公共交通基本情况

由于统计数据的缺失，城市公共交通与GDP关系的研究采用2006—2013年期间的数据。图3-5为2006—2012年南京市GDP与城市公共交通客运发展水平对比图。从该图可以看出，在南京市GDP稳步增长的同时，城市公共交通客运量呈现稳步逐年递增，走势较为平缓。2012年南京市GDP是2006年数据的2.59倍，2012年南京城市公共交通客运总量是2006年数据的1.41倍。

2. 南京市GDP与城市公共交通客运量的相关性分析

考虑到SPSS软件包在统计分析领域的全面功能，故引入SPSS来对GDP和城市公共交通之间的数量关系进行相关性分析。通过将2006—2012年南京市GDP与城市公共交通客运量作为两组变量，使用SPSS中的Kendall's tua_b秩相关系数对两者进行相关性分析，分析结果如表3-6所示。

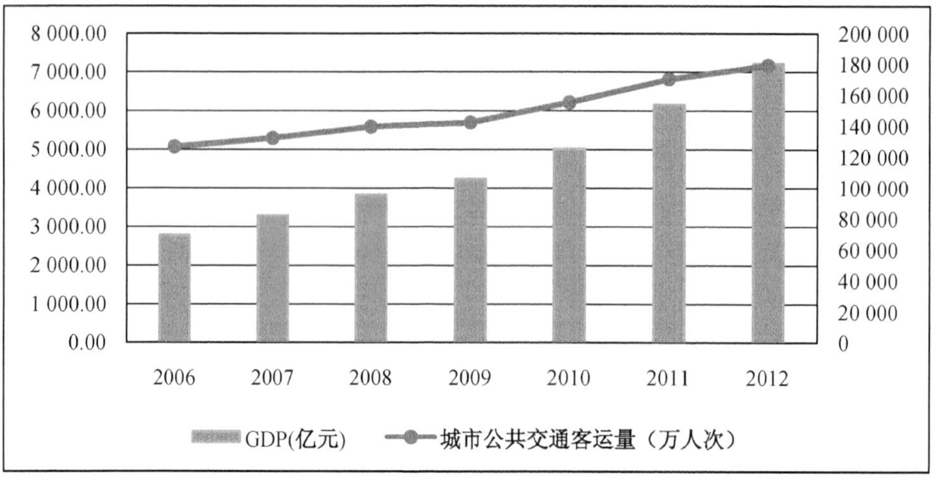

图 3-5　2006—2012 年南京市 GDP 与城市公共交通客运发展水平

表 3-6　南京市 GDP 与城市公共交通客运的相关系数(2006－2012 年)

相关系数				
			GDP	南京市城市公共交通客运量
Kendall's tau_b	GDP	相关系数	1.000	.797**
		Sig.(双侧)	.	.
		N	7	7
	南京市城市公共交通客运量	相关系数	.797**	1.000
		Sig.(双侧)	.	.
		N	7	7

注:“* *”表示在置信度(双测)为 0.01 时,相关性是显著的。

表 3-6 中,对 2006—2012 年南京市 GDP 与城市公共交通客运的相关性分析结果表明,在显著水平 P 处于 0.01 时,南京市 GDP 与城市公共交通客运量之间的 Kendall's tua_b 系数为 0.797,表明南京市 GDP 与城市公共交通客运量显著正相关。因此,可以继续利用弹性系数理论对两者关系进行弹性分析。

3. 城市公共交通客运经济弹性分析

由经济弹性系数理论可知,城市公共交通客运的经济弹性可以由公式 3-4 计算得到。

$$\text{城市公共交通客运经济弹性 } T=\frac{\text{城市公共交通客运增长率}}{\text{GDP 增长率}} \qquad \text{(公式 3-4)}$$

此处计算经济弹性所用数据为城市公共交通客运增长率和 GDP 增长率,数据起始年为 2006 年,因此,在表 3-7 中所涉及数据年限范围为 2007—2012 年。

表 3-7　2007—2012 年南京市城市公共交通客运经济弹性

年份	GDP 增长	南京市公共交通增长	南京市城市公共交通客运经济弹性
2007	1.183 847	1.044 250 791	0.882 082 86
2008	1.161 673	1.055 777 706	0.908 842 54
2009	1.108 96	1.017 949 195	0.917 931 61
2010	1.184 948	1.091 350 34	0.921 010 82
2011	1.226 005	1.096 065 467	0.894 014 11
2012	1.171 841	1.052 897 78	0.898 499 13

在表 3-7 中，南京城市公共交通客运量包括南京市常规公交客运量、城市轨道交通客运量和出租车客运量。如表所示，南京市城市公共交通客运经济弹性 T 波动幅度在 0.88 至 0.93 之间。此时 $0<T<1$，表示南京市城市公共交通量的增长速度低于国民经济的增长速度。南京市城市公共交通客运经济弹性系数在 2010—2011 年有较明显的变化，弹性系数降幅明显。在 2007—2010 年期间，南京市客运经济弹性逐渐增长。2010 年南京地铁 2 号线投入运营，对提升城市公共交通发展起到了重要贡献，相应的该年度弹性系数也最高。2010 年后客运弹性系数小幅下降，表明了南京城市公共交通发展未能完全满足经济发展所对应的客运需求。

综上分析，南京市城市交通的发展一定程度滞后于国民经济的发展。但随着政府各项交通政策与措施的出台，以及公交优先措施的实施和城市轨道交通的大规模建设，南京城市交通客运经济弹性将会出现上升的态势。

4. 不同公共交通方式的经济弹性分析

常规公交、城市轨道交通及出租车等三种交通方式构成了南京市的城市公共交通体系。由于各自特性的不同，每种公共交通方式与经济发展之间的关系可能会有所不同。为研究这个问题，需要分别分析常规公交、城市轨道交通以及出租车这三种公共交通方式的经济弹性。

表 3-8　2006—2012 年南京三类城市公共交通客运量（数据来源：南京市统计局）

年份	城市公共交通客运量（万人次）	常规公交客运量（万人次）	出租车客运量（万人次）	城市轨道交通客运量（万人次）
2006	126 687.0	95 029.0	25 860.0	5 798.0
2007	132 293.0	98 465.0	25 812.0	8 016.0
2008	139 672.0	102 333.0	26 960.0	10 379.0
2009	142 179.0	104 178.0	26 648.0	11 353.0
2010	155 167.1	105 426.9	28 280.8	21 459.4
2011	170 073.3	105 616.0	30 087.2	34 370.1
2012	179 069.8	109 511.0	29 498.6	40 060.2

根据表 3-8 所得 2006—2012 年间南京市各交通方式客运量，可计算出各自所占公共交通总客运量的比重，如图 3-6 所示。

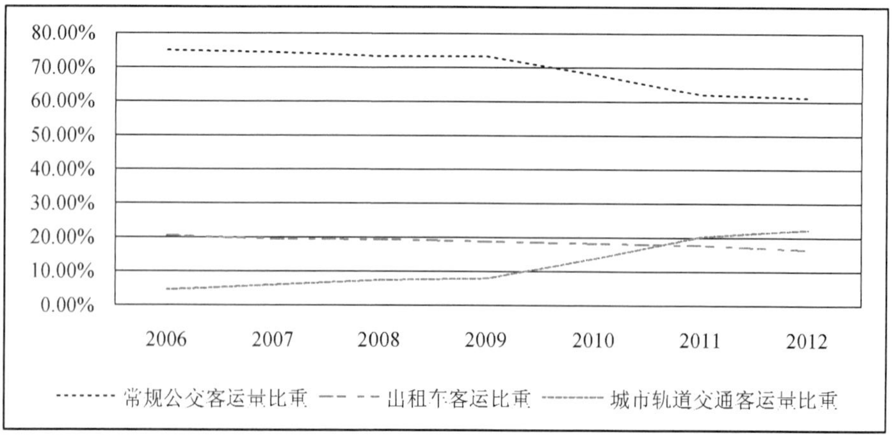

图 3-6 南京市各公共交通方式所占比重变化图

由图 3-6 分析可知，南京市城市公共交通体系中，常规公交客运量的比重占绝对位置，但其比重随着城市轨道交通的开通运营呈现线性下降的趋势。南京城市轨道交通自 2005 年正式开始运营以来发展迅速，包括常规公交和出租车等其他交通方式的客流逐步开始向城市轨道交通转移，城市轨道交通客运比重稳步增长。出租车客运量比重总体呈现出小幅度下降的趋势。出租车的客流在一定程度上被城市轨道交通以及私家车等交通方式分流，但整体客流较为稳定，所受影响的程度较低。随着南京市城市轨道交通的快速发展和票价政策的改革，城市轨道交通的吸引力将进一步增加，未来轨道交通客运量将大幅提高。

1）常规公交经济弹性分析

南京市 GDP 与常规公交客运量的相关性分析结果如表 3-9 所示。

表 3-9 2006—2012 年南京市 GDP 与常规公共交通客运量的相关系数

相关系数				
			GDP	常规公交客运量
Spearman's rho	GDP	相关系数	1.000	0.722**
		Sig.（双侧）	.	.
		N	7	7
	常规公交客运量	相关系数	0.722**	1.000
		Sig.（双侧）	.	.
		N	7	7

注："**"表示在置信度（双测）为 0.01 时，相关性是显著的。

表 3-9 中的相关性分析结果表明，南京市 GDP 与常规公交客运量的 Spearman's rho 秩相关性系数为 0.722，说明在显著水平 $P<0.01$ 下，南京市 GDP 与常规公交客运量正相关。因此，可以进一步利用弹性系数理论对两者进行弹性分析。类似的，常规公交客运经济弹性系数定义为：

$$常规公交经济弹性\ T=\frac{公交客运量增长率}{GDP\ 增长率} \qquad （公式\ 3\text{-}5）$$

表 3-10　2007—2012 年南京市常规公交客运经济弹性

年份	GDP 增长	南京市常规公交增长	南京市常规公交客运经济弹性
2007	1.183 847	1.036 157 4	0.875 246 3
2008	1.161 673	1.039 283	0.894 643 4
2009	1.108 96	1.018 029 4	0.918 003 9
2010	1.184 948	1.011 988 1	0.854 035 6
2011	1.226 005	1.001 793 7	0.817 120 6
2012	1.171 841	1.036 878 9	0.884 8293

将表 3-7 和表 3-10 进行对比分析，公交客运经济弹性与城市公共交通客运经济弹性具有较相似的变化规律。与图 3-6 中各种公共交通方式的客运量比重分析相综合可以说明，常规公交客运经济弹性与城市公共交通总体经济弹性呈现出相似的变化规律基本合理。结合前面的分析和表 3-10 可知，南京市常规公交客运经济弹性波动较大，常规公交客运量增长对 GDP 增长较为敏感。但常规公交整体表现为缺乏弹性，南京市公交的发展滞后于经济的发展，未能很好地适应经济发展所产生的客运需求。尤其随着社会经济的增长，常规公交系统经济弹性的相对下降将致使居民生活水平提高所引起的交通出行在质量上的需求不能得到很好的满足。

2）城市轨道交通

城市轨道交通已经成为全国很多城市选择的大运量公共交通方式，希望通过轨道交通的建设缓解交通压力，并起到引领城市发展的作用。截至 2012 年，南京市开通运营的地铁线路有一号线和二号线。地铁一号线、二号线沿南京"南—北"和"东—西"两条交通轴线布设，可以吸引大量的乘客，承担大量的区间及区内出行。随着地铁一号线和二号线的开通运营，客流量不断增加，越来越多的乘客愿意将地铁作为首选出行方式。南京市 GDP 与轨道交通客运量的相关性分析如表 3-11 所示。

表 3-11　2006—2012 年南京市 GDP 与城市轨道交通客运的相关系数

<table>
<tr><th colspan="5">相关系数</th></tr>
<tr><th colspan="3"></th><th>GDP</th><th>城市轨道交通客运量</th></tr>
<tr><td rowspan="6">Kendall's tau_b</td><td rowspan="3">GDP</td><td>相关系数</td><td>1.000</td><td>0.784**</td></tr>
<tr><td>Sig.（双侧）</td><td>.</td><td>.</td></tr>
<tr><td>N</td><td>7</td><td>7</td></tr>
<tr><td rowspan="3">城市轨道交通客运量</td><td>相关系数</td><td>0.784**</td><td>1.000</td></tr>
<tr><td>Sig.（双侧）</td><td>.</td><td>.</td></tr>
<tr><td>N</td><td>7</td><td>7</td></tr>
</table>

注："**"表示在置信度（双测）为 0.01 时，相关性是显著的。

表 3-11 中的相关性分析结果显示，南京市 GDP 与城市轨道交通客运量的 Kendall's tua_b 秩相关性系数为 0.784，这说明在显著水平 $P<0.01$ 下，南京市 GDP 与城市轨道交通

客运量正相关,可以进一步利用弹性系数理论对两者关系进行弹性分析。

类似的,定义轨道交通客运经济弹性系数为:

$$城市轨道交通经济弹性\ T=\frac{轨道交通客运量增长率}{GDP\ 增长率} \quad (公式\ 3\text{-}6)$$

表 3-12　2007—2012 年南京市城市轨道交通客运经济弹性

年份	GDP 增长	南京市城市轨道交通增长	南京市城市轨道交通经济弹性
2007	1.183 847	1.382 546	1.167 842
2008	1.161 673	1.294 785	1.114 587
2009	1.108 96	1.093 843	0.986 369
2010	1.184 948	1.890 196	1.595 172
2011	1.226 005	1.601 634	1.306 385
2012	1.171 841	1.165 554	0.994 635

从表 3-12 可以看出 2007—2012 年间,南京市城市轨道交通客运经济弹性波动幅度最大值为 0.61,平均值为 1.19,富有弹性。这说明在此阶段,南京市城市轨道交通对 GDP 增长十分敏感,很好地适应了经济增长所产生的交通需求增长。2012 年南京市城市轨道交通日均客流量约 100 万人次,2015 年 4 月,这一数字已经超过 300 万人次,轨道交通线路设施的增加将会带来轨道交通供给能力和服务水平的提高,轨道交通增长较好地符合了南京市国民经济的增长要求。结合南京市城市轨道交通的发展状况,未来南京市城市轨道交通的吸引力将得到显著增大,其客运经济弹性也将进一步增强,逐渐形成明显的轨道交通客流走廊,公共交通出行的比重将逐年增加。

3) 出租车

出租车行业一直以来在全国各城市都属于管理比较严格的行业,出租车辆数、收费等都需要政府相关部门报批。南京市 2006—2012 年出租车辆数和客运量如表 3-13 所示。

表 3-13　2006—2012 年南京市出租车辆数和客运量(数据来源:南京市统计局)

年份	出租车运营车辆数(辆)	出租车客运量(万人次)	日客运量(万人次)
2006	9 262	25 860.0	70.8
2007	9 997	25 812.0	70.7
2008	10 151	26 960.0	73.9
2009	10 364	26 648.0	73.0
2010	10 593	28 280.8	77.5
2011	10 644	30 087.2	82.4
2012	10 643	29 498.6	80.8

从表 3-13 可以看出,南京市出租车运营车辆数呈平稳增长走势,受到南京市经济的快速增长和南京市交通政策的引导。2006 年以来出租车客运量呈现波动状上升趋势。在 2008—2009 年、2011—2012 年客运量有小幅下降,但整体上南京市出租车客运量稳步增长。究其原

因，主要在于南京市经济水平的快速发展和居民生活水平的提高，居民出行对各种交通方式在舒适度、安全性、快捷性等方面的要求提高。常规公交系统无法满足部分居民高质量出行的新需求，致使部分居民的出行由常规公交等方式转向了出租车，甚至进而转向选择私人小汽车。

表 3-14　2006—2012 年南京市 GDP、出租车客运量和人均可支配收入统计

年份	GDP(亿元)	出租车客运量(万人次)	人均可支配收入(元)
2006	2 773.78	25 860.0	17 537.72
2007	3 283.73	25 812.0	20 317.17
2008	3 814.62	26 960.0	23 122.69
2009	4 230.26	26 648.0	25 504.12
2010	5 012.64	28 280.8	28 312
2011	6 145.52	30 087.2	32 200
2012	7 201.57	29 498.6	36 322

根据表 3-14 分别计算出租车客运量与 GDP 以及出租车客运量与人均可支配收入的相关性，结果如表 3-15 和表 3-16 所示。

表 3-15　南京市出租车客运量与 GDP 相关性分析

相关系数				
			GDP	出租车客运量
Kendall's tau_b	GDP	相关系数	1.000	0.714**
		Sig.(双侧)	.	
		N	7	7
	出租车客运量	相关系数	0.714**	1.000
		Sig.(双侧)		.
		N	7	7

注："**"表示在置信度(双测)为 0.01 时，相关性是显著的。

表 3-16　南京市出租车客运量与人均可支配收入相关性分析

相关系数				
			GDP	人均可支配收入
Kendall's tau_b	GDP	相关系数	1.000	0.718**
		Sig.(双侧)	.	.
		N	7	7
	人均可支配收入	相关系数	0.718**	1.000
		Sig.(双侧)	.	.
		N	7	7

注："**"表示在置信度(双测)为 0.01 时，相关性是显著的。

表 3-15 和表 3-16 中的结果显示，在显著水平 $P<0.01$ 时，南京市出租车客运需求与 GDP、居民可支配收入正相关。因此，可以利用弹性系数理论进一步进行经济弹性分析。

类似的，定义出租车客运经济弹性系数和收入弹性系数为：

$$出租车客运经济弹性\ T=\frac{出租车客运量增长率}{GDP\ 增长率} \quad （公式 3-7）$$

$$出租车收入弹性\ T=\frac{出租车客运量增长率}{人均可支配收入增长率} \quad （公式 3-8）$$

南京市出租车经济弹性和收入弹性计算结果如图 3-7 所示，两者呈现出相同的走势。

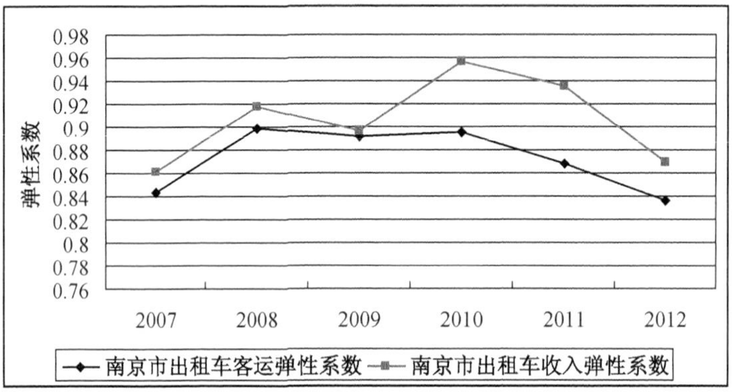

图 3-7　南京市出租车客运经济弹性和收入弹性系数变化图

图 3-7 显示，2007—2010 年南京市出租车客运经济弹性走势波动性上升，对经济增长敏感度增强，但是整体缺乏弹性。2010 年之后，南京市出租车客运经济弹性和收入弹性逐年下降，其对经济增长敏感性降低，缺乏弹性，这可能与城市道路交通拥堵的严重化有关。图 3-7 中所反映出来的出租车经济弹性和收入弹性变化趋势，说明南京市出租车的客运需求与经济增长显著正相关。随着经济的发展和居民生活水平的提高，居民出行的需求结构和方式选择发生重要的变化，对出租车这种快捷、舒适、方便、灵活的出行方式的需求将有一定上升。这也是南京市经济增长、居民生活水平提高引起的交通出行需求发生变化的结果。

总体而言，南京还处于快速的城镇化进程中，正确的导向不应该是通过限制城市人口来缓解交通拥堵，而是应该充分利用城市人口增长所产生的规模经济效应，发展以城市轨道交通为主体的公共交通系统，缓解城市交通拥堵，同时，引导人口和企业在南京城市空间上的分散。

3.3　机动车保有量与国民经济发展

随着社会经济发展和城镇化水平提高，居民出行机动化也进入快速发展阶段。南京市机动车保有量（包括汽车、摩托车、拖拉机、其他机动车等）在近年来增长速度加快，私人机动车的增长速度明显高于全市机动车的增长速度，所占比重逐年递增。南京市统计年鉴中从 1993 年开始统计全市民用车辆拥有量，其中包括全市机动车保有量及私人机动车保有量数据，故本部分研究选取1993—2012年间的统计数据，对南京市国内生产总值与机动车保有量的相关性进行分析研究。

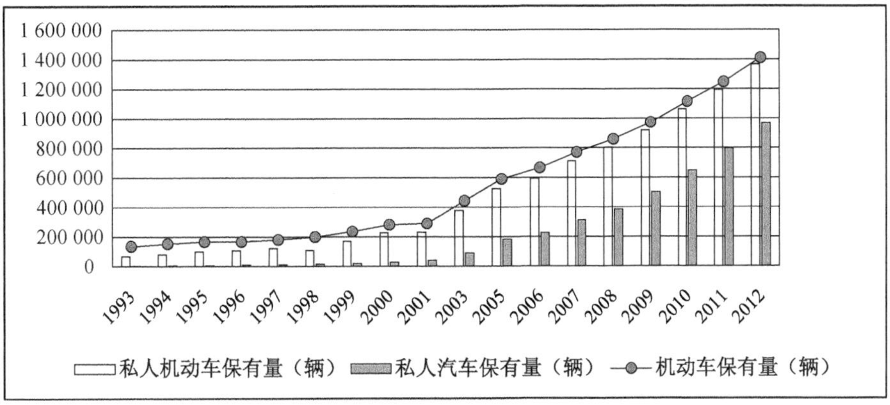

图3-8　南京市机动车与私人机动车保有量对比图

如图3-8所示，在1993—2012年间，南京市机动车保有量由1993年的151 713辆迅速增加到2012年的1585 192辆，增幅约为1993年的10倍，其中私人小汽车由2 294辆增加到963 645辆，增幅近420倍。图3-8显示南京市机动车保有量持续高速发展，其中私人机动车保有量占了重要比重。南京市统计局的数据显示，截止至2012年年底，南京的机动车拥有量已达158.52万辆，其中私家汽车达96.36万辆，平均每百户南京家庭拥有私家汽车40.6辆。据统计，南京机动车保有量由1993年的151 713辆到2001年约323 989辆，整整8年仅增长了17.2万辆。但是，2003—2011年同样是8年的时间，南京市机动车保有量增加了近109万辆。

1. GDP与机动车保有量的相关性分析

城市机动车保有量的迅速增加与该城市的国民经济水平、居民整体收入水平有着紧密联系，表3-17统计了1993—2011年南京市国内生产总值和机动车保有量数据。

表3-17　南京市GDP与机动车保有量统计(数据来源：南京市统计局)

年份	GDP(亿元)	机动车保有量(辆)	私人机动车保有量(辆)
1993	339.45	151 713	68 218
1995	576.50	186 376	99 800
1997	755.05	202 376	122 276
1999	899.42	263 415	170 407
2001	1 150.03	323 989	230 064
2003	1 576.33	495 467	375 933
2005	2 411.11	662 316	523 933
2007	3 283.73	865 002	710 037
2009	4 230.26	1 092 503	917 804
2011	6 145.52	1 401 471	1 194 084

南京市 GDP 与机动车保有量的相关性分析结果如表 3-18 所示。

表 3-18　南京市 GDP 与机动车保有量相关性分析

相关系数					
			南京市 GDP	南京市机动车保有量	南京市私人机动车保有量
Kendall's tau_b	南京市 GDP	相关系数	1.000	0.982**	1.000**
		Sig.（双侧）	.	.	.
		N	10	10	10
	南京市机动车保有量	相关系数	0.982**	1.000	0.982**
		Sig.（双侧）	.	.	.
		N	10	10	10
	南京市私人机动车保有量	相关系数	1.000**	0.982**	1.000
		Sig.（双侧）	.	.	.
		N	10	10	10

注："* *"表示在置信度（双测）为 0.01 时，相关性是显著的。

表 3-18 的分析结果表明，在显著水平 $P<0.01$ 时，南京市机动车保有量、私人机动车保有量与 GDP 之间的 Kendall's tua_b 秩相关性系数分别为 0.982 和 1，表明南京市机动车保有量与 GDP 高度正相关，私人机动车保有量与 GDP 完全正相关。

2. 机动车保有量的经济弹性分析

根据弹性系数理论，可以定义机动车保有量经济弹性系数为：

$$\text{机动车保有量经济弹性 } T=\frac{\text{机动车保有量增长率}}{\text{GDP 增长率}} \quad \text{（公式 3-9）}$$

$$\text{私人机动车保有量经济弹性 } T=\frac{\text{私人机动车保有量增长率}}{\text{GDP 增长率}} \quad \text{（公式 3-10）}$$

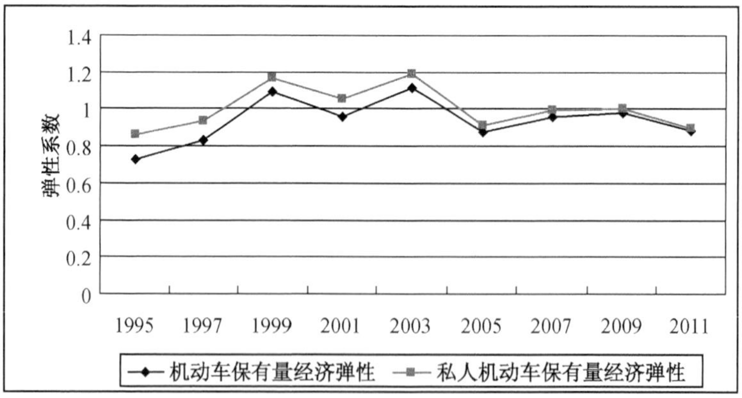

图 3-9　南京市机动车保有量经济弹性系数变化图

根据相关统计数据，可得到图 3-9 中南京市机动车保有量经济弹性系数趋势变化图。图 3-9 中南京市机动车保有量经济弹性系数变化显示出，1995—2003 年间，南京市私人机动车保有量经济弹性系数呈波动增长趋势，对经济增长保持较高的敏感性且富有弹性。2005 年后整体表现比较平稳。1995—2011 年间，私人机动车保有量弹性系数均集中在 $T=1$ 上下波动。由此推断进入 21 世纪以来，南京市私人机动车保有量增长对 GDP 增长仍然比较敏感。私人机动车保有量的增长很好地反映出了南京市国民经济增长对小汽车进入家庭的推动作用。

对比图 3-9 中机动车保有量和私人机动车保有量的经济弹性可以看出，在南京市机动车保有量增长中，私人机动车的增长处于绝对优势的地位。这表明南京市私人机动车增长速度明显高于机动车整体的增长速度，也凸现出私人机动车的比重逐渐增高。

从增长速度来看，在 1993—2012 年间，南京市国民经济的平均增长速度为 38.68%，机动车平均增长速度为 28.49%，私人机动车平均增长速度为 37.87%。在 1993—2013 年间，南京市机动车发展速度总体来说低于经济的发展，但私人机动车的增速与经济增速接近并几乎是同等速度增长。南京市私人机动车保有量与 GDP 表现为完全正相关。由此可以证明，南京市经济发展、居民生活水平的提高直接推动南京市私人机动车保有量的增长。

南京市私人小汽车近年来快速增长的一部分原因在于：对公交系统由于城市地面交通拥堵所导致的安全性、舒适性和便捷性下降的替代性反应。可以预料，如果城市公交系统在安全、舒适、便捷、及时等各方面没有显著的提高和改善，私家车出行的方式对南京居民的诱惑力将进一步提高，南京市的私家车保有量也将继续增加。为了建设可持续发展的城市综合交通系统，落实公交优先政策，争取城市公共交通客运分担率达到 50%以上，必须在小汽车完全进入家庭前确立公共交通的主导地位。在此背景下，南京市加快城市轨道交通的建设显得尤为重要。

3.4　城市道路建设与国民经济发展

近几年来南京市加快了城市道路的建设，通过改建、扩建和新建道路，完善路网结构，全面提高城市路网质量。南京市城市道路建设速度一直保持在中高速，由被动发展模式转向了主动发展模式，新建道路和完善道路结构并重。南京城市道路建设成果如表 3-19 所示。

表 3-19　南京市 GDP 与城市道路情况统计(数据来源：南京市统计局)

年份	GDP (亿元)	道路长度 (km)	道路面积 (万 km)	人均拥有道路面积 (m^2)	路网密度 (km/km^2)
1984	80.00	955.00	717.00	1.54	0.14
1986	86.00	1 004.00	732.00	1.55	0.15
1988	130.32	1 095.00	811.00	1.66	0.17
1990	160.89	1 004.00	928.00	1.86	0.15
1992	246.88	1 016.00	1 005.00	1.97	0.15

续表 3-19

年份	GDP (亿元)	道路长度 (km)	道路面积 (万 km)	人均拥有道路面积 (m^2)	路网密度 (km/km^2)
1994	466.86	1 049.00	1 088.00	4.90	0.16
1996	674.90	1 366.00	1 465.00	6.37	0.21
1998	825.13	1 597.00	1 889.00	7.91	0.24
2000	1 021.30	1 802.00	2 185.00	8.54	0.27
2002	1 576.20	5 368.53	5 432.90	11.31	0.82
2004	1 910.00	5 749.12	6 523.10	13.01	0.87
2006	2 773.78	5 244.00	7 392.00	17.14	0.80
2008	3 814.62	5 358.00	8 805.00	18.41	0.81
2010	5 012.64	5 599.00	9 576.00	19.35	0.85
2012	7 201.57	6 615.49	11 423.76	20.14	1.00

根据表 3-19 中的数据，在 2000 年之前南京市城区道路增长速度较为平缓，道路长度年均增长率仅为 11%，道路面积年均增长率为 14%。而在 2000—2012 年间，道路建设速度明显加快，道路长度年均增长率为 37%，道路面积年均增长率为 38.17%。2004 年之后，南京市城区道路面积仍逐年增长，但同时道路长度增长速度开始回落，并逐渐趋于缓和。

1. GDP 与城市道路的相关性分析

城市道路的发展与整个城市的经济发展水平密切相关，其相关性分析结果如表 3-20 所示。

表 3-20 南京市城区道路长度、道路面积与 GDP 相关性分析

相关系数					
			南京市 GDP	南京市 道路长度	南京市 道路面积
Kendall's tau_b	南京市 GDP	相关系数	1.000	0.842**	1.000**
		Sig.(双侧)	.	0.000	.
		N	15	15	15
	南京市道路长度	相关系数	0.842**	1.000	0.842**
		Sig.(双侧)	0.000	.	0.000
		N	15	15	15
	南京市道路面积	相关系数	1.000**	0.842**	1.000
		Sig.(双侧)	.	0.000	.
		N	15	15	15

注：“* *”表示在置信度(双测)为 0.01 时，相关性是显著的。

表 3-20 的相关性分析结果表明，在显著水平 $P<0.01$ 时，南京市道路长度、南京市道

路面积与 GDP 之间的 Kendall's tua_b 秩相关性系数分别为 0.842 和 1。南京市城市道路的建设与 GDP 显著正相关，可以利用弹性系数理论对两者关系进行弹性分析。

2. 城市道路的经济弹性分析

类似前面弹性系数的定义，可以定义道路经济弹性为：

$$\text{道路经济弹性 } T=\frac{\text{道路增长率}}{\text{GDP 增长率}} \qquad \text{（公式 3-11）}$$

分别对道路长度和道路面积进行经济弹性系数计算，并进行相应的比较，如图 3-10 所示。

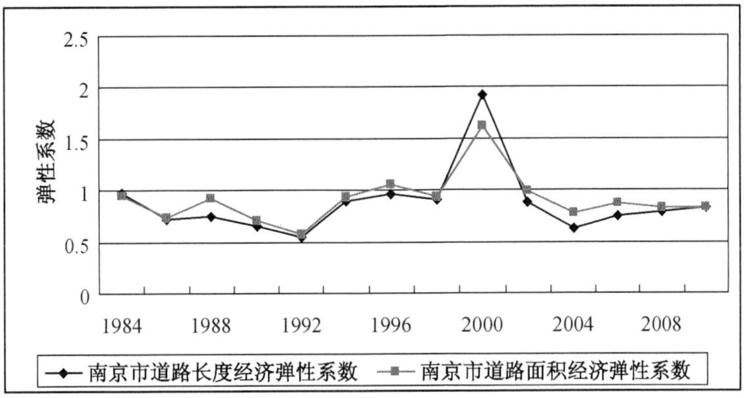

图 3-10　南京市城市道路经济弹性系数变化图

从图 3-10 中南京市城市道路经济弹性系数来看，城市道路整体的发展缺乏弹性。在 1992 年之前，南京市城区道路经济弹性呈波动性下降的趋势，对经济增长的敏感性较弱。1993—2004 年间，南京市城区道路经济弹性波动加大，对南京市经济发展水平增长的敏感性提高，尤其是道路长度经济弹性，这表明经济的发展加速了城市道路的修建。整体而言，弹性系数在多数年份表现为 $0<T<1$，表明城市道路的供给并没有很好地适应经济的发展，其发展速度滞后于经济的发展。同时，也凸现出南京市城市道路过去被动的发展模式，是经济高速发展的需要拉动城市道路的建设，而非城市道路的超前发展来满足经济增长所产生的交通需求。

第四章　城市交通的成本效益与价格原理

本章主要讨论和定量研究城市交通成本效益以及定价的相关概念。诸如固定资金成本支出(如初始建设资金支出)等成本相对比较容易估计,但是,其他有很多很重要的成本却很难量化确定。这些看不见的成本包括机会成本和非直接成本,以及在此基础上建立的影子价格和行程时间价值、交通可靠性价值、出行者福利等的估计。本章所提不少概念之间有着交叉定义和运用,比如资金成本和运营成本。资金成本指的是特定时间点支出的固定初始建设费用,而运营成本指的是与持续运营维护、燃料和劳务使用等相关的持续支出。两者之间的关系是固定支出和可变支出的关系,但是随着分析师所采用时间跨度延长,上述区别是可能发生变化的。

在城市交通市场这个重要的研究范畴中,价格是城市交通经济中最被广泛研究的对象。城市交通价格指的是跟出行者相关的收费和财政激励调节,包括公共交通票价、物流费用、燃油税、可变和固定道路收费、停车费用、车辆注册费、保险费等。当车辆、停车、燃料、公共交通车票价格发生变化时,城市交通出行的模式也会随之受到影响。

围绕关于城市交通成本和效益的讨论,本章还将研究需求和供给、拥堵和成本、道路收费和收入之间的关系。尽管城际铁路、航空运输、物流运输等很大程度上是依靠市场的需求和供给来调节,但是,使用政府财政资金作为主要建设和运营费用来源的城市道路、公共交通等则被认为是公共服务。在春运等假日高峰期旅客已经习惯于购买相应的高价火车或者飞机票,在重大活动期间也能理解并为停车支付更多的停车费用,原因就是在上述情况下出行或者停车需求很高,往往超出了市场供给能力。但是,通过城市道路收费来降低城市交通需求这一概念相对还是较新的,还未被广大城市交通参与者普遍接受。在美国、新加坡、英国等发达国家,由于燃油税等财政收入与城市道路所需的运营维护费用之间的差距越来越大,对城市道路使用进行收费正越来越引起重视并逐渐在现实生活中得以推广。此外,收费策略有助于将城市交通拥挤、空气污染、交通噪声和事故的负面外部性进行内部化。

4.1　成本与效益分类

在城市居民家庭总支出中,交通出行支出占了接近 20%,在城市空气污染排放中,城市交通的"贡献"超过了 30%。从全国层面统计,超过 60%的石油燃料被交通行业消耗。要缓解如今社会经济发展面临的资源紧张、原材料价格波动、能源危机和环境问题,就非常有必要理解和认识交通投资和政策是如何影响社会经济发展的。和城市经济学理论与实践一样,城市交通经济中将要遇到很多成本与效益的问题。

城市交通项目或者交通政策的经济价值可以通过预测它的潜在成本和效益计算得到。表 4-1 详述了典型成本、效益概念。经济专家经常使用可变成本和固定成本的概念,图 4-1

展示了它们相互之间的关系。把资金和运营成本用虚线围起来是表示根据不同的使用场景，它们既可以是可变成本也可以是固定成本。同时，图 4-1 还表明所有的成本都可以归类为内部成本或者外部成本。

表 4-1　典型成本、效益概念

交通项目与政策可能的成本收益	概念	备注
资金	项目设计与建设的一次性投入成本	城市交通设施的资金成本支出主要包括：规划、工程可行性研究、设计、环境影响评价、土地征用、建设、设备购置等
运营	定期重复投入的运营、养护和维修费用成本	典型的城市交通设施运营成本包括：交通管理、跟事故或者天气相关的设施维修与保洁、设备更新（包括信号灯、标志、标线等）、道路设施铺装铣刨更新等
车辆	车辆的购置与养护费用，比如油料、保险等	道路铺装的铣刨更新能改善道路行驶条件，并能减少车辆损耗及相关养护费用
行程时间	损失的时间和劳动产出	主干道上的信号灯协调设计有利于减少行程时间和延误
行程时间可靠度	出行计划的不确定性	对道路交通进行动态的收费、管制可以提高道路交通速度，减少行程时间的不可预期波动
安全	交通事故的数量、严重等级和损失	通过舆论宣传可以减少疲劳驾车行为，从而降低事故发生量
排放	与行程速度、距离、出行时间、车型相关的机动车污染排放所导致的健康和其他成本	从传统石油燃料车辆转型到新能源汽车能有效减少排放
噪声	持续增长的交通噪声除了带来不适外，还可以导致物业价值损失	在道路尤其是快速路与临近居民区之间设置挡音墙可以有效降低交通噪声
生态影响	出行者对野生动物栖息习惯、水流水质的影响	城市交通项目可能影响区域内动物的迁徙路线，以及对湿地等生态环境造成影响

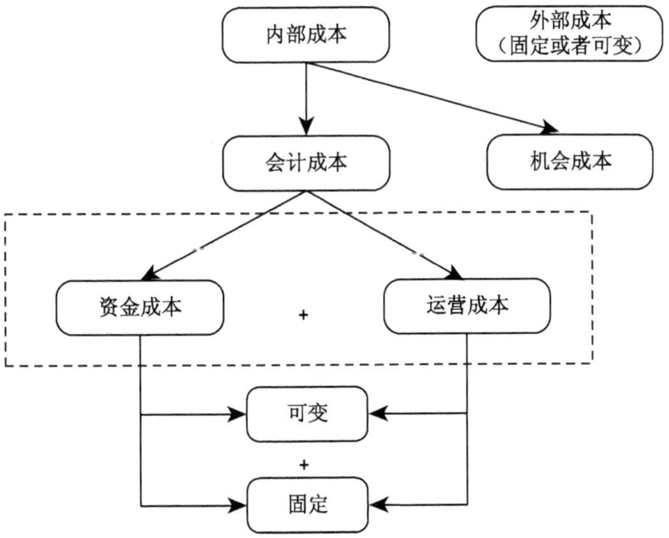

图 4-1　典型成本的概念及其关系示意图

4.2 内部成本和效益

广义来说，内部成本是交通系统用户或者运营管理者与生俱来的成本，而外部成本是由非用户产生的。内部成本包括建设、维保、运营和道路使用者收费(比如汽油费和注册费)。噪声、空气污染等由社会成员而不仅是交通用户承担的外部成本也将在本章后半部分阐述。

在计算内部成本的过程中，需要重点关注区分会计成本和机会成本之间的差别。会计成本是真实的、可感受的货币成本，然而，机会成本则是潜在的、被遗忘的获利。

1. 会计成本

会计成本指的是当有货币交易时产生的转账。这些成本在传统交通工程项目成本预算中都有体现，包括建设、维保和运营成本。会计成本支出在新建项目中可能是一次性的(比如沿线土地征用和设计成本)，在运营、维保和重建项目中则是周期性和持续性的。

2. 资金成本与运营成本

在城市交通领域，资金成本主要指的是用于基础设施的固定资金成本和车辆的可变资金支出。运营成本指的是为了养护和运营交通设施、提供车辆或者服务所需的物资和劳务支出。与运营成本相对应的是运营收入(也可理解为运营成本的节约)。会计技术通过在运营成本中计入资金折旧将资金与运营成本有效地融合在一起。如表 4-2 所示，运营成本的种类在各类交通模式中本质上是一致的，但资金成本却是各自不同的。

表 4-2 不同交通模式中资金与运营成本比较

交通模式	资金成本	运营成本
私家车	车辆、道路、交通信号设施	燃料、劳务、养护等
轨道交通	轨道机车、车站、编组站、信号系统等	
航空	机场、空中交通控制系统	
水运	港口、船只	

3. 资金成本估计

在规划阶段，城市交通规划师和工程师在评估项目支出时必须估计项目的资金成本支出。除了正常的建设成本之外，还必须为项目设计、环境评估活动等分配资金。为了计入不可预见因素的影响，建议在项目预算中安排有 5%～10%的意外开支。低风险项目必须有着明确定义的愿景和发展时间表，以及准确的风险和不确定因素识别。对于包含较多风险或者不确定因素的项目，建议在早期估计中明确资金数量范围。比如在规划阶段，一个项目成本支出的估计是 1.5 亿元，那么在 95%置信度下这个项目的成本范围应该是 1.4 亿元到 1.8 亿元之间。

项目建设成本的估计方法主要有两种：详细的投标项目成本估计和面上的概念成本估计。投标成本估计通过预估工程量和投标方建设中会用到的相关物品价格来进行。比如，一个工程师在一个投标项目中估计可能会用到 300 m 的直径 36 英寸金属波纹管，该工程师同时也必须确定此种波纹管的单位长度价格。为了确定单价，可以参考近期相关城市市场中类似规模项目所用同等质量的 36 英寸金属波纹管的价格。一般来说不建议使用历史价格数据，除非比较项目是同样的性质并且项目大小类似。作为基于历史价格数据估计方法的补充，工程师还需要估计潜在承包商购买这种波纹管愿意付出的价格，以及安装这些波纹管所需的劳务和装备费用支出。但是，详细的招标项目成本估计在项目设计完成之前是非常耗时且很难准确估计的工程。

因为概念成本估计对资料详细程度要求较低，所以其比较适用于初步设计阶段。如果项目的工程量已经有了准确的估计，并且各项任务的价格也是固定的，那么，概念成本估计就与招标项目成本估计方法是近似的。此时，两者之间的区别在于一个估计工程量的数量级而另外一个则是估计工程量的具体数值。大型的道路建设项目往往关注的是里程长度、上下匝道、信号控制交叉口、桥涵以及一些其他主要组成的数量和特征。一些较小的配套工程往往直接计入所属的大型项目。比如在一个 15 m 宽 3 km 长的路面铣刨项目中，使用 15 cm 厚的沥青基层和 10 cm 厚的沥青面层。概念成本估计往往直接估计这个项目的总价，而不会去估计所需沥青面层材料吨数、沥青基层材料吨数、被铣刨道路路面的面积、混凝土检修孔圈，以及其他可能会在招标成本估算中涉及的各类物资的详细数量和价格。常规单位公里价格估计方法在业内经常会被用到。例如，新建一条连接两个城市的有中央分隔带和硬路肩的四车道道路，单位公里价格估计法可以从此类道路单位公里约 2 000 万元的价格估算出这条道路的概念成本。在应用这个方法时，建议将项目相关交通控制、环境工程、设施设备迁移单独估算，并在最终估算中独立列出。

设计成本和土地征用成本必须在概念成本估算中列出。设计成本支出往往用工程总造价的百分比来估算。项目管理者往往会先预置一个设计成本百分比，然后根据项目实际情况灵活调整。无论一个项目规模大小，它的成本总是包括一些经常性的管理支出，所以，一些小型项目中设计成本支出比例往往较高。在设计阶段通过估计项目所需土地的数量和位置，以及确定相关房屋、广告牌拆迁工作量，就可以评估总的土地征用费用。初期征用费用预估可以使用平均物业价格(比如每亩土地单价)来进行。另外一种土地征用成本算法是基于历史的土地征收费用进行回归拟合分析。但这个方法对历史数据的依赖性较强，在一些场合存在适用性问题。

4. 运营成本估计

运营成本的变化通常是由于在对预期的运营和养护费用估计过程中用了标准参数。管理人员在估计养护成本时，经常采用单位面积或者单位长度的价格进行计算。诸如道路标志、护栏、路灯、信号控制之类设施的使用寿命都要低于道路的使用寿命，故这些设施的更新费用应计入养护成本。对于一些装备有大量电气设备且每天需要大量电力来维持照明、信号和智能交通系统应用的项目需要将之列在内。

并不是所有项目里的运营和养护费用都是一直保持增长的。比如，用环形交叉口替代信号控制就可以很好地降低后期的维护费用。相比之下，尽管都需要照明，但是环形交叉口比信号交叉口在电力需求方面要小很多。并且，也不需要安装信号控制所需的机柜、显示设备、车辆检测器、行人按钮等设备，也就没有后续相关的维护需要。但总的来说，绝大部分交通项目需要有铺装、护栏、防撞设备、路灯、标志、桥涵、信号灯等，这些设施设备都会带来后期运维费用的增加。

短期来说，资金投入成本一般记为固定成本，而运营成本则被记为可变成本。但从长期来看，所有的成本都是可变成本，因为所有的设施最终都是需要更新或者替换的，且维护这些设备的资金支出是随时间波动的。

5. 边际成本和平均成本

如表 4-3 所示，边际成本指的是当产品数量发生变化时总成本的变化，而平均成本指的是总成本与产品总数量的比值。实际生活中两者之间的差异也很明显，比如，修建一条四车道道路的成本并不是一条两车道道路的两倍。本质来讲，边际成本随着工程规模的增加而减少，所以，第三和第四车道的边际成本要比第一条和第二条车道低。发生这种现象主要是因为在工人与设备运输、材料采购、检测管理等方面存在规模经济现象。相比之下，每条车道的平均成本则是用道路建设总成本除以车道数。

表 4-3 边际成本和平均成本对比

成本	计算方法 （TC=总成本；Q=总产出）	备注
点边际成本 (Point Marginal Cost, MC)	$MC=\frac{dTC}{dQ}$	该公式计算不同 Q 值处的 TC 曲线点斜率，代表当 Q 有微量变化时 TC 的变化
弧边际成本 (Arc Marginal Cost, ARC)	$ARC=\frac{(TC_2-TC_1)-TC_1}{Q_2-Q_1}$	将总产量的离散变化对应的成本变化标准化
平均成本 (Average Cost, AC)	$AC=\frac{TC}{Q}$	也称为单位成本，AC 代表总成本与总产量的比值

表 4-3 还定义了两种边际成本，即点边际成本和弧边际成本，并将两者与平均成本进行了比较。如果总成本函数是连续的，则点边际成本的计算只要将总成本 TC 与总产出 Q 的微小变化相除得到连续曲线中相应的斜率即可，相较之下弧边际成本的计算公式则要简单一些。

6. 平均成本与规模经济

平均成本随着产品产量的增加而变化，这一现象就是规模经济的表现。规模经济(Economy of Scale, EOS)在包括交通的很多生产领域都是一个非常重要的概念。当扩大一个交通项目规模时，规模经济理论可以帮助我们来理解平均成本的变化规律。如某项交通服务、设施或者组织的产品产量增加时，根据平均成本变化的不同，可能带来规模经济、固定规模经济、规模不经济等不同的结果，如表 4-4 所示。与此相关的是规模收益(Returns to Scale, RTS)，这也是在经济学里面经常提到并与规模经济有很强互动性的概念。如表 4-4 所示，规模收益更多的是描述产出或者产量的规模效应而不是成本的规模效应。

表 4-4 成本价格不变时规模经济与规模收益对比表

案例	规模经济	规模收益
增加规模经济或者增加规模收益	$MC(Q)<AC(Q)$ 表示当产量上升时单位产量的平均成本下降	产出的增量比例要高于投入的增量比例
没有规模经济现象或者规模收益固定	$MC(Q)=AC(Q)$ 表示当产量上升时单位产量的平均成本不变	产出的增量比例等于投入的增量比例
规模不经济或者规模收益降低	$MC(Q)>AC(Q)$ 表示当产量上升时单位产量的平均成本提高	产出的增量比例要低于投入的增量比例

规模经济表征的是当产出产量增加时平均成本下降，而规模收益表征的是当某个投入变量改变时相应的产出变量的变化情况。当投入成本价格固定且不受第三方采购决定影响时，规模经济和规模收益本质上是相同的。

表 4-4 展示了当投入成本价格不变时规模经济和规模收益之间的三种变化关系。规模收益是由一个产出产量函数决定的，该函数将可能的最大产出量与一个固定的投入量联系在一起。规模经济则是由平均成本曲线决定。

某个交通企业采购电力的行为可能会降低投入成本价格，也可能会由于其对电力的大量需求抬高投入成本价格，在此背景下规模经济和规模收益一般不会朝着相同方向变化。例如，一个规模收益正在增加的交通企业也可能正面临规模不经济的问题，这种问题一般是由于投入成本价格上升导致平均成本较产品产量上升的更多。

收益递减有时候会跟收益减少相混淆，但其实两者之间的区别还是很明显的。收益递减仅适用于一次增加一个产品输入成本变量，而不是一次改变若干个甚至全部变量。比如，增加收费站员工的数量最终将会带来收益递减。因为每个收费站所能容纳的收费员是有限的，受收费岗亭数量、收费车道数、排队车辆数的制约，每增加一个收费员带来的收费车辆数的边际增加量随着收费员数量的上升递减至零甚至可能为负。如果收费员数量、岗亭数量、收费车道数、排队车辆数等输入变量同时成比例增加，则有可能带来产量的增加，这就是规模收益。虽然规模收益在实践中通常是固定的，但根据输入变量的改变有些产品也会产生规模收益增加或者减少的情况。

规模收益的确定需要首先分析确定城市交通服务相应的产品函数。产品函数是根据所有的输入变量 x_n（其中 n 代表不同的输入类型，比如燃料、劳动力或者车辆）来估计输出变量的函数公式。成本函数与生产函数类似，是用来根据产品产量 Q 和所有产品输入的价格来估计城市交通服务的成本。生产函数的形式多样，如表 4-5 所示。

表 4-5　城市交通服务产品函数形式示例

生产函数种类	函数表达 （x_n 为输入变量）	估计参数
固定替代弹性函数(CES)	$y=(\alpha_1 x_1^p+\alpha_2 x_2^p+\ldots+\alpha_n x_n^p)^{\frac{1}{p}}$	p 是替代参数的弹性，真正的替代弹性是 $1/(1-p)$
固定投入比例函数(Leontief)	$y=(x_1\alpha_1,\ x_2\alpha_2,\ \ldots,\ x_n\alpha_n)$	α_n 指的是对应每单位 y 所需的产品输出 n
柯布-道格拉斯生产函数	$y=Ax_1^{\alpha_1}x_2^{\alpha_2}\ldots x_n^{\alpha_n}$	A 是产品规模，α_n 是与每个输入相对应的产品价格弹性

7. 总成本，固定/可变成本，短期/长期成本

固定成本指的是诸如车公里数等不会随着产品产量水平变化的成本。也就是说固定成本与产品产量相关，即使系统没有产品输出也需要支付这些固定成本。地铁轨道、快速路等这些基础设施资金投资尽管由于一些项目组成如车道数会随时间变化称为可变成本，但上述项目资金投资仍被认为是典型的固定成本。

可变成本是随着产品产量水平变化而变化的成本，包括燃料、运维费用、车辆使用费等。可变成本是可以避免的，降低产品产量则可以降低可变成本。

如图 4-2 所示，交通设施和服务的总成本是所有固定成本和可变成本的和。固定成本和可变成本是根据它们的参考时间来区分的。短时期内一个成本可能是固定成本，但从长期来看则可能是可变成本。本质上来讲，在长时期内没有固定成本。表 4-6 总结了道路交通出行的主要可变成本和固定成本，这些成本都是道路使用者和道路提供者自身的固有特性。

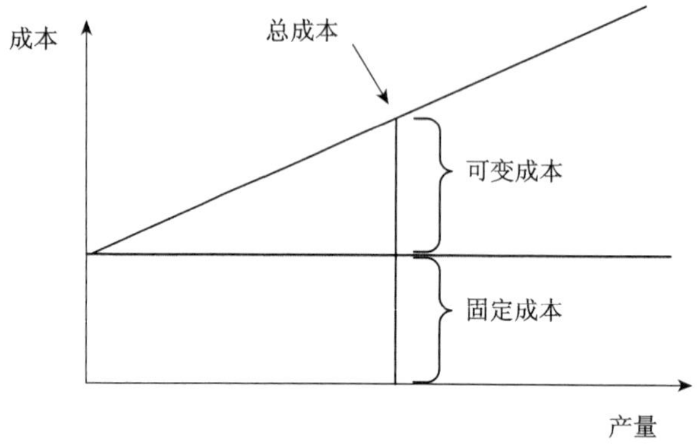

图 4-2　可变与固定成本

表 4-6　机动车出行短期固定与可变成本

可变成本	单位平均成本(元/km)
运营和维护	0.529
车辆购置资金成本	0.638
行程时间	1.136
调度延迟和不可靠性	0.349
事故	0.439
政府服务	0.019
固定成本	
道路	0.060
停车场	0.026
平均总成本(不考虑外部成本)	3.195

8. 机会成本

机会成本指的是交通投资或者建设项目因没有采用次优方案而产生的价值或者利益损失。这些利益损失可以是货币也可以是其他形式，比如损失的时间或者其他错失的机会。可以使用影子价格来帮助理解机会成本，该价格为每次选择增加了成本约束。

另外一种机会成本是隐性成本，可采用行程时间价值在交通设施中体现。广义来讲，影子价格是用来衡量因产品特性发生变化时该产品前景可能发生的相应变化。在我们的研究范畴中，影子价格是用来研究当一些约束变量发生变化时目标价值(收益或者成本的表征参数)会受到什么影响。从技术层面讲，影子价格等同于比选方案在给定情况下的拉格朗日乘子或者特定约束。在交通系统里，目标价值指的是需要最大化的用户利益，但这一价值的实现程度受诸如车队里公交车辆数等因素的限制。对于随车队规模变化的用户价值来说，新增公交车辆的影子价格是变化的。影子价格也可以在最小化问题中使用，比如，对总成本限制里面将路面重新铺装的时间缩短到一天，将会带来总成本的节约。即便缩短重新铺装工程的施工时间是不可行的，影子价格也能提供一种能够研究这种缩短工期所节约的时间的价值。

无论拥有的是物理形式（比如一辆车）或者是时间形式的资产，隐性成本指的是上述所拥有资产的价值，这些资产可以用在其他的产品生产过程中，比如花更多的时间跟家人在一起。当交通管理部门使用一些不需要直接支付的物资、劳务或者时间的时候，该部门的会计支出并不会计入使用这些资产的机会成本，比如使用以前购置的机器或者物业。交通管理部门的隐性成本指的是这些机器的当前市场价格。另外一个例子是当一个人因为交通拥堵而迟到时，该出行者的隐性成本是他的时间价值。交通管理部门的办公楼和所占土地也可以被纳入该部门的隐性成本，因为当前交通管理部门对这些办公楼和土地的使用导致其无法出租或者转售。

行程时间价值（Value of Travel Time，VOTT）是一个典型的隐性机会成本。假定其他因素不变，降低行程时间可以减少交通项目的机会成本，提高行程时间则相应地提高项目的机会成本。图4-3展示了时间价值的组成。

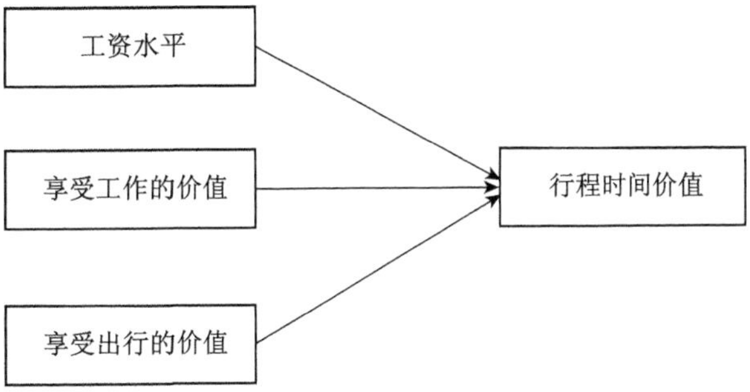

图 4-3　行程时间价值的组成

行程时间价值也可以理解为出行者愿意为节约时间所支付的成本。更技术地讲，行程时间价值是出行者用货币来替代出行时间时的边际替代率。考虑到有的出行者倾向于支付费用而有的倾向于节约时间，不同出行者行程时间价值和可靠性价值（Value of Reliability，VOR）的波动能显著地影响项目评估。

鉴于数据采集方法和场合以及分析方法的不一样，行程时间价值的估计会在一个较大范围内变动。常见的一种行程时间价值数据收集方法是使用出行调查数据来估计出行者为了节约出行时间所对应的支付意愿。显著性偏好调查（Revealed Preference Survey，RP）研究出行时实际的行为和支付数额，而陈述性偏好调查（Stated Preference Survey，SP）是研究出行者可能的行为和支付意愿。借助于不同的数据回归技术，分析师可以根据调查数据仔细研究行程时间价值的分布特性。

由于行程时间价值是由支付意愿（Willing to Pay，WTP）这一概念衍生发展而来，所以高收入者比低收入者显示出更高的行程时间价值。为了识别出行者之间的差别，在出行分配阶段可以使用多个不同的行程时间价值估计值。在分析诸如拥堵收费政策预期影响时，将出行者进行分类是很有必要的，比如，高收入出行者在拥堵期间更有可能愿意支付费用。如果所有人的行程时间价值都是一样的，那么，大部分反应交通拥堵外部成本的收费政策就起不到改善城市交通拥堵和社会福利的作用。基于对出行者群体的异质性和多样性，经过仔细设计的收费政策可以改善大多数出行者的利益。美国联邦交通部在 2003 年建议本地出行者的单位小时时间价值的取值范围为10.6～21.2美元，跨城市出行的单位小时时间价值取值范围为14.8～21.2美元，货车驾驶员的单位小时时间价值为18.8美元。此外，出行者的行程时间价值还受出行特性等其他因素的影响。如当某人正赶往一个重要的会议或者赶去机场时，即使他是低收入群体，他此时的行程时间价值也会急剧增长。

不管一个交通项目是处在规划阶段还是建设阶段，延误都会引起项目成本的相应提高。这些额外增高的成本有时候并不明显，但是，将延误成本定量化有利于交通项目在分配资源时确定优先次序。城市交通项目延误最明显的成本就是对施工区域周边交通的重组织。城市交通建设带来的额外成本主要包括三个方面：车辆运营管理成本、用户延误成本、事故成本。

- 车辆运营管理成本指的是与施工区域周边交通组织相关的成本，包括车辆加减速、停驶怠速和绕道行驶产生的额外燃料消耗。尽管上述成本在项目总的延误成本里占的比例不大，但是却有助于更好更精确地计算延误成本。
- 用户延误成本指的是道路使用者因为需要从施工区绕行所需额外时间的累计价值，该延误成本较难精确计算。2010年，美国联邦交通部建议小汽车出行者的单位小时时间成本约为16美元，卡车的单位小时时间成本是28美元。尽管单位时间的价值究竟取值多少方为精确还存在很多争论，但就算取较低的单位时间价值，用户延误成本一般还是很高。
- 事故成本指的是因为施工导致的事故平均成本以及事故发生率的提高。事故成本尽管很显而易见，但是，具体数额大小却因项目本身特征以及事故属性不同而存在较大变化。

上述三种成本在任何一个城市交通建设项目中均存在，施工延误由于延长了施工时间，上述三种成本都会随时间的延长相应提升。

此外，等待时间的机会成本也会带来项目延误成本的累积。当一个交通项目的开工时间被推迟时，由于这个项目计划去解决的交通相关问题仍然存在，所以，该问题导致的损失也一直会继续累积增加。鉴于上述原因，当施工承建方比预定期限提前完成交通项目建设时都会获得提前竣工奖励。

由于工程延误导致的延误成本还包括由于延期产生的不确定性。如果延误期间工程建设材料价格显著上涨，那么工程总造价将会变得不可控。加利福尼亚橡树岭海湾大桥就由于钢材价格的上涨导致总的建设费用从预估的26亿美元上升到实际的60亿美元，购置原材料所需的收货时间也延长至3～8个月，这无疑又导致了额外的工期延误。很显然，这种成本只能在项目结束以后才能准确的计算出来，但是作为项目管理方和规划设计师，需要了解并为出现这种情况的可能性做好计划准备。

传统上，在进行交通项目方案比选时并不会考虑延误成本。但是，这些成本对于决定项目排序却是非常有用的，特别是有些项目如果推迟到以后进行，那么，所需要付出的成本要远远超过现在开工的成本。

4.3 外部成本和外部效益

城市交通设施供给通常会导致外部成本和外部收益，这是由那些在出行决策和交通基础设施建设决策制定过程中被纳入考虑的因素造成的。这些所谓的“外部效应”包括长期困扰城市居民的道路噪声、交通事故对附近设施的损坏以及相应的人身伤害、空气和水污染带来的景观和健康影响等。如果采用隔音墙、低噪声路面铺装、清洁能源车等措施能够带来外部效应成本的降低，这种情况就称为外部效益。

综合成本一效益分析中需要计算外部成本和外部收益，用来对交通项目或者交通政策的总体经济价值和社会效益进行评估。

表 4-7 是在表 4-6 的基础上编制的，用来显示高峰期出行的机动车成本除了可以分为可变成本和固定成本外，还可以分为个体成本和社会总成本。表 4-7 还展示了当出行者增加一公里出行所需的边际成本以及用行驶里程做平均得来的平均成本之间的对比。从表中可以发现行程时间成本要比其他成本明显偏高，同样行程时间的边际成本也很高。车辆购置资金成本、运营和维护成本和事故成本也比较高。由表可知，单位乘客车公里的总成本约为 4.5 元，其中外部成本(社会成本减去个体成本)在总成本中占 30%左右。

表 4-7　机动车出行短期固定与可变成本

可变成本(元/km)	个体成本(内部)	社会总成本(内部+外部)	
	平均成本	平均成本	边际成本
道路使用者负担的成本			
(1)运营和维护	0.529	0.529	0.529
(2)车辆购置资金成本	0.638	0.638	0.638
(3)行程时间	1.136	1.136	1.455
(4)调度延迟和不可靠性	0.349	0.349	0.645
非道路使用者负担的成本			
(5)事故	0.439	0.525	0.668
(6)政府服务	0.019	0.071	0.071
(7)环境外部性	0.000	0.060	0.060
固定成本			
(8)道路	0.060	0.210	
(9)停车场	0.026	1.054	
总成本	3.195	4.571	

当前，在城市交通领域研究外部性主要集中在安全影响、空气质量、噪声污染等方面。

1. 交通事故安全影响的外部性

使用机动车不仅会影响道路、空气和水源，还会影响车辆内外人员的安全。城市交通工程和政策可以提高或者降低事故的发生次数和严重程度，并给出行者和整个社会带来成本支出和效益。车辆拥有人通过购买保险来对冲事故成本，但是机动车保险是典型的固定费用，而不是根据车公里数动态计算，且保险也不能抵消保险人的很多其他成本支出，比如，由于事故车辆堵塞引起的城市交通延误、应急部门人员的调度，以及事故受害者承受的痛苦。由于事故责任难以划定的特点，事故成本的分配往往也是复杂的。美国联邦公路局的研究指出，事故损失的1/4是由事故相关方直接支付补偿的，剩下的都是由社会来弥补，这表明外部成本是大量存在的。

美国国家道路交通安全管理委员会发布的《机动车安全事故的经济影响》一书提供了大量可靠统计的事故成本数据。每次交通事故的劳动力损失、医疗服务、行程延误和财产损失的平均市场成本范围是从无人伤的2 762美元到致死事故的977 208美元不等。这些价值包含了市场成本，比如劳动力损失、医疗服务、行程延误和财产损失，但却没有包含非市场因素，比如生命的价值、痛苦，以及为了避免事故愿意付出的价值。

支付意愿是为了提高边际安全所愿意支付的价格，有些事故价值评估过程中考虑了该支付意愿。交通参与者为了挽救他自己的生命往往都会愿意支付很高的价格，通过购置安装气囊等安全措施的车辆来降低严重人伤甚至致死事故的发生率这一可变因素可以提高生命的隐性成本。例如，2000年欧洲交通部长会议指出，驾乘人员过去的事故经历会成百倍的增加他的平均支付意愿。进一步的研究表明，支付意愿随着年龄和家庭收入的不同会有较大程度的变化，四十岁左右的人对生命有着最高的价值认识。表4-8展示的估计值是基于美国国家安全委员统计的支付意愿值。需要注意的是，表中的事故成本是以每个伤者为单位进行统计，而不是按照每个事故单位进行统计。通常来说，交通事故里面可能会有不止一个伤者，这种情况下分析师基于支付意愿计算事故成本就要统计伤者的总人数。加利福尼亚交通部研究发现在致死事故中平均死亡人数是1.15个，在一般有人伤事故中平均受伤人数为1.49个。

表4-8　基于支付意愿的机动车事故成本估计

事故等级	支付意愿(美元/每伤者)
死亡事故	4 200 000
致残事故	214 200
非致残事故	54 700
轻伤	26 000
仅物资损坏、无人伤	2 400

2. 交通尾气空气污染影响的外部性

机动车尾气含有二氧化碳(CO_2)、氮氧化合物(NO_x)、活性有机气体(ROG)、挥发性有机化合物(VOC)、微小颗粒物(PM2.5和PM10)、一氧化碳(CO)等空气污染成分，是与人类活动相关排放的主要组成部分，也是全国乃至全世界各个城市空气污染的重要来源之一。

尾气排放会影响人类、动植物健康，也会给建筑物、生态系统造成损害。尾气排放成本与上述损失成本有着广泛的关联。另外一个影响因素是我们究竟应该关注于控制甚至是减少此类污染排放所带来的成本，还是关注于对这些损失的补偿，这涉及城市经济发展模式问题。

每种尾气污染物导致的成本是不一样的，人类健康成本也是由特定污染物质来决定的。氮氧化合物和硫化物是形成酸雨的主要原因，会使建筑物表面以及建成环境受到腐蚀，从而进一步导致生态系统破坏。人类对臭氧和微小颗粒物的过度接触会导致呼吸困难、哮喘、气管炎、肺炎及肺部损伤等问题。植物过多接触臭氧会降低其光合作用的效率，据统计，农作物减产因素中90%是跟臭氧相关。二氧化碳是典型的温室气体，能导致气候变化。

除了尾气污染物自身特性外，这些污染物发生的空间位置能决定人类、动植物以及建筑物是否受其影响，是影响尾气排放成本的另一个重要变量。气象环境以及人类社会活动方式等因素对尾气污染的位置以及对人类健康的影响有着显著相关性。

在某种意义上，主观变量也会影响尾气排放成本，比如下面两种：

(1) 对人类生命和健康的价值认同。目前，关于生命到底价值多少还没有统一的结论，但是，很多研究中已经在关注劳动力损失导致的经济损失。

(2) 对自然资源和建成环境影响范围的确定。通过研究城市交通工程项目可能会导致的车公里数、车小时数、机动车出行次数变化这些自变量，可以进一步研究得到尾气排放量和这些因变量种类，很多模型都可以定量评估尾气排放空气污染的成本。尾气排放率取决于交通设施的种类(快速路、主干道、次干道还是支路)、机动车行驶速度、车龄和车型。一旦尾气排放率确定后，就可以为单位尾气排放设定货币价格，用来评估空气污染的成本和效益。根据 Maibach 等人[39]的评估研究，每吨碳氢化合物排放物的污染成本约为 17 400～34 800元，每吨一氧化碳的污染成本约为 420～840 元，每吨氮氧化合物的污染成本约为 3 720～33 600 元，每吨二氧化硫的污染排放成本约为 38 400 元，每吨 PM2.5 的污染成本约为 55 800～4 980 000 元。根据前文所述，污染成本的取值还受气象条件、污染物浓度、受污染人群的健康和收入等因素决定。

3. 交通噪声影响的外部性

交通噪声越来越对城市居民造成困扰，长期受交通噪声影响会导致听力受损、睡眠干扰，并会导致相邻地区人们的工作和生活压力增加。研究表明，交通噪声除了影响人类健康外，还会导致相邻地区物业价格下降。

影响交通噪声污染的因素有很多，包括车辆类型、发动机类型、交通速度、是否有噪声隔阻设施、路面铺装类型和路况等。举例来说，小型客车比大客车和摩托车要安静很多。即使同样为小型客车，电力驱动或者混合动力车一般比汽油或者柴油动力车要安静。由于影响交通噪声的因素太过繁多，一般对交通噪声增加影响较小的城市交通项目很难估计它的交通噪声成本。但对于一些会导致交通噪声显著变化的大型城市交通项目，可以采用特征价格模型(Hedonic Price Model)来评估交通噪声对物业价值的影响。有研究指出，当交通噪声超过 50 dB 后，每增加一分贝，相关物业价值就减少 0.5%。另有研究指出，可以根据车型来计算交通噪声污染成本，方法如下：

- 常规机动车在城市道路上每公里噪声成本平均为 4.8 分(人民币，下同)，在农村道路上每公里噪声成本平均为 2.6 分。
- 电力驱动汽车不论在城市道路还是农村道路上每公里噪声成本平均都是 1.5 分。
- 摩托车在城市道路上每公里噪声成本平均为 49.5 分，在农村道路上每公里噪声成本平均为 24.8 分。

4.4　最优化价格内涵

合理的定价策略是根据未来所要实现的交通运营管理目标确定的。究竟是为了使交通流速度控制在 60 km/h 以下还是为了征收未来十年城市路桥的保养和维护更新资金？为了用政策来激励城市居民购买混合动力或者电动汽车还是为了减少城市区域高排放量汽车的数量？为了最大化个体用户的利益和为了最大化社会利益所制定的策略是截然不同的。为了制定合理税率和道路收费费率，相关城市交通管理部门必须首先设定科学合理的目标。

从理论上讲，每次交通出行都会为使用者提供一定程度的净利润，这种净利润称为消费者盈余。消费者盈余是指每次出行消费者愿意支付的最大价格和他实际支付的价格之间的差额。所有实现的净利润之和就是市场的总体消费者盈余。假设 AB 两点之间的车辆使用和燃油成本为 40 元，平均的行程时间价格为 12 元/h，AB 两点之间的行驶时间为 1.5 h。完成 AB 两点之间汽车出行的出行者每次支付的成本为 40+(12×1.5)=58 元。如果对于出行者而言，AB 两点之间的出行平均价值为 60 元，则出行成本和出行者对出行的估价之间 2 元的差别就是单个消费者的盈余。如果每天有 5 000 人次往返于 AB 两点之间，则总的消费盈余(出行者净利润)将达到 2×5 000=10 000 元。

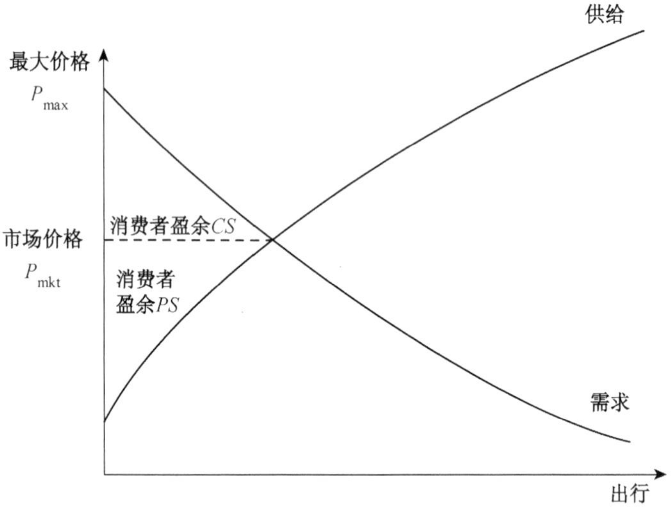

图 4-4　盈余、需求和消费者盈余

当市场里有很多消费者(出行者)时，消费者盈余可以用图 4-4 中需求曲线以下市场价格以上的区域来表示。此时的消费者盈余的计算公式如公式 4-1 所示，对需求曲线在市场价格和最大价格之间求积分计算得到。

$$CS = \int_{P_{mkt}}^{P_{max}} D(P)\mathrm{d}P \qquad \text{(公式 4-1)}$$

另一方面，生产者盈余指的是生产者通过用高于他们意愿卖出的最低价的价格将产品卖出而获得的总收益。如图 4-4 所示，当卖出价格为零时消费者盈余达到最大，当卖出价格为最大价格时生产者盈余达到最大。实际上的市场价格通常在上述两个极端价格之间变化，消费者盈余和生产者盈余的总和称为社会福利。

出行者福利又称为消费者盈余，取决于用户直接成本(包括燃油、通行费、车票费、车辆运行维护费)、出行次数(这是机会成本)、不同选择的基本吸引特征(如时段、目的地、出行模式)。直接成本方面的节约将会带来直接效益。

出行者福利的变化可以用折半规则(Rule of Half,ROH)来估计。图 4-5 展示了当出行成本降低时出行者福利(盈余)的提升。区域 2 表示使用者的利益,新增用户的利益用区域 1 表示。折半规则假定每个起讫点对之间都存在一个线性的需求关系。

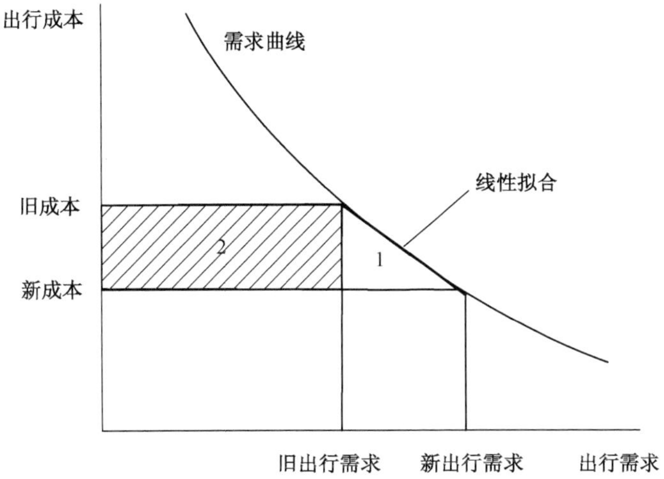

图 4-5　当出行价格下降时消费者盈余变化所体现的折半规则

利润是总收入(Total Revenue,TR)和总成本(Total Cost,TC)之间的差额,计算公式详见公式 4-2,绝大多数企业都希望使利润最大化。

$$Profit = TR - TC = P_{mkt} \times Y - TC \qquad \text{(公式 4-2)}$$

式中:P_{mkt}——市场价格;

Y——卖出商品的数量,如 AB 两点之间每天收取道路拥挤费或者 AB 两点之间卖出的地铁车票数。

当额外服务一次出行获益等于因此次出行导致总成本的增加值时,利润实现了最大化。换一种说法,就是当边际收入与边际成本相同时,可以实现利润的最大化,如式 4-3 所示。

$$\max Profit: \frac{d(P_{mkt} \times Y)}{dY} - \frac{d(TC)}{dY} = P + \frac{dP}{dY}Y - MC = MR - MC = 0 \qquad \text{(公式 4-3)}$$

由于城市交通出行需求是具有弹性的,当出行价格较高时,城市居民的出行次数将下降,这会导致($\frac{dP}{dY} < 0$),这就转化为了利润最大化价格的最优边际成本。

从城市交通管理者角度来看,城市交通服务完全免费(交通基础设施服务根据价格进行资源分配,或通过交通拥堵来自动调节)或者为了追求最大利益进行收费(公共服务的目标之一就是为整个社会的利益提供服务)都是不可取的。公共管理者应该将消费者(全体公众)放在第一位。理论上,通过将社会净效益最大化,可以确保城市交通资源得到最优化的利用。交通管理者的收入(某种利益)可以抵消用户费用(成本),总体社会福利(Social Welfare,SW)可以根据公式 4-4 计算得到。

$$SW = Profit + CS = TR - TC + CS \qquad \text{(公式 4-4)}$$

根据边际效用递减规律，当一个出行者在AB两点往返次数越多时，他为每一次新增出行所愿意支付的心理价格就越低。纵观整个潜在消费者市场，边际社会效益（又称购买意愿）会随着以购买商品数量的增多而减少，从而导致社会需求逐渐下降这一现象的发生。当社会福利达到最大化，或者当边际社会成本增加到可以抵消最终购买商品服务带来的边际社会效益时，就可以实现最优的商品服务供给数量，如公式4-5所示。

$$\max SW:\frac{\mathrm{d}(P_{\mathrm{mkt}}\times Y)}{\mathrm{d}Y}-\frac{\mathrm{d}(TC)}{\mathrm{d}Y}+\frac{\mathrm{d}(CS)}{\mathrm{d}Y}=P+\frac{\mathrm{d}P}{\mathrm{d}Y}Y-MC-\frac{\mathrm{d}P}{\mathrm{d}Y}Y=P-MC=0$$

（公式4-5）

根据上述公式，实现最大化社会福利的最优化价格是和最终购买商品服务所产生的边际社会成本是一样的。按照边际成本定价可以确保交通服务的供给和利用过程中不会存在不合理的补贴和浪费。

通常来说，为实现社会福利（P_{SB}），按照边际成本制定的价格通常会介于按最大化消费者盈余制定的价格（$P_{\mathrm{CS}}=0$）和按照利润最大化制定的价格（P_{P}）之间，如图4-6所示。

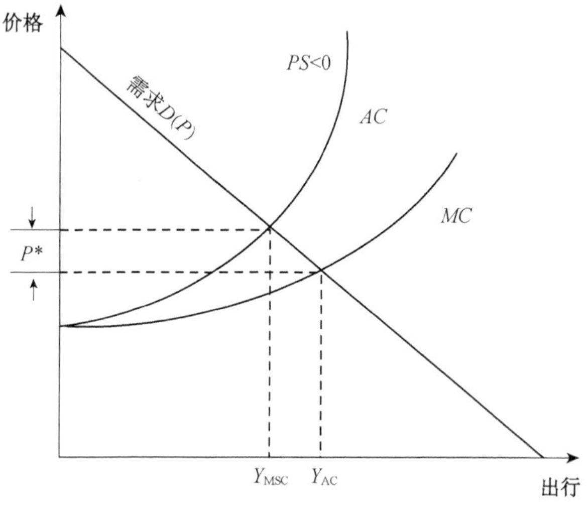

图4-6　边际成本定价示意图

考虑到城市交通投资的高资金成本特征，一般来说平均成本总是高于边际成本，根据边际成本定价会导致管理者的财务损失。为弥补损失就需要对某些固定成本进行重新计量，这就需要诸如平均成本定价策略补贴政策、收益管理（Yield Management）等技术。收益管理技术最早由航空业发明并广泛使用，它的核心是价格区分。收益管理指的是交通服务提供者使用不同的价格为不同的用户提供同等的服务，用户购买服务的价格能够包含他们自身的边际成本。经济学里进行价格区分的方法主要有三类：

- 一级价格区分指交通服务提供方根据个体消费者每买进一单位产品服务愿意并能够支付的最高价格，即需求价格，来逐个确定每单位产品或服务销售价格的方法，在实际中比较少见。
- 二级价格区分是指交通服务提供方根据已经卖出的产品或服务的数量来确定不同价格的方法。二级价格区分较多地出现在社会公用事业中，其产品必须是易于度量和记录并成批出售的。它与一级价格区分的区别：一是在于一级价格区分实质是逐个出售，二级价格区分则是分批定价、分批出售；二是一级价格区分是对每个消费者收取不同的价格，二级价格区分的价目表则面对所有消费者。在城市交通领域，二级定价技术就能根据出行者实际的出行次数和距离长度来进行区分。比如，依靠公共交通通勤的上班族可以购买不限次数的年卡或者月卡来满足日常交通需求。

- 三级价格区分是指根据不同的细分市场或者消费者群组进行定价。这是比较普遍的垄断定价方法，也是交通产品和服务定价的最普遍的方法。垄断企业根据 $MC=MR$ 的原则确定产量水平。垄断企业主要依据地理差别、产品用途、时间、消费者收入等将同一产品分配在不同市场上。在产量既定的情况下，需求价格弹性大的市场上定价较低，而需求价格弹性小的市场定价较高，如航空的头等舱与经济舱、快速公交和常规公交、老年人和学生折扣等。

假定 AB 两地之间修建了连接两地的一座桥梁，为了收回投资，根据上述定价方法，可以实行以下大桥通行费定价策略：

- 对游客征收较高的通行费，而对本地居民则征收较低的通行费用。
- 周末征收较高的通行费（因周末游客较多），平时通行费价格较低。
- 为吸引用户，在非高峰时间征收较低的通行费用。
- 每周选定一天给通行费较大的折扣，并提前通知本地居民。
- 通过当地媒体资源发布折扣券以吸引对价格敏感的用户。

动态收益管理（Dynamic Yield Management）与价格区分法类似，都是一种可变的定价机制。不同的是动态收益管理主要进行稀有资源的配置，而价格区分法则强调收益的最大化。以航空运输为例，当剩余座位数量下降时，航空公司将在合理层面内提高剩余机票的价格。本质上，这是航空公司将稀有的座位资源配置给那些愿意支付更高价格的用户。相应的，航空公司会提供头等舱、商务舱、经济舱等有少许差别的产品服务，这与高速铁路里的商务座、一等座和二等座类似。因为头等舱相比经济舱而言航空公司的成本要相应高一些，这种票价结构与严格的价格区分法是不同的，价格区分法中，对不同的消费者群体而言相同的商品定价是不一样的。因为提供多样化服务的公司相对提供单一服务的公司而言可以降低单位产品的价格，所以说，动态收益管理事实上提供了一个相对更有效率的市场结构。通过允许高固定成本的运营者（例如高速铁路、航空公司等）在一个财务可行的水平上经营管理业务，动态收益管理就可以保持合理的财务可行服务。即使有的服务需要支付较高的价格，城市交通服务的可用性对于所有出行者而言就是一种福利。在城市交通服务市场保证一定数量的竞争者，有助于避免行业垄断和过高利润现象的出现。

4.5　城市道路收费

与大多数提供所有经济成本的价格制定市场主体不同，城市交通成本是由交通系统用户、运营管理者和非用户共同承担的。比如，道路交通的总成本组成可以由公式 4-6 所示。

$$TC = Y \times AC_{user} + Y \times T \times VOTT + FC_{gov} + VC_{gov} + SC_{crash} + SC_{env} \qquad \text{（公式 4-6）}$$

其中：$Y \times AC_{user}$——对于所有出行者(Y)的机动车拥有和使用成本(AC_{user})，包括汽油、维护、保险、牌照注册，但不包含通行费；

$Y \times T \times VOTT$——表征出行时间成本，是每次出行的行程时间(T)、行程时间价值($VOTT$)和所有出行者的数量(Y)；

FC_{gov}——表征政府或者其他所有者在道路基础设施中的固定成本。与其他成本组成相似，道路设施建设的资金成本根据地理条件和道路特征的不同有很大的差别；

VC_{gov}——表征道路基础设施所有者的车辆成本，包括路面铺装维护、执法、应急管理车辆等；

SC_{crash}——表征交通事故中由交通系统用户和非用户共同承担的社会成本；

SC_{env}——交通系统用户和非用户共同承担的城市交通导致的空气、噪声、水源等环境影响社会成本。

1. 短期边际成本定价

对于短期边际成本(Short-run Marginal Cost, SRMC)定价，公式 4-6 中所有成本都不包含被认为短期内为固定成本的基础设施成本。每个交通系统用户的相应短期边际成本定价可以用公式 4-7 表示。

$$SRMC = MC_{user} + MT \times VOTT + MR \times VOR + MC_{p} + MSC_{crash} + SC_{rnv}$$

(公式 4-7)

在公式 4-7 中用户车辆运营成本(MC_{user})指的是机动车出行中的机动车边际运营和拥有成本，比如轮胎消耗、车辆折旧等，该成本是由用户承担的私人成本。车辆资金所有权折旧和利息成本可以通过标准贴现技术计算。

行程时间边际成本($MT \times VOTT$)是由边际出行者和他们的非主观意识强加于其他出行者的延误所导致的行程时间成本。MT 表征由于增加了额外出行车辆导致的系统总出行时间变化，这取决于现状交通系统的拥堵水平。公共道路管理局(the Bureau of Public Roads, BPR)函数将行程时间与 v/c 比之间的关系进行建模，是常用的道路系统平均行程时间变化($T_f - T_o$)计算公式。道路系统的总体变化 $T_f \times V_f - T_o \times V_o$，如公式 4-8 所示。理论上，除了出行者自身行程时间成本，出行者还需要为他们导致的其他用户的延误成本付费。个体行程时间价值($VOTT$)的变化范围很大。因为行程时间节约带来的价值收益通常与健康和工资水平有关，高收入水平出行者的 $VOTT$ 通常比低收入水平的出行者要高。

$$T_f = T_o\left[1 + \alpha\left(\frac{v}{c}\right)^5\right] \qquad \text{(公式 4-8)}$$

为了计算行程时间的价值，需要计入出行者个体在信息获得和期望值方面的确定性价值。行程计划延误成本(Schedule Delay Cost)与行程时间成本都一样重要。上述不确定性可以采用 v/c 比的凸函数来估计，如公式 4-9 所示。

$$r_a = r_a^0\left[1 + \sigma\left(\gamma + \frac{v_a}{c_a}\right)^{\tau}\right] \qquad \text{(公式 4-9)}$$

式中：r_a^0——路段 a 的自由流行程时间方差；

σ、γ、τ——待定系数。Fagnant 等[40]根据实际数据估计到参数 $\sigma=2.3$，$\gamma=0.7$，$\tau=8.4$。

与行程时间计算方法相似，行程时间的不确定性与出行者的可靠性价值（VOR）相乘可以得到系统的不可靠性成本。

边际服务提供成本（MC_{p}）包含维护和运营成本，Small 等[41]采用美国联邦公路局的数据估计得到包含执法、应急处置和系统管理成本在内边际服务提供成本约为每车公里 0.019 美元。边际服务提供成本的主要组成是交通系统维护费用成本，这些成本主要靠政府通过机动车注册费及其他相关税收等来补贴。

事故成本（MSC_{crash}）和环境成本（MSC_{env}）都属于外部成本，是由交通事故带来的空气、水源、噪声和其他生态影响。

2. 长期边际成本定价

尽管使用边际成本定价来优化交通系统的社会福利已得到了认同，但究竟是采用短期边际成本定价（SRMC）还是采用长期边际成本（LRMC）仍存在争议。交通系统的建设资金成本对于系统后期成本回收和拥堵缓解有重要的作用，但是，SRMC 中并没有计入上述成本。交通系统的建设时间越短，SRMC 的值越小，这将导致 SRMC 在系统超额需求上的服务收费变得无效。Lindsey[42]等人研究了三种包含上述变量的长期外部边际成本定价模型，通过研究发现 SRMC 定价方法通过有效的需求控制能提供有效的系统经济性。

为了计入资金成本，LRMC 在不同的对象研究中有时将资金成本认定为连续变量，有时认定为离散变量。从短期来看，这些固定成本可以通过平均成本定价的道路收费来获取。Small 和 Verhoef[41]使用 2005 年的美国商业调查数据估计得到城市出行者每车英里的平均资金成本为 0.056 美元。

3. 静态定价与动态定价

前述最优化收费方法都是根据在一个特定的时间段内（比如高峰期）相对稳定的交通拥堵水平来假定一个固定的收费费率或者静态的价格。如果因为设施建设、交通事故或者其他的异常事件导致出现了很多动态的交通瓶颈，这个时候动态定价策略能更有效地引导和改变出行者的出行行为。

假定只有一个交通瓶颈的情况，并且因为道路流量（V）还没有超过道路通行能力（C）而没有出现额外的延误。排队长度和通过这个交通瓶颈的自由流行程时间都为零。根据最优化动态定价策略，不应该出现排队情况并且交通瓶颈按照最大通行能力运行直到需求降低到道路系统通行能力之下。最优化道路收费可以影响车辆的驶入量（Q_i）并且抵消延误成本。这个动态交通瓶颈模型显示，通过在出行起点根据道路收费价格重新规划出行时间可以有效地提高交通系统效率。Small 和 Verhoef[41]基于通过交通瓶颈的期望出行时间采用分段线性函数研究了收费策略的优化问题。研究发现，如果交通信息管理系统不进行大规模的投资建设改善，出行者很难获得充分的信息来优化自己的出行时间安排。

4. 次优定价

最优化或者社会优化定价方法需要完善的交通出行、道路收费信息系统，以及充分竞争的市场，在实际生活中这些都是很难办到的。交通出行者在出行之前通常不可能了解所有的可能路径，更不能预测将要面对的交通拥堵情况以及道路收费情况。最优化定价方法会假定所有其他的可选竞争出行方式和出行路径都是根据最优化边际成本定价，这在城市交通中是很难计量的。当整个城市道路系统其他出行者所承担的延误都包含在边际成本定价里面，这个时候交通拥挤的外部性就全部内部化了，也就实现了社会最优和最优化定价。事实上，因为并不是所有的城市道路都是收费的，以及并不是所有的可选交通出行模式对每个出行者都适用，这都没有记入边际成本，这些因素就导致最优化定价在现实中其实是不可行的。

此外，在概念交通网络中基于边际成本定价理论可以很好地进行社会福利最优化，但是，在实际项目中建立最优化定价策略则需要面对很多约束和困难。该模型假定无论是出行者、分析师还是收费运营管理人员都能获得完全的价格和成本信息。研究者认为，实现最优化定价需要通过信息手段实时获得道路交通拥堵水平、车辆尾气排放、机动车出行的时间和地点的分布以及允许根据实际情况动态调整收费的相关法律法规。排除为了实现动态收费策略必然将遇到的政策方面的争论，当前及未来短期时间之内的技术也很难实时和准确地提供上述信息。即使采用了相应的先进技术，动态定价系统带来的资金和运营成本将抵消缓解交通流压力和减少延误所带来的收益。

其他还有一些不是技术所能解决的问题。比如，由于突发事件（例如交通事故）和缺少替代路径和出行方式的影响，出行者往往都不能获得最理想的信息。当出行者不了解在路径选择等方面他们所有的出行可选项时，基于边际成本的定价并不是最优的。

考虑到由于信息和市场的原因很难真正采用最优化定价策略，可以考虑采用基于成本效率的次优定价策略。次优定价方法通过考虑技术、政治和财务约束来实现出行者（或者社会）福利最大化。次优化定价策略的具体方法有很多，此处通过结合两个案例场景来讨论该方法。

场景一：不对城市道路系统中所有的道路进行收费

假定两条平行的可相互替代的路径，其中一条是收费道路（T），另一条是不收费道路（U）。在理想的完全竞争市场环境下，这两条道路都将进行收费，而且每条道路上的交通量应该大致是相等的（$Q_{\mathrm{U}} = Q_{\mathrm{T}} = Q_{\mathrm{equilibrium}}$）。但由于其中一条道路并没有收费，考虑到出行成本，很多出行者将选用该免费道路（$Q_{\mathrm{U}} > Q_{\mathrm{equilibrium}} > Q_{\mathrm{T}}$）。收费道路的边际社会成本（$P_{\mathrm{T}}{}^{*} = TMSC_{\mathrm{T}} - AC_{\mathrm{T}}$）仅能反应使用收费道路 T 的出行效益，不能反映行驶在免费道路 U 上的出行。所以，在本场景下对于收费道路 T 的次优化定价方程详见公式 4-10。

$$P_{\mathrm{T}}^{**} = (TMSC_{\mathrm{T}} - AC_{\mathrm{T}}) - (TMSC_{\mathrm{U}} - AC_{\mathrm{U}})\left(\frac{Q_{\mathrm{U}} - Q_{\mathrm{equilibrium}}}{Q_{\mathrm{T}} - Q_{\mathrm{equilibrium}}}\right) > P_{\mathrm{T}}^{*}$$

（公式 4-10）

上式中 $\frac{Q_{\mathrm{U}} - Q_{\mathrm{equilibrium}}}{Q_{\mathrm{T}} - Q_{\mathrm{equilibrium}}}$ 项表征每从收费道路 T 上减少一次出行将会给免费道路带来的出行次数增加率。当出行相对于收费来说是弹性时，由于一些决定不走收费道路的出行者将不采用这两条道路中的任何一条，该项的值应该小于 1。同时，该项由于 $Q_{\mathrm{T}} < Q_{\mathrm{equilibrium}}$ 所以是负值，此时次优价格就是 $P_{\mathrm{T}}{}^{*}$ 加上免费道路的边际社会成本（表征当交通量从收费道路 T 转移到免费道路 U 上后所收获的效益）。

在上述一条道路收费另一条道路免费的场景下，以次优价格 $P_{\mathrm{T}}{}^{**}$ 所获得的社会福利小于对这两条道路均按照边际社会成本（最优化价格）收费所产生的社会福利。此外，计算次优收费价格相比最优化收费场景来说需要更多的信息（边际外部成本导致的需求和成本弹性）。基于次优价格的收费定价存在更多的误差和较少的最优化收费选择，这将导致出行者福利的减少。

Small[41]等人的类似平行道路收费研究的例子表明由于最优化导致的潜在误差增加，在这个情况下次优化定价往往变得非常复杂。但是，如果有精确标定的出行需求模型和准确的出行者效益评估方法，在出行需求管理方面次优化定价仍然可以很有效。通常而言，对城市快速路和主干道等不具备过多替代路径的道路进行次优定价的工作相对简单可行。

场景二：无法通过用户组进行价格区分

如前所述，出行者带给其他出行者的成本随着车辆、驾驶员和交通特征有很大的不同。假定有两类简单的车辆组：高尾气排放组（H）和低排放组（L），对应的边际环境成本 $MEC_H > MEC_L$。当技术和政策不允许对不同用户组进行差别定价时，可以分配一个比 P_{H-MEC} 低而比 P_{L-MEC} 高的平均次优收费价格 P_T。当低排放车辆和高排放车辆的需求曲线相同时，P_T 就是 P_{H-MEC} 和 P_{L-MEC} 的简单平均值，如图 4-7 所示。由于对不同车辆组分配了同样的 P_T，对于低排放车辆而言这个价格偏高，而对于高排放车辆而言这个价格就是低估了，与分用户组的最优化价格相比，这将导致部分福利的损失。

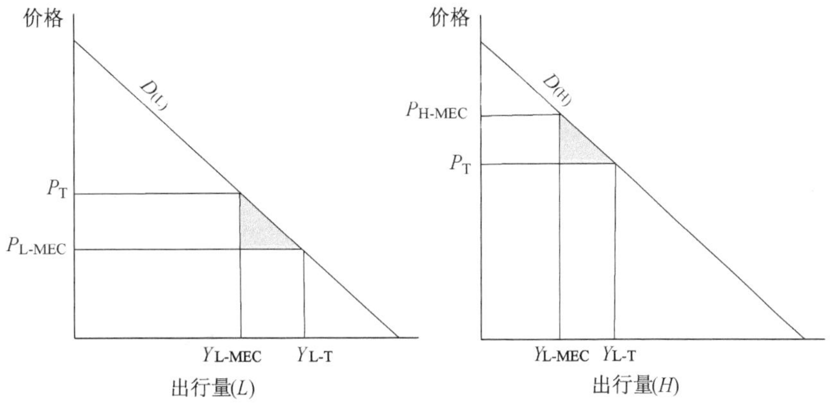

图 4-7　基于两个用户组的次优定价

尽管上述两个例子比较简单，但却展示了次优定价的重要性。从本质上讲，最优化定价要比次优化定价理想。除了不能提供能使福利最大化的价格，对两种不同的车辆组定同样的收费价格并不能鼓励高排放车辆的用户去选择低排放车辆。此外，次优定价策略相比最优化定价策略而言需要更多的信息，这将增加选择异常升值错误价格参数取值的可能。但是，次优定价策略可以提供一个研究影响定价因素的方法，并且比那些忽略非间接因素的定价策略要更为合理。

5. 城市道路收费实施方法

目前，城市交通的收益并没有从根据边际社会成本制定的用户费用中获得。比如，机动车出行成本偏低，所承担的用户费用并不能包含大部分外部成本。传统的用户费用仅包含车辆注册费，这与道路使用和燃油税等相对独立。随着天然气、电力驱动等新能源机动车的增多，传统的燃油税等费用将涵盖越来越少的实际道路使用成本。当燃油税收入降低时，如果采用销售税或者债券等进一步费用征缴措施将会使城市交通经济与边际成本定价理论相违背，最终因为交通需求不能反映交通成本而导致更无效的城市交通系统。为了更好地体现用户成本，可以采用 Litman[43]等提倡的定价策略：

- 通过提高燃油税和道路通行费实现对更多用户真实成本的体现。
- 因为重型车比轻型车对路面的磨损消耗要多，需要采用基于里程和载重的道路收费来反应正式的道路使用成本。
- 对不同的道路收费进行区别定价以反应不同时间、地点和车辆类型的交通拥堵成本。
- 基于车辆的年度使用情况将诸如保险和登记费用等固定成本用可变成本替代。
- 考虑采用新的燃油税和尾气排放费来反应机动车出行的环境成本。

根据车辆使用情况的拥堵收费和基于距离的通行费试图将出行成本分摊到实际的出行中去。但是，普通公众会认为通行费是对现存免费道路征收的一种新形式的额外税费。Podgorski 和 Kockelman[44]在得克萨斯进行了关于道路收费的公众调查。通过调查发现，公众通常倾向于保持既有道路继续免费，当收费道路收回成本以后也要降低通行费用，对于货运车辆征收更高的通行费，并且不倾向于进行拥堵收费。该调查还发现对于已经在高峰期使用收费道路的出行者更愿意支持采用高占有率(HOT)车道管理策略。常规情况下，收费道路的经常性使用者对于交通政策的容忍度和接受度更大。

基于使用情况的出行成本分担策略主要包括以下三种：

1. 拥堵收费

拥堵收费(Congestion Pricing, CP)作为一种价值定价法，根据预期或者真实的交通出行需求收取预先设定的或者动态通行费，以避免额外的交通拥堵和延误。利用供给和需求的基本原则，拥堵收费通过调整通行费用以调整交通出行需求，从而达到疏解交通拥堵的目的。新增车辆的行程时间价值(VOTT)根据不同的出行类型、家庭收入和其他因素而变化。

动态收费车道建设的初衷是在可行费率范围内来确保合理的交通流量和速度。比如，纽约市的桥梁通行费在高峰期和平峰期分别为 8 美元和 6 美元，圣地亚哥的 IH 15 公路 HOT 车道的最高通行费为 8 美元。通过研究发现[45]，动态收费的调整范围都比较小，对于交通拥堵的影响也很小。

2. 联合成本和共同成本分担

对于联合和共同成本的合理分担有不同的方法，这是道路通行费、物流费用以及其他交通运输形式的重要组成部分。如在一个需求处于变化中的市场，AB 两点之间分担联合成本需要在每一个方向上设置不同的费率以反应不同的需求，比如空载的列车或者回程的出租车。在较低需求的方向上(如 BA 方向)的运输费用要比高需求方向(如 AB 方向)上的运输费用要低，这是为了鼓励市场用户使用回程中的车辆。这个例子中联合成本通常分摊给高需求方向，因为在这个方向回程服务的边际成本是相对较低的。

对于共同成本的分担还处于研究之中，相关政策策略也处于讨论之中。Luskin 等人[46]进行的有关如何分担道路成本的研究，代表了共同成本分担研究的一些共性问题、前提假设和方法。

Luskin[46]等人使用四种不同的成本分担方法来研究如何基于不同的车辆组进行道路成本分担。他们总结出对于轻型车(私家车等)所承担的费用和税收已经高于这组车所承担的道路系统成本，与此同时，货车和大客车却没有分担相应的合理成本。根据公平性的评价标准，轻型车辆某种意义上一直在补贴卡车和大客车。如表 4-9 和表 4-10 所示，他们还研究了四种不同的道路成本分担方法以及这些方法各自的特征属性。

表 4-9　道路成本分担方法的属性分析

属性	备　　注
完整性	道路成本应全部由道路使用者承担
合理性	根据车辆所在的用户组来制定应该分担的成本，同一用户组的车辆不应该支付超出其所应负担的价格
边际性	对于不同的车辆，应该按照他们的边际成本收取最低费用
一致性	重复使用同一种方法应该得到同样的一致结果，具有可再现性

表 4-10 中有两种方法能够体现表 4-9 中所列的四个属性，他们是改进增量法和广义法。改进增量法和广义法这两个方法是目前主流的成本分担方法，增量法和比例法则被普遍认为是传统方法。

表 4-10　道路成本分担方法比较研究

分担方法	备　　注
增量法	首先，计算对于某个的车辆组所分担的道路设施成本，然后，基于车辆载重等指标重复这一过程，为其他的车辆组分配相应的增量成本和边际成本。这个方法具有较好的完整性、合理性和边际性，但由于成本增量的计算是基于车辆自身属性变化的顺序（如从最轻的车辆到最重的车辆还是从最重的车辆到最轻的车辆），所以，这个方法的一致性有所欠缺
比例法	不同的车辆组根据各自不同的使用量（如车公里或者当量单轴荷载）来分担成本。这个方法有较好的完整性，但是合理性和边际性有所欠缺
改进增量法	使用车公里这一指标对不同的用户组按比例进行成本分配。这样每一个车辆组所分担的成本不会相互重叠。同时，计算不同车辆组之间的交叉成本部分。这样，每个车辆组总的成本就是基本无交叉成本加上各车辆组对应的交叉成本。本方法符合表 4-9 所提的四种属性
广义法	本方法基于合作博弈理论，使用线性可编程方程为每一个车辆用户组计算出相应的合理成本。该方法对表 4-9 中四个属性都有很好的支持

3. VMT 税费

基于出行距离的车公里税费（VMT Taxes）比出行消费税（如燃油税等）更能够公平的对道路使用进行收费。提供给车辆出行者的公共服务包括监管、交通照明以及应急服务等，这些公共服务的成本大约是 4 分至 1 角五分每车公里。车公里税费还能够对尾气排放、空气污染、生态损失、雨水管理和热岛效应等外部效应进行计费。轻型车辆的外部成本据已有研究[43]估计约为 8 分至 1 角 9 分每车公里。

2011 年荷兰[47]测试了基于 GPS 的车公里税费，该税费根据燃油效率、日期和路径的不同而定，车辆出行者按月接受账单。支持者认为这个系统将成为替代燃油税和通行费的可行收益来源。尽管在政策上还不太常见，但已经有不少地区在考虑研究这个系统方案了。

4.6　道路收费对公平性的影响

各级政府在城市交通收费中承担的不同角色，必将导致在资金归集以及规范使用方面产生争议。在这些争论中,对交通投资和政策带来的效益和成本的公平评估是至关重要的问题。Litman 等[43]定义了如下几条交通公平性原则:

- 横向公平性指的是个体和群体在城市交通资源分配和成本分担方面是否被公平对待。横向公平的公共政策倾向于基于成本进行定价。这种城市交通支出和收益的平等交换被称为市场公平性。
- 收入和社会地位的纵向公平性(又称社会和环境公平)指的是城市交通对不同利益群体收入和社会弱势群体的影响。尽管交通是派生需求,但它在城市生活中不可或缺并且被认为是一种权利。支持弱势群体的公共政策(比如分层税制)被认为具有进步性,对弱势群体正常征收税费的公共政策(比如单一税制)被认为属于保守政策。能够分拨资金弥补不同社会阶层在可达性和机动性方面差距的政策可以改善纵向公平。

因为在实践中横向公平与纵向公平的目标有时相互之间会有冲突,所以城市交通公平的实施比较困难。一方面纵向公平为弱势群体提供补贴,另一方面横向公平要求基于使用量的具有经济效益的定价策略。完善的经济系统中参与者都应该承担他们对社会造成的成本,从而有可能通过经济系统的效率运行实现城市交通公平。对在经济地位、社会地位或者身体上处于弱势的人群而言,通常没有机会使用汽车等机动化出行方式,提供替代交通出行模式的政策可以帮助提高纵向公平。Litman 等[43]研究提出如下横向公平和纵向公平的改善措施。

横向公平改善措施包括:

- 更正目前会导致特定群体和特定交通方式收益的规划偏差。
- 提高随着出行时间、地点和车辆类型变化的道路使用费(通行费和燃油税等)来反映真实的机动车出行成本。
- 推行广泛的停车收费,并允许对企业雇员的停车进行现金补贴。
- 基于年度车公里数对车辆保险和注册费用进行定价。
- 通过环境污染和尾气排放税费来计量机动车出行的环境外部性。

纵向公平改善措施包括:

- 基于用户的定价策略可以帮助在经济地位、社会地位和身体上有欠缺的群体。
- 通过建设步行道、自行车道和公共交通来鼓励替代出行方式。
- 支持共用车和公共自行车项目。
- 支持混合用地发展模式,将公共服务设置在不需要小汽车也能到达的地方。

对于拥堵收费是否体现公平的问题,公众基于纵向公平性的考虑经常会对拥堵收费产生质疑。出行者群体是多样化的,拥堵收费对于时间价值较高的出行者而言带来的收益更多[48]。参见图 4-6 所示,尽管最优化价格使得净福利达到了最大化,但在 Y_{TMSC} 和 Y_{AC} 之间的出行者得到了通行费的折扣价格并且选择了次优倾向的出行路径以及出行方式。

Eliasson 等人[49]研究了三种不同的拥堵收费使用分配方法,研究发现如果使用拥堵收费效益来降低增值税将会给高收入出行者群体带来较多的利益,但如果将拥堵收费效益来补贴公共交通,将更多地为低收入群体带来利益。尽管高收入出行者是拥堵收费的主要来源,但是,高峰期出行的低收入群体才是数量上最受拥堵收费影响的人群。对这些低收入出行者的补助可以是通行费豁免、折扣等形式。收益分配问题在提高拥堵收费的公众接受问题中起着关键性作用,可以弥补不同收入群体间的用户收益差别。

第五章　城市活动、选址与交通

出行是城市居民日常生活中的重要内容，同时，城市交通基础设施自身的特征还能直接地改变城市形态。城市形态继而会影响城市土地利用、土地价值和工资水平。出行是工作、购物和外出办事等生产和消费需求的衍生品。出行需求是派生需求，与诸如食物、衣服等直接需求不同。当城市交通基础设施改善可以优化可达性和机动性时，这些改善工程对商业和居住地选址将产生影响；当商业和居住选址发生改变时，将会导致土地价值和工资水平发生变化。本章主要研究城市交通与上述问题之间的关系。

5.1　可达性和机动性

可达性和机动性是描述交通和选址之间关系的关键概念：

- 机动性指的是采用机动化方式出行的总量和效率，通常选用出行速度、出行距离等参数来表征。提高机动性意味着可以更方便地从一点移动到另外一点[48]。
- 可达性指的是到达目的地的难易程度，反映了目的地的吸引力和到达它们的难易程度。居住在高可达性地区的居民比低可达性地区居民能更方便地到达活动地点。

尽管高机动性可以通过减少出行时间为出行者提供更多的可达性，但是可达性并不仅仅依赖于机动性。可达性，尤其是步行可达性、自行车可达性和公共交通可达性会随着城市密度的增加而提高。相反的，机动性的提高可以使出行者在给定时间和成本条件下到达更远的距离，这将会导致土地利用的分离。

在对商业和家庭效益的分析过程中，可达性还可以细化为一般可达性和特殊可达性两类来细化研究其对选址的影响[50]。一般可达性是在上述可达性定义的基础上将交通成本包含进来，指的是特定目的地包含交通成本在内的位置优势。特殊可达性则是进一步将聚集经济中的集中度和互补性纳入可达性研究范畴。特殊交通可达性表示在一般可达性产生的城市土地利用的模式之内，还存在着商业与活动的集聚，如餐饮娱乐业的扎堆等现象。特殊可达性是对一般可达性的一种强化。

5.2　城市交通与选址研究

商业、居住地选址与城市交通扩张之间到底哪一个是自变量哪一个是因变量，这个争论一直受到研究者的关注。Button 等人[51]将交通与土地利用之间这种因果循环与“鸡和蛋”的两难困境故事作比较。因为城市交通基础设施的使用寿命较长，所以，交通系统改变对经济活动带来的是长期影响。相应的,居住与就业选址的改变也将会导致未来城市交通需求的变化。

在工程实际中,究竟是将城市交通作为土地利用的原因还是结果取决于项目所要解决的问题。城市与区域规划师将城市交通视为能够影响城市开发决策的影响变量,而交通规划师则根据土地利用采取基于出行生成的四阶段法来对城市交通系统进行建模。1999 年 NCHRP 出版的《交通对土地利用的影响》将土地利用与城市交通之间的关系定义为如图 5-1中所示的"受公共政策影响的可达性需求与供给之间相互作用关系"。当城市交通和土地利用影响了具有合理可达性的居住和商业物业的供给时,个体与企业的重新选址将会反过来影响城市交通需求。比选场所的相对可达性对它的土地价值有更重要的影响。既有的土地利用情况决定了近期的出行行为和区域机动性,这些会从长期和近期两个层面对城市交通投资决策产生影响。

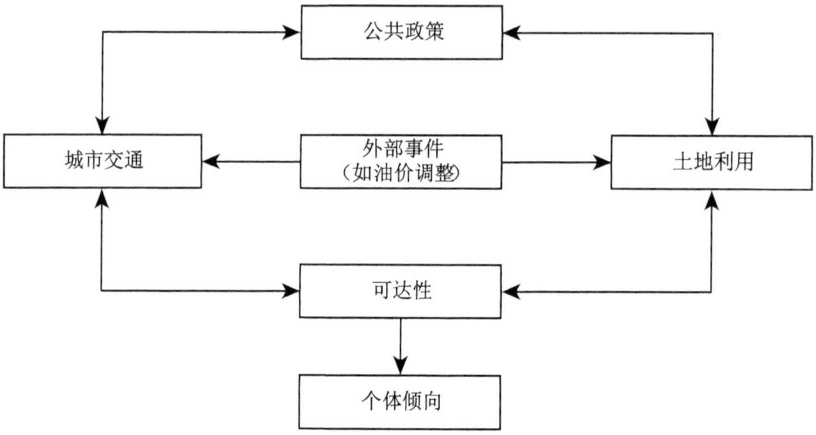

图 5-1 城市交通、土地利用和可达性之间关系图示

远期城市交通需求预测很大程度上依赖于远期城市土地利用预测的结果,但远期城市土地利用预测又在很大程度上受中期城市交通系统变化的影响。区域及城市的工作和居住的空间分布是城市交通规划模型(交通需求)的重要输入参数。最终,如重力模型等城市预测模型,可以通过预测城市工作和居住地点来分析未来的城市交通出行次数和分布。

1. 商业选址理论

对于不同商业类型有很多相应的商业选址理论。像零售商和服务业这样的城市经济活动依赖于顾客到达店面的方便性,也有一些经济活动对可达性和机动性不是很敏感。中心地理论(Central Place Theory)基于消费者距离(消费者为了购买特定的商品或者服务所愿意出行的距离)和商业的市场门槛(商业盈利所需要的最低商品销售量和顾客群体),研究了市场中心的分布。

当城市出行成本下降导致工人和消费者为了工作和购物愿意出行更长距离时,根据中心地理论,城市就会出现更大和更分散的商业中心。比如,当城市道路由于采用了接入管理使得出行者在同样的时间内可以到达更远的地方,这个时候在一些城市主干道或者快速路附近就会出现与中央商务区(CBD)不同的次中心。当城市交通出行成本上升时,该理论认为此时城市商业中心将会变得越来越集中。

相反的，工业选址理论(Industrial Location Theory)认为那些对市场不敏感的产业在选址时，主要考虑货物重量和运输距离等交通成本。与中心地理论不同，工业用地选址理论主要研究货物的移动而不关注雇员和消费者的出行。

由于产业转型和城市经济的快速发展，很多研究认为工业用地选址理论已经不适用于当前城市用地选址工作。工业用地选址已经越来越不依赖于交通基础设施的投资，尤其是在跨区域的层面上。随着城市交通网络的完善使得上班族和消费者可以到达更多的工作和商业地点，这导致货物运输成本比居民出行成本下降得快。比如欧美等城镇化程度较高的地区，从 1960 年代开始就出现了工作机会从城市中心向城市郊区转移的稳定趋势。Allen 等人[52]通过研究影响高科技企业选址因素，发现选址最重要的影响因素是要接近市场和雇员的住所，而不是要接近地面交通设施和枢纽。Buffington 等人[53]的研究也发现，可达性和便捷性是商业选址中影响最为广泛的因素。NCHRP[54]从可达性的角度对影响商业选址相关因素的重要性进行了比较，如表 5-1 所示。

表 5-1　商业选址影响因素重要性对比分析

重要程度	因素	备注
高	空间成本和可用性	企业对于不同的地点选项进行比较时，通常会倾向于选择租金或者售价较低的地方。城市中心之外低成本空间的供给是企业向郊区转移的重要因素之一
	劳动力	企业对于劳动力有不同的需求。一些企业倾向于在中央商务区落地来吸引具备熟练技能的人才。而有一些企业倾向于在居住用地附近选址，这可以为企业提高对关键技术人才和高级管理人才的吸引力
	消费者	顾客来源对于零售商和消费服务企业而言非常重要
	主要干道	道路设施之所以受到重视是因为目前这是城市交通的主要载体。主要道路设施为中央商务区之外的企业提供了可能性。对于制造业提供了重要的运输通道以及未来向空间成本更低地区转移的可能性
中	与类似商业相近	同类商业或者企业的聚集通过促进信息交流能够进一步地改善提高雇员和消费者的认同。比如食品一条街、服装一条街、汽车 4S 店一条街等形式，可以为消费者比较价格提供便利，从而提高销售量
	与供应商和服务商相近	对于制造业而言，与供应商毗邻非常重要。对于办公选址同样也具有重要的影响
低	健身场所、生活质量、社会声誉	这几个因素对那些有大量高技术人才的企业来说非常重要
	公共服务质量	对于需要大量水电的制造业非常重要
	土地税费	由于制造业需要大量土地，所以这一因素对于制造业而言具有较大的敏感性
	机场的可达性	对于总部经济聚集区和全球性企业而言，由于大量的商业出行需求，提高了机场对于选址的影响力度
	经济发展激励政策	激励政策通过在特定地区减免发展成本，对于开发项目的数量和地点有着较大的影响
	竞争者的地点	零售商往往倾向于选址在有着很大客户群的聚集地区，但是不会与竞争者靠得太近

2. 居住选址理论

Alonso[55]基于土地租金和使用量提出了居住选址理论。这个理论将居住地选址看成受房屋成本、通勤成本以及其他商品和服务成本约束的效用最大化问题。居住地选址基本模型形式如公式 5-1 所示。

$$D = f(P_h, P_t, P_g) \qquad \text{（公式 5-1）}$$

公式 5-1 中，居住选址需求 D 是房屋价格 P_h、交通成本 P_t 以及商品与货物的价格 P_g 这三个参数的函数。位于就业中心的房屋由于交通出行成本较低，往往伴随着高房价。在一个典型的单商务中心城市模式下，最高价值的土地位于 CBD 地区，随着距离 CBD 地区的距离增加，人口密度和土地价值也随着逐渐减少，如图 5-2 所示。

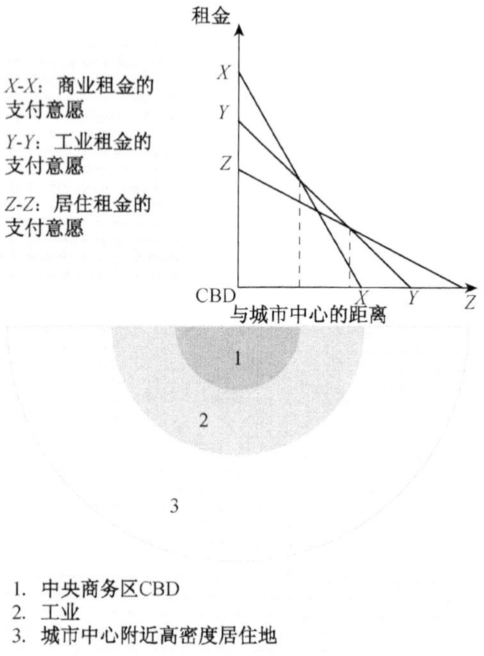

图 5-2 竞租曲线示意图

但是，上述基本模型将位置关系进行了理想化、单一化的假定，这个在实践中很难实现。事实上，与诸如学校、公园等公共设施的接近性、家庭对特定社区的感情、对建筑物风格的喜好、家庭尺度等都会影响居住选址。基本模型也没有考虑多工作成员家庭数量正在上升的趋势，对于这种家庭而言居住选址要满足多个家庭成员的通勤出行便利性。而且，也不是所有工作都在 CBD 地区。更为重要的是，随着就业流动率提高以及重新安家成本的提升，居住选址往往会考虑未来工作就业的可能性和通勤便利性，而不仅仅考虑当前工作通勤的便利性和成本。表 5-2 列举了影响居住选址因素的重要性。

表 5-2 居住选址影响因素分析

重要性	因素	备注
高	房价成本	房价以及装修等成本必须与购房预算相符合
中	工作地点可达性	出行距离较长并且交通系统比较拥堵，与工作地点之间的可达性在大城市居住选址因素中非常重要
	购物与服务便利性	这个因素对不同的家庭有不一样的影响。单身家庭倾向于居住在距离娱乐场所较近的地方，有学龄儿童的家庭倾向于居住在具有较高教学质量的学校或公园附近，空巢家庭则倾向于居住在文化休闲地区附近
	社区邻里	大部分人都倾向于居住在与自己具有相似属性的人附近
低	除学校外的公共服务质量	有的家庭倾向于居住在公安局附近以获得安全感，有的则倾向于其他公共服务设施附近
	健身场所、生活质量	相比于靠近工业设施和重交通设施附近的居所，那些有着美好外观、优秀设计和较低犯罪率的居所更受欢迎
	物业税费	关于物业税费在居住选址过程中其他的作用还没有研究定论

与高房价相比，城市交通出行支出成本正在下降，这导致了就业岗位的分散以及通勤出行距离的增加。由于制度以及技术等原因，我国在城市居民出行距离数据统计整合方面有一定的欠缺。根据美国联邦交通部[47]的统计数据，美国居民平均工作出行的距离 1983 年为 13.7 公里，2001 年上升到 19.3 公里，2009 年为 19.5 公里。虽然，郊区化在欧美发达国家已经成为城市范围内人口增加的主要形式，但是，一些低收入群体并没有足够经济能力搬迁到郊区。随着工作岗位的分散，弱势群体将面临工作机会减少的危险。城市规划术语“空间错位”讲的就是这种劳动力居住地与就业岗位所在地不匹配的情况。

3. 政策影响

上述商业选址理论和居住选址理论都假定了完全自由竞争的土地市场这一个研究前提。事实上，诸如区划法规等城市政策法规和基础设施供给形成了一个受管制的土地市场，与完全自由竞争市场假定相去甚远。大部分地区都有根据城市规划条例制定的长期土地利用规划和开发管理政策。

基于租税收入的考虑，地方政府通常鼓励能对税基产生积极影响的土地利用开发，同时，不提倡那些会导致公共成本支出的土地利用开发。对租税收入的追逐会驱使地方政府去争取经济效益较好的开发项目，这些开发项目通常伴随着物业税费减免和贴息贷款等激励条件。在欧美发达国家的城市开发建设实践中，城市政府为了租税收入越来越依赖于零售、酒店以及其他能产生消费税收的土地开发形式。为了进一步提高消费税费收入，很多地方政府均鼓励建设大体量的休闲购物中心。与此同时，因为会增加诸如公安派出所和学校等公共开支服务，面向低收入群体的住房开发陷入了重要而不重视的尴尬境地。这些现象目前在国内的城市开发过程中也有发生和发展的趋势。

5.3　城市交通对土地价值的影响研究

城市交通建设经常会被认为是城市发展的驱动力。城市公共交通尤其是轨道交通的投资建设通常被视为城区经济蓬勃发展的触发器，而城市高快路系统投资建设则通过为远离城市中心的低成本地区提供可达性来鼓励该地区的发展。

1. 理论关系

许多理论都试图阐述土地价值和可达性之间的相互关系。根据居住选址理论，出行支出较低的家庭可以支配更多的资金用来购房，这就会带来物业价值的提高。基于竞租曲线，当出行成本下降时，由于区位优势的减弱，城市中心的租售价格将会出现相应的下降。因此，出行者受出行成本降低的影响将会提高其出行距离。当出行成本上升时，根据上述选址理论，居民家庭将会选择居住在距城市中心较近的地方来减少出行，相应的，这将会带来城市中心地区土地价格的上升。这个现象与出行成本降低时所导致的现象正好相反。

2. 轨道交通

与城市道路建设不同，轨道交通建设一般只能提高紧密相邻地区的可达性，尤其是站点附近。随着轨道交通站点的开通，势必将会提高附近地区的活力，相应土地的升值也反映了该地区活力的上升。评估轨道交通建设对土地价值影响的传统方法是研究随着与轨道交通站点距离的不同物业价值的变化规律。但是，这些基于距离与价格的关系研究并没有得出

一致的结论,比如以下几个研究例证:

- Nelson[56]等人研究了亚特兰大快速轨道公交(MARTA)新东线周围 1.25 mile 范围内的房屋售价。研究发现该项目对南部地区的房价有积极的影响,该地区主要住户为下层中产阶级。但该项目对北部地区的房价却产生了消极影响,该地区的主要住户为中产阶级。对于南部地区研究范围内的房产价值,每靠近轨道交通 100 ft(约 30 m)将会带来总房价平均 1 045 美元的提升。相反的,对于北部地区研究范围内的房产价值,每靠近轨道交通 100 ft 将会带来总房价平均 965 美元的损失。
- 1984 年开通的迈阿密轻轨的目标是为了刺激城市中经济不景气地区的经济振兴。Gatzlaff 等人[57]统计研究了该轻轨开通前后 20 年内对特定房产价值的影响情况。研究发现原有房价较高地区继续保持增长,轻轨交通对既有房产的价格仅有微弱提升作用。对于原本就处于经济衰退的地区,轻轨的开通与运营并没有带来房产价值的提升。
- 一份研究北加州湾区快速公交(BART)对房产价值的影响报告[58]也得到了不一致的结论。报告指出,在经济状况良好的康特拉科斯塔县,靠近 BART 普莱臣山站的公寓租金要比距离该站 0.25 mile(约 400 m)远的公寓租金高出 1.5 美元/m^2。与此同时,阿拉米达县原本落后的经济状况和高犯罪率却延滞了车站周边地区的发展,处于该县的 BART 里士满站周边公寓价格并没有随着与车站距离的不同而存在区别。
- 王云等人[59]研究武汉轻轨 URRT 对周边房价的影响。结果表明 URRT 对沿线房价变化的影响范围并不是单一的值,而是随着至市中心的距离变化而变化的。在市中心附近的轻轨站点的影响范围比较小,随着站点距市中心距离的逐步增大,影响范围呈明显递增的趋势。通过广义交通成本模型研究各站点可能的最大增值空间,发现楼盘距离市中心越远,其房价的最大增值空间就越大,这与前述三个研究报告有一定的差异。
- 苏亦宁等人[60]以北京地铁四号线和八通线为例进行研究,发现城市轨道交通的修建对于沿线住宅价格有着明显的提升作用,但在距地铁 200 m 范围之外才呈现逐渐增长的趋势,离轨道交通最近距离范围内的住宅房价受到地铁运营中产生噪音、震动感等因素影响,其房价并非是最高的;距地铁沿线 200 m 至周边 2.5 km 区域之内的楼盘价格上涨幅度最大,超过这个有效半径,轨道交通对房价上涨效应逐步弱化。轨道交通对其沿线住宅价格的影响还存在"分类市场效应",轨道交通对沿线区域房价的提升作用并不是等效用的,原轨道交通缺乏区域的房产价值提升作用相对更明显。对于一些中心城区,轨道交通本已很成熟,房价受地铁线路的影响并不大;而对于一些原轨道交通盲区,房价的提升作用则是十分明显的。

在亚特兰大的案例中,低收入家庭更倾向于使用公共交通并且能从公共交通服务的改善中受益,所以他们的物业价值得到了提高。这个案例中的高收入家庭不太倾向于使用公共交通,而是倾向于使用类似小汽车之类能节省大量出行时间的交通方式。也就是仅仅在公共交通有价值的地区才会上演物业价值随着公共交通的改善而提高的场景。在迈阿密的案例中,由于轻轨的出行分担率较低,所以轻轨的开通对物业价值没有影响。只有当城市轨道交通系统的增长率增长到一定程度并且能够提供到达多个地点的服务,这种情况下城市轨道交通投资建设才能为附近区域的物业价值带来提升。同时,城市轨道交通对物业价值的影响仅仅在轨道交通站点周围有限的距离内才能发生作用。高强度的影响仅仅对局部地区起作用，通常这个局部地区指的是自身经济状况很好的站点周边核心地区。对于那些经济处于衰退或者社会治安较差的地区，仅仅依靠城市轨道交通投资建设是不足以带来本地区发展的。

上述五个案例研究仅仅使用距离来测度城市轨道交通对附近物业价值的影响，Bowes等人[61]提出了一种基于四个变量的价格模型来衡量这种影响。这四个变量包括：①通勤成本的减少量；②零售业对社区居民的吸引力；③噪声和排放的增加量；④犯罪率提高的可能性。他们采用亚特兰大房屋销售成交数据进行研究，发现在 MARTA 轨道站点 0.25 mile 范围内的物业价值比 3 mile 之外的物业价值要低 19%，同时，发现轨道交通站点周围 1～3 mile范围内的物业价值最高。这些研究成果表明：

- 邻近城市轨道交通站点的物业由于噪声和交通的外部性而受到负面影响，但是，与轨道交通站点中等距离的物业（不受上述外部性影响）仍然能够从轨道交通提供的可达性中收益。
- 同时，距离轨道交通站点 0.5 mile 范围内配有停车场的社区有着较高的犯罪率，但是，与轨道交通站点距离介于 0.5～3 mile 之间社区的犯罪率却下降了。研究说明轨道交通站点附近的停车场改变了犯罪地点分布。
- 同样与轨道交通站点有着中等距离，高收入群体的社区物业价值比低收入群体的社区物业价值有更大的提高。

3. 道路交通投资建设

尽管城市交通基础设施附近可能出现较高的土地价格，但相关可达性的改变却可能在整个城市道路网络上发生。相比于城郊地区，在城市相对成熟道路网络上的投资建设所产生的影响较小。早期关于道路交通投资的研究都表明道路建设对沿线土地价值都有显著的提升作用。但是，这些研究主要关注相邻区域，并没有研究其他地方的土地价值是否下降。近年来欧美的一些研究提供了如下成果：

- Gamble 等人[62]统计了距弗吉尼亚 IH495 交通走廊两侧 1 200 m 范围内的住房价格，研究发现每栋物业的价格受道路设施的影响平均提高了 3 000 美元。但是，对于那些紧靠道路（100 m 以内）受噪声、尾气排放等因素影响的土地价值出现了下降。
- 对多伦多的住房销售数据进行统计发现，2 km 之内如果有高快路将会给物业价值带来负面影响[63]。
- Buffington 等人[53]分别研究了高架形式、地面形式、隧道形式城市高快路对物业价值的影响，发现对于那些有严格土地利用规定的城市往往随着城市高快路的建设而提高沿线物业价值。高快路的形式和土地属性也是非常重要的影响因素。居住用地价值提升最明显的是隧道式（该形式道路能很好地隔离噪声、尾气污染等负面影响）高快路系统，但是，由于地平形式的高快路有着良好的视觉效果，这对社区共同价值有着很好的提升作用。如果紧靠在高架路沿线，上述两种不同利用模式的土地都只能以最低的价格销售。

与城市轨道交通类似，城市道路投资建设对临近物业价值的影响是随具体情况而变的。对于两侧有辅路的城市高快路由于能够提高沿线商业的可达性，它们对附近物业价值将会产生显著的积极影响。通常而言，那些经济充满活力并且人口和就业岗位稳定增长的地区，能够从城市道路投资建设中获得更多的发展用地，从当地的视角来看，这些建设具有非常积极的影响。当区域发展停滞时，城市道路投资建设的影响就会变得越来越不显著。与交通通行能力的提升可以改善可达性和特定地点的物业价值类似，主要城市道路由于拥堵导致的临时性延误也会对沿线的可达性、经济活动和区位价值产生消极的影响。

5.4 城市交通对薪酬水平的影响研究

除了交通成本影响土地价值外，传统的城市模型还揭示了交通成本也会影响工资水平。当其他条件都一样时，只要通勤成本的差异能够弥补薪酬差异时，居住在城市郊区的工作者往往会放弃 CBD 地区的高薪酬工作而选择离家较近的薪酬较低的工作。正如土地价值一样，最高的薪酬通常是在城市中心地区，随着就业岗位的外迁，其薪酬水平也逐渐降低。这个现象称为城市薪酬梯度，指的是随着距离城市中心越来越远，相应的薪酬理论上也会逐渐降低。研究表明，不同城市地区由于通勤时间不同导致的薪酬梯度差异能高达 15%。

当城市次级就业中心形成后，原本住在 CBD 附近的雇员可能会转而在与次级就业中心之间通勤。由于反向通勤成本(由于出行方向与交通拥挤方向相反)比传统的通勤成本低，反向通勤薪酬梯度要比通勤薪酬梯度更平缓[51]。

尽管相关研究还没有完全达成一致的结论，但城市薪酬的存在性已经获得了认可，尤其对于具有典型 CBD 地区并且雇员需要在郊区与 CBD 之间通勤的城市。但是，城市交通市场自身的不完全性(比如公共交通补贴、雇员停车补贴等)以及不能在薪酬中反映的工作收益(比如弹性工作时间、免费工作餐等)，使得城市薪酬曲线的属性变得非常复杂。

5.5 城市交通与经济增长相互关系的定性分析

城市交通基础设施与区域经济发展之间存在着特殊的关系。城市交通系统的投资如前所述能够有效地促进经济发展，但它并不保证能带来经济的直接效益。很明显，高效率的城市交通系统与经济发展相互之间是重度依赖，但这种关系却很难去定量化和精确的表述。

通常而言，交通基础设施投资主要是在经济发展初期对区域发展的贡献最大。为雇员和消费者开放新的市场并提供更高具有机动性的交通网络对于社会经济的起步发展至关重要。城市交通改善通过工程建设不仅能为地方经济直接注入资金(相关工程的规划、设计和建设都需要本地工人的参与)，还能在更广泛的空间和时间范围上发挥乘数效应。一些交通经济研究学者认为，基础设施投资建设可以带来如下几种类型程度的经济效益：

- 基础设施建设带来的直接经济收益。但这些收益由于本区域外的工程投标方以及跨地区的规划设计工作而被逐渐淡化。
- 基础设施运营和维护所带来的收益。与工程建设相比，后续诸如道路养护、通行费征收和相关设备设施运营等工作更需要使用本地人工。

- 新建成并投入使用的基础设施对地方经济发展的推动力，这一点是最被看重的也是重要的经济效益来源。比如，在原来欠发达地区通过修建城市高快路系统，可以为该地区带来大量的交通客流，这一改变就有可能吸引相关发展商到这一地区进行购物中心等商业开发。相应的，这些商业开发将为该地区提供就业岗位并带来经济收入。
- 长久效益，这是关于经济结构规模调整的抽象概念。比如，在上海、青岛、大连等地方通过高速公路、机场、仓储设施建设，已经形成了国际和地区航运中心，并以此为依托形成相应的经济增长模式，这就是由于大量的基础设施投资建设带来的长期影响。

图 5-3 展示了相关经济乘数效益与长期经济增长以及大范围内广泛的经济增长之间的关系。

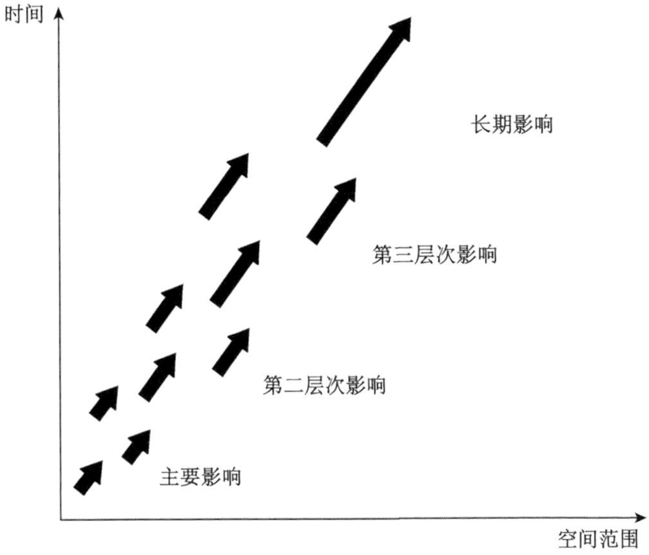

图 5-3　城市交通投资建设带来的经济效益类型和程度

虽然，提供充分的机动性和可靠性是刺激经济增长的重要手段，但在交通基础设施投资建设与经济发展之间存在着收益递减规律。一旦城市交通系统已经提供了基本的机动性和可靠性服务，再进一步的交通系统改善将不会跟之前一样带来显著的经济收益[51]。在发展完备地区，疏解通道（比如环线和辅路）的建设主要是用来缓解城市中心地区主要道路的交通压力。疏解通道可以提升既有交通系统的功能，从而起到刺激经济增长的作用。

城市交通基础设施改善带来的经济效益经常会由于施工带来的企业搬迁、零售额下降、就业岗位和土地价值变化等不利影响而导致损耗。Buffington 等人[53]对得克萨斯高快路改善带来的经济影响进行了为期四年的研究，发现交通项目在郊区和城市地区有着不同的正面或者负面影响。他们的研究结论指出，交通项目施工对于零售和税费收入有着负面影响，但是，对用户成本和对就业岗位的影响却取决于具体的道路类型。隧道式的高快路对沿线用地商业的提升能力有限，但是，高架形式又不受当地居民欢迎。由于土地价值的影响因素很多，包括地段、可达性、当地经济总体健康情况以及对各类型物业的需求等，所以，城市交通基础设施改善对土地价值的影响有较大的变化空间。

1. 疏解通道的经济影响

在欧美发达国家城镇化过程中尤其是郊区化阶段，建设疏解道路是常规的工程措施。常见的疏解通道形式有绕城道路和各类城市快速环线。疏解道路的建设可以缓解城市中心地区的干道交通拥堵，为城市 CBD 地区带来显著的影响。我国目前各个城市都在修建的内环快速路就是一种典型的疏解道路。研究发现，公众对疏解道路带来的交通压力缓解持积极的态度，城市中心地带的商家却因为疏解道路能导致零售额的下降以及该地区经济结构的变化而持消极反对态度[64]。但是，城市 CBD 地区的短期商业损失往往会由于企业的搬迁而被抵消，甚至会带来总体经济情况的反弹。除了经济的考量外，有历史和人文审美价值的城市 CBD 地区的衰退就是一种重大损失。但也有研究者认为，疏解道路建设也能带来新的投资和税费收入，这些可以用来进行城市中心 CBD 振兴，同时，也有助于在城市外围建设更加安全、安静、远离嘈杂商业和人流的社区。

2. 接入管理的经济影响

接入管理通过设置中央分隔、车道设计、转弯车道、交通信号等设施来控制城市道路与邻近土地之间的交通连接。接入管理的目标是改善交通安全并为道路附近物业提供可达路径而方便出行。拥有良好设计的城市道路可以降低交通流的冲突点，从而减少出行者处在危险之中的风险，并为出行者应对潜在的危险提供了更长的反应时间[65]。中央分隔带的类型和沿线接入道路的密度等特征对城市道路的运行和安全起着重要影响。比如，中央分隔带可以为从直行车道中分离出来的左转专用道提供空间，从而为位于交通冲突点位置的车辆提供良好的视线和位置界定来避免事故。中央分隔带还能为过街行人提供安全庇护，并且能够将行人交通事故率降低 50%之多。控制道路两侧接入道路的密度是另外一种提高道路安全和通行能力的有效措施。多数研究发现事故发生率随着接入道路密度的提高而增加，Gluck 等人的研究[66]指出单位英里长度道路上每增加一个接入点相应的事故发生率就提高 4%。2000 年版 TRB 道路通行能力手册[67]提出，单位英里长度道路上每增加 10 个接入点，该道路的自由流速度就下降 2.5 mile/km。

尽管接入管理技术能够提高道路的安全性和通行能力，但是，毗邻的商户担心限制左转和改变相交道路的属性，会降低本地区相对顾客的可达性，从而导致销售额减少。本地经济总体上不会受接入管理技术的影响，但对个体商户的影响却大为不同。Eisele 等人[68]研究发现随着道路中央分隔带的设施，相邻土地价值升高了约 7%，但是，另外一些研究[69]则指出当实施左转弯限制后，附近房屋租金每平方英尺(约 0.09 m^2)下降 5～6.5 美元。

上述因接入管理措施而受到负面影响的个案，可以从商业类型和顾客源两个角度来理解这些负面影响产生的原因。那些依赖于来往交通量提供客流的商户所受接入管理负面影响的程度，要远大于那些有着稳定顾客来源不依赖于过往交通量的商户。比如，加油站、便利店和汽车旅馆等就要比酒店、超市等所受接入管理负面影响的程度要大，但是前者的搬迁相对容易，从经济总体上来看，带来的不是经济损失而是经济结构的变化。大部分负面影响从接入管理措施施工就开始产生。施工期间所有商户的销售量都会受到不同程度的影响，销售量的恢复需要施工结束后几个月时间。

一份关于消费者的意向调查显示，相对于服务质量、商品质量和商品价格等商户自身能控制的因素而言，商户地址的可达性对于消费者的影响相对较小[68]。调查显示大多数消费者不会在意或者根本不会意识到左转限制对自己的影响。80%的受调查消费者表示左转限制并没有影响他们去特定商户的意愿和频次。84%的受访者表示为了到达目标商户可以采取掉头或者多个转弯的机动动作，这种情况是城市居民出行意愿的典型表现[69]。

关于接入管理对经济的影响研究目前还没有一致的共识。Vu 等人[70]以支付意愿为主要参数使用概率和逻辑模型研究接入管理和公众对影响的感知之间的关系。研究显示，商户的顾客支付意愿越高，该商家对于接入管理的影响越是会感到悲观。这个结论表明对于任何商业都存在经济阈值，由于接入管理导致的消费损失将会迫使商家考虑搬迁来维持其市场生存能力。研究还表明对于沙龙、银行和诊所等零售商业由于有着固定的客户群体，他们所受的负面影响较小。与其他研究结论不同的是，Vu 的研究显示便利店对于接入管理显示出积极的态度，可能是因为这些便利店大都位于街角而不是街道中段。

第六章　城市交通项目经济评估

从城市居民个体或者企业层面往往只会考虑城市交通项目的财务影响,但是,作为城市管理者的相关政府部门还必须研究交通项目和政策对经济、环境、公平性等城市福利的影响。实施城市交通项目或者政策的决定必须经过系统、标准的工作流程来确保最优社会价值的实现。

关于城市交通项目的经济评估方法目前有很多种,包括未来贴现成本法和成本效益比率法等。这些会计方法可以让管理者和公众对项目经济效益有清晰的认识。这些概念和原则对于衡量不同方案的净效益有着非常重要的作用,尤其是对于受预算约束的情况。但是,传统的工程技术很难处理对于无形经济影响的评估,比如,城市交通项目和政策对城市环境和社区价值的影响。本章讨论的多准则分析方法就是用来研究评估这些非经济变量。更重要的是,城市交通项目就如不确定的建设成本一样本身就是一种风险。本章将通过相关案例来进行敏感性和盈亏平衡分析。

6.1　工程经济分析方法

为了便于后续的经济数据测算研究,首先介绍几个重要的工程经济概念,包括贴现率、内部收益率、投资回收期等[48]。

1. 贴现率和资金的时间价值

贴现率指的是由于通货膨胀和其他不确定因素的影响,资金的购买能力通常随时间的增长而减弱。贴现率能起到校正资金时间价值的作用,并基于当前的资金量预测未来的资金量值。利率主要有两种,真实利率和名义利率。名义利率包含了通货膨胀,而真实利率不包含通货膨胀。城市管理者可以根据决策类型和目的的不同选择相应的利率参数,但因为交通规划需要研究项目未来的成本和收益,所以,大部分管理部门在进行项目分析时会选择名义利率。

2. 净现值

净现值(Net Present Value, NPV)是用当前的或者特定时间的货币价值计算整个生命周期里项目的成本。净现值的计算方法如公式 6-1 所示。

$$NPV = -C_i + SV\left(\frac{1}{1+DR}\right)^{projlife} - IPC\left(\frac{1}{1+DR}\right)^{year} + \sum_{y=1}^{projlife}(B_y - C_y)\left(\frac{1}{1+DR}\right)^{y}$$

(公式 6-1)

式中:C_i——工程基建费用;

SV——残余价值；

IPC——临时工程成本，主要跟交通系统扩容和更新有关；

DR——贴现率；

B_y——y 年实现的货币效益，工程实践中很少将交通事故发生率和空气污染治理的收益计入；

C_y——y 年的消耗的成本。

为了计算货币的现值，可以使用如下两种不同的方法：

1) 一次支付法

一次支付法可以计算发生在未来的单次支付货币的现值(图 6-1)，假定 $F(P|F, i, N)$，现值 P 的计算可以用公式 6-2。

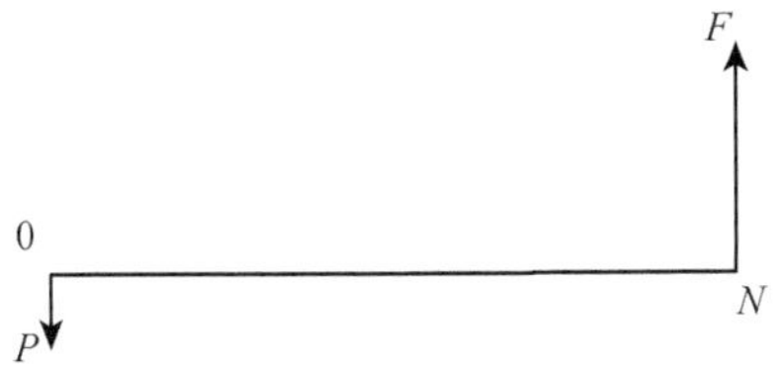

图 6-1　一次支付法图示

$$P = F\times(1+i)^{-N} \qquad \text{(公式 6-2)}$$

算例 1：假定现有 100 元，以每年 10%的复利进行了两年期的投资，则可以进行如下计算：

第一年的利息收入：100×10%＝10

第二年的利息收入：110×10%＝ 21

两年的利息总收入＝ 31

现值 ＝ 100

两年之后的货币价值 ＝ 131

算例 2：假定一个计划内的项目因为其他原因延误了 2 年。建设、劳动力和材料成本在这 2 年延误内每年上升 2%，未投入项目的资金如果在其他投资中可以获得 1.75%的利率收益。

当前的建设成本：10 000 000

资金利率收益的现值：根据公式 6-2，$10\,000\,000 = F\times(1+0.017\,5)^{-2}$，$F = 10\,353\,063$。也就是说在这两年中这笔钱由于没有用来进行建设，从而可以获得 353 063 利率收入。

通货膨胀成本的现值：$10\,000\,000 = F\times(1+0.02)^{-2}$，$F = 10\,404\,000$。

材料和劳动力成本两年内的上升导致建设成本增加 404 000。综合考虑利率和通货膨胀，两年的工期延误将导致成本增加 404 000－353 063 ＝ 50 937。

2) 等额序列支付方法

等额序列支付(Equal Payment Series)是用来计算固定现金流(如图 6-2 所示，固定周期支出 A 元)的现值。假定 $A(P|A, i, N)$，现值 P 的计算可以使用公式 6-3。

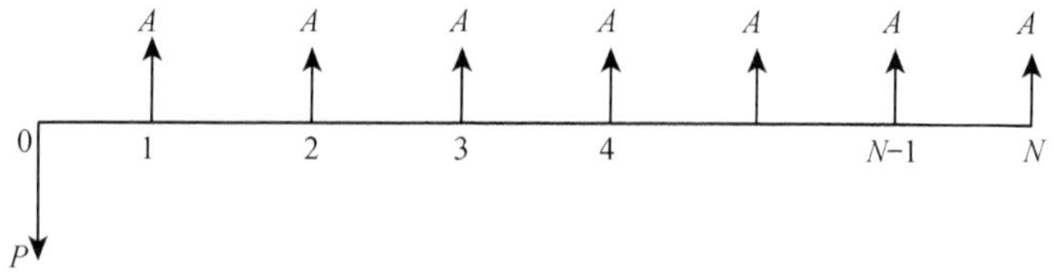

图 6-2 等额序列支付法示意图

$$P=\begin{cases}\dfrac{A}{i}[1-(1+i)^{-N}] \\ \dfrac{A}{i},\ N=\infty\end{cases} \qquad \text{(公式 6-3)}$$

3) 线性渐变序列支付方法

线性渐变序列支付法是计算在 N 个周期内以固定比率 G 变化(可以是持续增加或者持续减少)的现金流的现值(图 6-3)。假定 $G(P|G, i, N)$,现值 P 的计算可以使用公式 6-4。

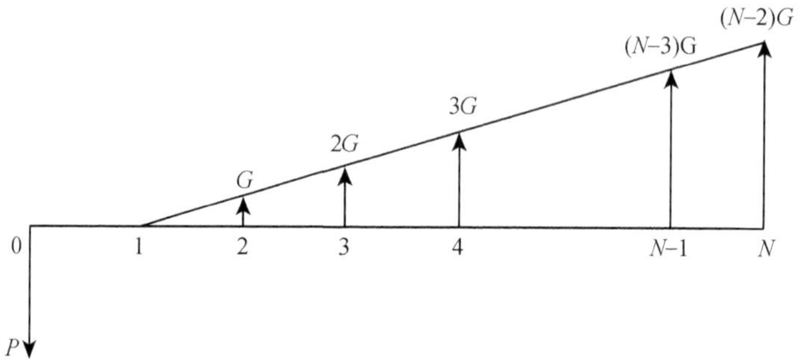

图 6-3 线性渐变序列支付法示意图

$$P=G\left[\frac{(1+i)^N-iN-1}{i^2(1+i)^N}\right] \qquad \text{(公式 6-4)}$$

算例:以表 6-1 为例,假定通行费收入每年增加 80 000,贴现率为 10%。本算例的现金流主要包括两个部分,基本现金流为 1 000 000 每年,线性现金增加量为 80 000 每年。

表 6-1 不同年份的收入

年份	每年的支付额
1	1 000 000
2	1 080 000
3	1 160 000
4	1 240 000
5	1 320 000

则这个支付序列的净现值为:

$$NPV = \frac{1\,000\,000}{0.10}[1 - 1.1^{-5}] + 80\left[\frac{(1+0.10)^5 - 0.10 \times 5 - 1}{0.10^2 \times (1+0.10)^5}\right] = 4\,339\,731$$

4）几何梯度序列支付方法

几何梯度序列支付法是用来计算每个时间周期内以固定比例 g 变化的现金流的现值（图 6-4）。假定 $g(P|A, i, N)$，现值 P 的计算可以使用公式 6-5。

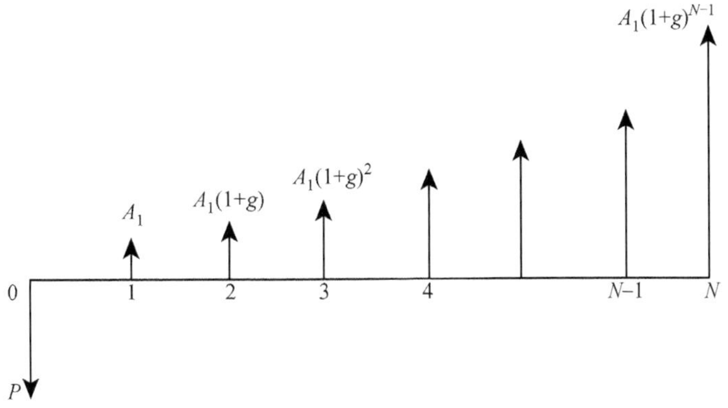

图 6-4　几何梯度序列支付法资金流量示意图

$$P = \begin{cases} A_1\left[\frac{1-(1+g)^N(1+i)^{-N}}{i-g}\right], i \neq g \\ A_1\left(\frac{N}{1+i}\right), i = g \end{cases} \quad \text{（公式 6-5）}$$

算例：假定一辆公共汽车第一年的维护成本为 10 000 元，并且维护成本以每年 2%的固定比例上升，贴现率为 10%。则该车 20 年的维护成本净现值为：

$$P = A_1\left[\frac{1-(1+g)^N(1+i)^{-N}}{i-g}\right] = 10\,000 \times \left[\frac{1-(1+0.10)^{20}(1+0.08)^{-20}}{0.10-0.02}\right]$$
$$= 97\,390$$

算例：假定使用连续流交叉口设计技术（Continuous Flow Intersection，CFI）来缓解某重交通流交叉口的交通延误。该交叉口在进行 CFI 改造之前的延误是每车 425 s，CFI 改造之后的延误为每车 40 s，当前平均日交通量（ADT）为 36 000 辆，交通量的增长率为2.5%。假设一个出行者额定行程时间价值（VOTT）为每小时 25 元，利率为 2%。该交叉口通过 CFI 改造带来的未来 10 年出行成本节约计算如下：

$$\text{延误成本} = VOTT \times Delay \times ADT \times Days \times \frac{1\text{ h}}{3\,600\text{ s}}$$

为进行 CFI 改造之前的年度延误成本：

$$25 \times 425 \times 36\,000 \times 365 \times \frac{1}{3\,600} = 38\,781\,250$$

CFI 改造之后的年度延误成本：

$$25 \times 40 \times 36\,000 \times 365 \times \frac{1}{3\,600} = 3\,650\,000$$

年度延误成本节约：38 781 250 － 3 650 000 ＝ 35 131 250

由于交通量以每年 2.5%的速度递增，可以采用几何梯度序列支付法估算未来 10 年内由于 CFI 改造带来的延误成本节省的现值：

$$P = 35\,131\,250 \times \left[\frac{1-(1+0.025)^{10}\ (1+0.02)^{-10})}{0.02-0.025}\right] = 352\,121\,780$$

3. 内部收益率

内部收益率(Internal Rate of Return，IRR)指的是当贴现成本与贴现收益相等时的贴现率，可以使用公式 6-6 计算。

$$C_i + \sum_{y=1}^{projlife}(C_y)\left(\frac{1}{1+IRR}\right)^y - SV\left(\frac{1}{1+IRR}\right)^{projlife} + IPC\left(\frac{1}{1+DR}\right)^{year} = \sum_{y=1}^{projlife}(B_y)\left(\frac{1}{1+IRR}\right)^y \quad \text{(公式 6-6)}$$

内部收益率是一项投资渴望达到的报酬率，该指标越大越好。一般情况下，内部收益率大于等于基准收益率时，该项目是可行的。同时，内部收益率也表示项目操作过程中抗风险能力，比如内部收益率 10%，表示该项目操作过程中每年能承受最大风险为 10%。另外，如果项目操作中需要贷款，则内部收益率可表示最大能承受的利率。若在项目经济测算中已包含贷款利息，则表示未来项目操作过程中贷款利息的最大上浮值。通常情况内部收益率以 5%为基准。原因在于我国近年通货膨胀率在 2%～6%之间。若等于 5%则表示项目操作完成时，除"自己"拿的"工资"外没有赚钱，但还是具有可行性的。若低于 5%则表示等项目操作完成时有很大的可能性是亏本的。因为通货膨胀，机构未来赚的钱折到现在时就很有可能没有现在投入的成本多。投资回报期较长的项目对内部收益率指标尤为重要。

算例：假设某地政府准备改建一条城市收费道路，未来 5 年的现金流如表 6-2。

表 6-2　不同年份现金流

年份	现金流
0	－10 000 000
1	1 340 000
2	2 010 000
3	2 345 000
4	2 680 000
5	2 847 500

该期间的内部收益率为：

$$10\,000\,000 = \frac{1\,340\,000}{(1+IRR)} + \frac{2\,010\,000}{(1+IRR)^2} + \cdots + \frac{2\,847\,500}{(1+IRR)^6}$$

$$IRR = 3.6\%$$

4. 增量收益率

假如城市交通项目某个方案的净现值可能比另外一个方案要高，但是却需要更多的投资，增量收益率(Incremental Rate of Return，ΔROR)在这种情况就可以用来研究上述两个方案的相对优缺点，从而进行方案选择。增量收益率指的是高投资方案中额外成本的利率收入。如果比选方案的增量收益高于最低可接受收益率(Minimum Accepted Rate of Return，MARR)，则该方案是经济上可行的。换一种说法，增量收益是靠扩大规模而获得收益的增加额度。

算例：假设 A 和 B 两个比选方案，表 6-3 显示了每个方案所需的投资成本和效益收入。假定 MARR 为 8%，对 AB 两个方案进行选择评估。从表中数据可以发现，每个方案的内部收益率都要高于 MARR 值，所以 A、B 两个方案都是可行的。下面要解决的就是 B 方案中额外的 350 万元投资是否物有所值。根据表 6-3 的计算，方案 B 首次投资中的 250 万元可以产生 15.01%的内部收益，另外增量投资 350 万元则产生 9.78%的内部收益。由于增量收益率高于 MARR，故应该选择方案 B。

表 6-3　比选 AB 方案回报率计算表

年份	方案 A 资金流	方案 B 资金流	Δ(A,B)
0	−2 500 000	−6 000 000	−3 500 000
1	746 000	1 664 000	918 000
2	746 000	1 664 000	918 000
3	746 000	1 664 000	918 000
4	746 000	1 664 000	918 000
5	746 000	1 664 000	918 000
IRR	15.01%	11.99%	9.78%

5. 投资回收期

投资回收期(Payback Period)就是使累计的经济效益等于最初的投资费用所需的时间。指标计算时可以忽略利息的影响和资金回收之后的经济效果。

算例：对 A 和 B 两个比选方案的投资期进行计算，具体每年的资金流见表 6-4，贴现率定为 10%。

表 6-4　比选方案资金流量表

年份	方案 A	方案 B
0	−1 000	−1 000
1	200	300
2	500	300
3	800	300
4	1 100	300
5	1 400	300

方案 A：$1000 = 200 + 500 + (800 \times 0.375)$，故方案 A 的投资回收期为 2.375 年。

方案 B：根据每年的固定收益，$1000/300 = 3.33$，故方案 B 的投资回收期为 3.33 年。

6. 盈亏平衡分析

盈亏平衡分析主要用来处理未来情况不确定的问题。各种不确定因素(如投资、成本、销售量、产品价格、项目寿命期等)的变化会影响投资方案的经济效果,当这些因素的变化达到某一临界值时,就会影响方案的取舍。盈亏平衡分析的目的就是找出这种临界值,即盈亏平衡点。盈亏平衡点指的是成本和效益相同,没有损失也没有收益的点。比如,要决定一条城市快速路究竟是现在就全部建成以满足远期交通需求,还是分阶段根据交通需求的增长逐步建设。为了进行盈亏平衡分析,需要首先基于净现值分析计算盈亏平衡点。将两个比选方案在每个年份上的现值都在图上标出,两个方案现值曲线的交叉点 n 就是盈亏平衡点。最终,该图还可以用来制定不确定性的应对策略。

假定需要对一个城市快速路项目的两个比选方案 A 和 B 进行盈亏平衡分析。如表6-5所示,方案 A 根据远期 20 年后的交通需求一次性建成,建设成本是 1.4 亿。方案 B 分为两期进行建设,第一期的初始建设成本是 1 亿元,第二阶段建设根据实际交通需求情况,如果有必要则在第 N 年追加投资 1.2 亿元来进行道路扩容以满足交通需求。为对两个比选方案进行对比选择分析,假设两个比选方案的运营和养护成本相同,利率也同为 8%。表 6-5 假定在第 N 年进行了第二阶段的建设,表中数据显示了每个比选方案成本的现值。

表 6-5 比选方案年度成本现值

年份	方案 A	方案 B
0	140 000 000	220 000 000
4	140 000 000	188 000 000
8	140 000 000	165 000 000
12	140 000 000	148 000 000
16	140 000 000	135 000 000
20	140 000 000	126 000 000

$$PW = 140\,000\,000 = 100\,000\,000 + 120\,000\,000 \times (P \mid F,\ 8\%,\ n)$$

$$(P \mid F,\ 8\%,\ n) = 0.33$$

$$N = 14.3\ 年$$

通过上述计算可知,本算例的盈亏平衡点是 14.3 年。这表示如果方案 B 的第二阶段建设在第 14.3 年实施,则两个比选方案的现值是相同的。如图 6-5 所示,如果在 14.3 年之前因为城市交通出行需求的增长而需要进行方案 B 的第二阶段建设,方案 A 所需建设成本的现值小于方案 B 建设成本的现值,此时方案 A 就要优于方案 B。但是,如果城市交通需求增长缓慢,直到 14.3 年之后才需要进行方案 B 的第二阶段建设来满足出行需求缓解道路交通压力,此时方案 B 就要优于方案 A。

7. 成本效益分析

成本效益分析是一种可以用来衡量和评估公共投资项目所产生的直接经济影响的方法。它通过比较项目的全部成本和效益来评估项目价值,成本效益分析作为一种经济决策方法,将成本费用分析法运用于政府部门的计划决策之中,以寻求在投资决策上如何以最小的成本获得最大的收益。成本效益分析方法对于城市交通规划决策和项目评估而言是非常

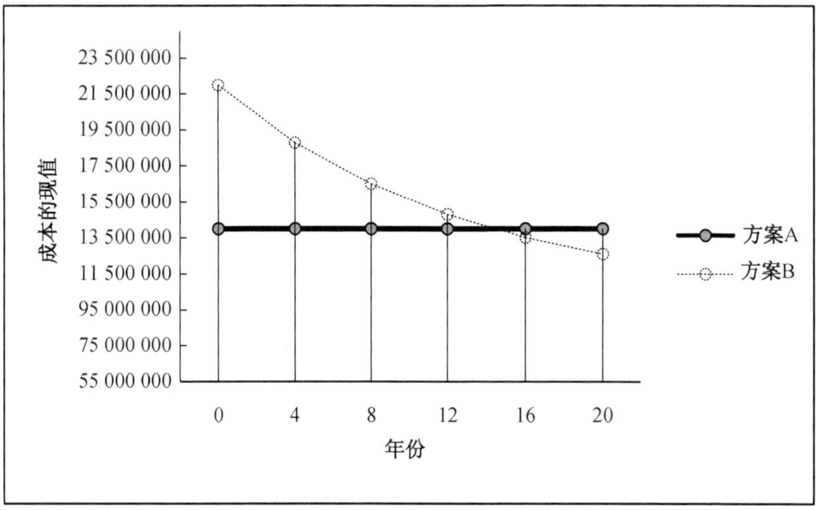

图 6-5 年度收益的现值分析图

有用的工具，它可以用来决定一个城市交通项目是否或者何时需要实施建设，也可以对城市交通建设项目清单进行排序确定优先级。成本效益分析法的基本原理是针对某项支出目标，提出若干实现该目标的方案，运用一定的技术方法，计算出每种方案的成本和收益，通过比较方法，并依据一定的原则，选择出最优的决策方案。

成本效益分析方法的工作流程包含如下 12 个步骤：

(1) 界定项目需求。厘清项目需求以及相关业务关系，以确保制定出合理范围和数量的替代方案。项目的目标不宜设置过广，这将导致大量无法在短期内对比分析完成的替代方案。但目标也不宜设置过窄，这将会导致部分关键因素被忽略而不被纳入考虑。

(2) 界定项目约束。项目约束包括相关政策、法律，以及诸如区域交通增长等对于未来状况的预测。

(3) 界定基本条件。基本条件一旦确定，这些未来不会继续有投资建设的设施将会继续运营。

(4) 设计替代方案。替代方案的范围可以很广，既可以是对既有设施的更新、重建，也可以是新设施建设。

(5) 界定时间范围。选择的时间范围要确保可以覆盖项目的整个生命周期，并且所有的替代方案成本都可以被计算进来，这就要求时间范围必须足够长。

(6) 界定研究范围。本步骤的工作内容为确定方案筛选范围。对所有的比选方案进行研究分析是不可行也是不可能的。对替代方案的筛选可以保证有足够数量的替代选项得到了考虑与研究。研究范围的大小与研究项目的成本支出、复杂程度和争议性是成比例的。

(7) 分析替代方案的交通影响。分析替代方案对于未来城市交通的影响，以更全面地计算项目成本和效益。

(8) 评估效益与成本。评估内容包括投资成本、延误小时数、事故率、每个替代方案对于基本条件(如表 6-6)的影响。成本和效益分析过程中的误差可能会导致项目立项的失败。

(9) 风险评估。主要研究与成本不确定性、交通需求发展不确定性和经济发展不确定性相关的风险。

(10) 敏感性分析。通过敏感性分析锁定对产出影响重大的因素。

(11) 测算成本效益比。首先比较分析净效益与净成本,然后对所有替代方案基于效益成本比(B/C ratio)进行排序。B/C 比通过使用贴现成本除以贴现效益计算得到。那些 B/C 比大于 1 的替代方案才可能是合理的。当一些互斥方案的 B/C 比均大于 1 的时候,为区分项目优劣此时可以使用增量 B/C 比。在增量 B/C 比方法中,首先将所有替代方案按照投资金额的从小到大进行排序。接着,再计算增量效益 ΔB 与增量成本 ΔC 以及它们的比值,假定 X 表示前一个替代方案,Y 代表紧靠其后的另一个替代方案。如果计算得到的 $\Delta B/\Delta C$ 大于 1,则表示应该选择方案 Y,如果小于 1,则选择 X 方案。

(12) 制定项目建议。所有项目建议的提出都应给予 B/C 比率分对比分析。

表 6-6　CBA 方法中需要研究的成本与效益因素

管理成本	● 设计与工程勘测 ● 土地购置 ● 施工 ● 重建 ● 维护保养 ● 隔离设施(如声屏障)
与施工区相关的成本或效益	● 延误 ● 事故 ● 车辆使用成本
与交通设施运营相关的成本或效益	● 行程时间与延误 ● 事故 ● 车辆使用成本
外部成本	● 尾气排放 ● 噪声 ● 其他相关影响

算例:假定某城市主干道需要进行快速化升级改造,共有如表 6-7 所示的五种可选替代方案。表中显示了每个方案的预期成本和效益,则 B/C 比最高的方案即为最终选择方案。

表 6-7　五个替代方案的成本与效益

	A	B	C	D	E
成本	6 000 000	3 000 000	9 000 000	1 500 000	15 000 000
效益	11 000 000	7 000 000	13 100 000	1 500 000	12 050 000
B/C	1.8	2.3	1.4	1.0	0.8

在表 6-7 中,假定这五种替代方案之间不存在互斥性,则 B/C 比最高的方案 B 是最优方案。

但如果方案之间存在互斥性,则需要在 A、B、C 三个方案之间进行增量 B/C 比计算。

首先，需要对可选替代方案按照投资额度的从小到大进行排序，如表 6-8 所示。

表 6-8　基于增量 *B/C* 比计算的替代方案排序

	B	A	C
成本	3 000 000	6 000 000	9 000 000
效益	7 000 000	11 000 000	13 100 000
B/C	2.3	1.8	1.4

随后，计算 B-A 和 C-A 两种情况的 Δ 成本、Δ 效益以及 Δ 成本效益比，如表 6-9 所示。

表 6-9　增量 *B/C* 比计算表

	B-A	B-C
Δ 成本	3 000 000	−6 000 000
Δ 效益	4 000 000	−6 100 000
Δ 效益/Δ 成本	1.3	0.98

根据计算结果，Δ 效益/Δ 成本$_{B\text{-}A}$为 1.3，大于 1，这表示 A 替代方案比 B 替代方案优秀。同时，方案 C-A 的增量成本效益比小于 1，表示 C 方案的优势不及 B 方案。综上所述，在互斥性存在的情况下，方案 A 是最优方案。

算例：假定一座桥连接两个之间隔着一条内河的城区，该桥目前已被鉴定为危桥，如果不加以及时维修更新可能 5 年之内就会倒塌。为了做出合理的决策，城市交通管理者需要综合考虑诸如行程时间节约、运营成本、事故率和污染的减少所带来的效益，以及诸如建设和维护成本。具体计算步骤如下：

拆除旧桥以及新桥建设过程中会导致部分出行者为了到达河对岸的目的地而选择绕行，从而导致的车公里数（VMT）和车小时数（VHT）的增加。假定该桥的使用寿命为 50 年，该项目的 VMT、VHT 如表 6-10 所示。

表 6-10　VMT、VHT 事前事后分析

	总的 VMT	总的 VHT
维持现状	1 400 500	40 800
重建桥梁	1 275 000	39 100

通过分析，该桥在 50 年的服务期内可以节约出行时间为 2.5 亿小时。由于车辆运营成本、事故率和尾气排放都是 VMT 的函数，所以，一旦桥梁建设通车并且降低了 VMT，则所有的事故、运营成本、尾气排放都会相应减少。假定节约的运营成本为 1.85 亿元，事故成本降低 6 500 万元，尾气排放下降带来的经济效益为 4 500 万元。因此，由于桥梁通车带来的总效益为5.45亿元。

假定桥梁的修复成本为 1 亿元，50 年桥梁生命周期内总的的运营和维护成本是 8 500 万元。因此该桥的总的修复成本为 1.85 亿元。

$$B/C = 5.45/1.85 = 2.95$$

成本效益比大于 1，这意味着项目所称产生的效益要高于修复成本，故从这个角度看项目是可行的。

8. 生命周期成本分析

城市交通工程决策制定过程经常是在众多的替代方案中选择最好的比选方案。由于替代方案通常有着不同的投资量以及产出不同的效益，特别是那些分阶段建设的项目，可以用生命周期成本分析(Life Cycle Cost Analysis，LCCA)对这些数量众多的方案进行比选。

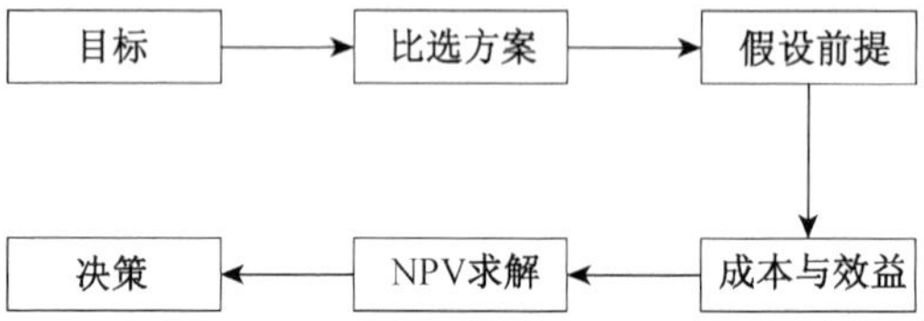

图 6-6　生命周期法决策过程示意图

生命周期成本分析是一种计算发生在生命周期内的全部成本(Life Cycle Cost，LCC)的方法，通常被理解为产品生产周期成本法，以此来量化产品生命周期内的所有成本。生命周期成本分析法能分析城市交通项目整个生命周期内各种替代方案的收益和成本，也可以用来供决策人员评估项目的总成本。生命周期成本分析法非常适用于在多种有着不同建设成本和运营成本的可选替代城市交通项目方案中进行优选的工作，比如在快速公交、轻轨、现代有轨电车三个不同类型比选方案之间的比选。

在同样生命周期中，具有可比性的不同城市交通项目可选替代方案拥有类似的收益时，通常是具有最低 LCC 的方案会成为推荐方案。对于那些具有不同生命周期的城市交通可选替代方案，则是优先选择等效年均成本(Equivalent Uniform Annual Cost，EUAC)最低的方案。等效年均成本可以通过将项目成本转化为生命周期内等效的年度经常性成本来计算。在等效年均成本的计算过程中，每个可选替代方案的净现值是根据各方案的等效年度支出量来衡量的。

城市交通项目的生命周期成本分析所需的输入变量包括初期建设成本、运营成本、管养成本以及更新成本。这些输入变量是可以数量化衡量的。但由于未来不可预测事件以及技术进步的影响，很难准确地进行数量化的估计，这将会导致生命周期成本分析法在考虑不确定性影响方面的不足。

算例：某市快速路路面铺装工程有刚性路面和弹性路面两个替代方案。工程要求刚性路面和弹性路面的使用寿命分别为 40 年和 20 年。表 6-11 是两种路面铺装可选方案在 40 年内的生命周期成本分析数据。弹性路面的初始建设成本为 400 万元，20 年后需要 200 万元进行路面更新维护。刚性路面的初始建设成本为 600 万元。

考虑到弹性路面的更新成本是发生在 20 年后的未来成本，在进行基于初始成本的生命周期成本分析之前，需要将更新成本的现值计算出来。项目的收益也必须用现值的形式体现。假定年利率为 2%，20 年后更新成本的现值为：

$$P = 2\,000\,000 \times 1 / (1 + 0.02)^{20} = 1\,345\,943$$

表 6-11　生命周期成本分析法算例数据表

	刚性路面	弹性路面
初始成本	6 000 000	4 000 000
维修成本		1 345 943
总成本	6 000 000	5 345 943
总收益	11 000 000	10 000 000
净现值 NPV	5 000 000	4 654 057

根据表 6-11 数据显示，刚性路面方案的净现值比弹性路面高，故可以将刚性路面作为推荐方案。

9. 约束最优化

约束最优化是一种根据特定约束(x)来求解目标函数(f)最大或者最小值的数学工具。城市交通项目均面临多种约束条件，比如预算、建设用地、资源等。所以，城市交通项目的约束最优化分析目标是在上述约束条件下探寻最优化或者最有效的解决方案。

假设某市交通管理部门需要决定预算金额中多少比例用来新建城市道路，以及多少比例用来养护既有道路。此处的约束条件是交通预算，无论是新建还是养护成本都必须是在交通管理部门既定的预算范围内。对于这种问题，首先，需要基于一致的测度将新建道路项目或者既有道路养护项目带来的总收益以及社会效益等用方程的形式进行建模。约束最优化的过程就是在约束范围内将该方程最大化以实现最大的收益，并且计算出新建以及养护项目的资金分配最优化比例。

为多个相互之间存在竞争关系的城市交通项目进行资金分配是城市交通管理部门都会遇到的问题。约束最优化非常适用于对该问题的分析与解决。资金分配问题在约束最优化方法中的目标函数可以描述为公式 6-7 所示形式。

$$\begin{aligned} &\max.\ z(x) = \sum_i b_i x_i \\ &\text{s.t.} \sum_i c_i x_i \leqslant B \\ &x_i \in \{0,1\} \end{aligned} \qquad (公式 6-7)$$

式中：b_i—— 各项目对应的收益；

c_i—— 各项目对应的成本；

B——预算上限；

x_i—— 布尔决策变量，1 代表项目 i 被纳入选择，0 代表项目 i 被淘汰。

约束最优化的计算工具有很多，包括 Excel 的 Solver 插件以及 Matlab 等，在相应的工程领域有着广泛的应用。

6.2　多准则分析方法

上一节所讨论的项目评估方法都是单纯的基于成本和效益这两个定量经济计量参数。

为了在传统成本效益分析中引入诸如环境、安全影响等非经济变量，这些变量需要首先被赋予货币价值，才能与诸如建设成本、养护成本等传统经济变量一起引入分析模型。但是，有些变量很难用货币价值来测度，因此，传统的成本效益分析模型很难将所有的比选方案进行全面分析和选择。对于不同社会经济群体的分布影响以及代际可持续性等社会和环境公平因素通常都被传统成本效益分析法所忽略。同时，传统成本效益分析法通常关注出行者的收益，但往往低估了运输企业与委托者在货运成本方面的节约，比选方案对商业生产力以及竞争力方面的非用户影响也往往被忽略。成本效益分析法对于出行者收益的关注导致了在那些位于城市交通走廊中能够大量节约出行者旅行时间的城市交通项目在项目比选中具有很大的优势，这会进一步引起地理区位平等问题。

多准则分析法(Multi-criteria Analysis，MCA)在进行比选方案分析时可以使用基于不同收益测度的多类型准则进行分析。与成本效益分析法需要将所有的变量用货币价值进行测度不同，多准则分析法可以使用不同定量或者定性方法描述的变量进行比选分析。该分析方法的核心是创建一个包含权重系数的判断准则库，最优方案就是对照判断准则库总得分最高的比选方案。

国外一些交通规划与管理部门已经开始尝试使用多准则分析方法进行城市交通项目比选分析。这些基于多准则分析法建立起来的城市交通系统评估与分析方法在国外又被称为多属性效用理论(Multi-attribute Utility Theory，MAUT)。在多属性效用理论中，交通规划与管理部门的目标被设置为缓解交通拥堵、提高交通安全、扩展经济发展机会、增加交通资产价格以及改善空气质量等。多属性效用理论还用来分析各个城市交通项目比选方法与上述目标的适应性。

城市交通规划管理部门进行多准则分析时通常从三类准则库来进行权重计算。一是权重占比可以高达50%的工程类准则，主要评估项目比选方案对城市交通流的影响。二是权重占比25%的公共咨询意见反馈，主要来自于辖区公众领袖、工商业人士以及居民对比选方案的意见征询。三是权重占比达25%的经济影响类准则，主要评估比选方案对区域工作岗位以及经济收益的影响。这些符合的分析准则可以帮助城市交通规划管理部门分别从传统的成本效益分析、本地公众反馈以及经济影响评估三个方面对城市交通备选方案进行比选分析，公共咨询意见反馈代表着当地居民的呼声，这是规划管理部门非常重视但却很难在传统成本效益分析法中货币量化的参数。

与传统成本效益分析法相比，多准则分析法更为灵活，但是准确度相对较低。权重赋值和评分过程中的主观性会在很大程度上影响结论。当只有单一的决策者进行准则权重选择时，当地社区的意见就很难得到全面地反映。针对这种个人主观偏见，可以采用德尔菲法来修正。在德尔菲法中，一组专家(或者决策者)被要求对各个准则进行权重赋值并需要书面写下赋值理由，随后所有的专家意见汇总后发给各位专家供参考，每位专家在参考完其他人的赋值理由后有一次修改自己初始赋值的机会。

除了个体和群体偏见外，多准则分析法还有其他的缺点。比如尽管多准则分析法不需要大量的定量化数据，但是为每一条准则的权重进行赋值仍然需要相当的工作量。同时，由于相关变量和准则之间可能存在重叠，多准则分析法有可能导致对收益的过低或者过度估计。

1. 简单加权平均法

简单加权平均法(Simple Additive Weighting，SAW)是最为广泛使用的一种多准则分析法。简单加权平均法通过将每一个比选方案 i 对照评判准则 j 计算出权重分数 V_i，如式 6-8所示。

$$V_i = \sum_{j=1}^{j=n} w_j r_{ij} \qquad \text{（公式 6-8）}$$

式中：w_j—— 评价准则 j 的权重；

r_{ij}——基于评价准则 j 比选方案 i 的得分。

无论是经济、环境、社会还是技术方面的参数与准则，在使用简单加权平均法进行分析之前都需要使用统一度量衡进行转换。所有比选方案中 V_i 得分最高的方案将成为推荐方案。作为多准则分析法的一种，在对比选方案按照准则进行评分分析之前进行合理的权重赋值将有助于减少系统偏见。

算例：假定某城市交通建设部门正在考虑某主干道快速化改造的三种建设比选方案，采用的评价体系以及相应的权重如下：

- 运营管理和安全性方面的考虑（0.35）
  - ○ 对交通拥堵缓解的影响（0.15）
  - ○ 对交通安全的影响（0.15）
  - ○ 对路网连通性的影响（0.05）
- 环境方面的考虑（0.3）
  - ○ 对噪声污染的影响（0.1）
  - ○ 对空气污染的影响（0.1）
  - ○ 对城市景观与历史保护的影响（0.1）
- 成本方面的考虑（0.25）
  - ○ 建设成本（0.2）
  - ○ 建设周期（0.05）
- 政治以及公众方面的考虑（0.1）
  - ○ 影响区域的公众意见（0.05）
  - ○ 城市层面政治上的可接受度（0.05）

方案 A 不进行任何建设改造，相应的就没有产生建设成本与环境影响，也就不会对交通拥堵、安全以及网络联通度产生改善作用。方案 B 采用高架方案，对景观与历史保护产生了较大的影响，但是建设成本相对较低。方案 C 采用隧道方案，建设成本相对较高，但是对城市景观的影响较小，也易于为公众尤其是沿线居民所接受。

对应于各准则三个备选方案的得分如表 6-12 所示。得分介于 0～3 之间，分数越高表明备选方案对于该准则的正面影响越高。

表 6-12　备选方案评分表

准则（权重）	方案 A	方案 B	方案 C
拥堵缓解（0.15）	0	3	3
交通安全（0.15）	1	2	2
路网连通度（0.05）	0	3	3

续表 6-12

准则(权重)	方案 A	方案 B	方案 C
噪声污染(0.1)	3	2	2
空气污染(0.1)	3	2	2
景观与历史保护(0.1)	3	2	1
建设成本(0.2)	3	1	2
建设周期(0.05)	3	2	1
公众意见(0.05)	2	1	3
政治影响(0.05)	0	3	3

备选方案得分经过加权处理后的分数如表 6-13 所示。表中得分为表 6-12 中的分数乘以对应准则的权重值。

表 6-13 赋权后的备选方案得分表

准则(权重)	方案 A	方案 B	方案 C
拥堵缓解(0.15)	0×0.15=0	3×0.15=0.45	3×0.15=0.45
交通安全(0.15)	0.15	0.3	0.3
路网连通度(0.05)	0	0.15	0.15
噪声污染(0.1)	0.3	0.2	0.2
空气污染(0.1)	0.3	0.2	0.2
景观与历史保护(0.1)	0.3	0.2	0.1
建设成本(0.2)	0.6	0.2	0.4
建设周期(0.05)	0.15	0.1	0.05
公众意见(0.05)	0.1	0.05	0.15
政治影响(0.05)	0	0.15	0.15
总得分 V_i	1.9	2	2.15

如表 6-13 所示，方案 C 得分最高。根据简单加权平均法的原则，将选择方案 C 作为推荐方案。

2. 数据包络分析法

数据包络分析法(Data Envelopment Analysis，DEA)是一种被广泛用来比较评估诸如地铁、地面公共交通、快速路等城市交通系统设施表现的决策分析方法。数据包络法不仅比较分析这些城市交通系统的输入，还比较分析它们的输出，并且计算每个系统的相关效率。上述城市交通系统的输入和输出又称为决策单元(Decision Making Unit，DMU)。

Barnum 等人[71]用数据包络法研究评估了芝加哥市的停车换乘设施，研究指出该方法非常有助于识别交通设施对区域城市交通系统的改善。该研究报告使用停车泊位数、日均运营管理成本作为输入，平均停车数量、日均收入作为输出研究了芝加哥 16 处停车换乘设施。研究结果显示了每个停车换乘场的相关效率得分。得分最高的是停车换乘场 A，它的相关效率得分为 100%，得分最低的是停车场 P，它的相关效率得分为 20%。

决策单元的效率得分是输出（比如日均收益）与输入（比如运营成本）的比值。根据相关约束条件，决策单元效率得分小于 1 且不会为负数。这样所有的决策单元经过使用输出与输入的比率进行归一化即可相互之间进行比较[72]。

6.3　敏感性分析方法

由于预测模型结果作为输入的不确定性，城市交通项目在未来的影响这一输出往往是无法准确估计的。并且，每个预测输入变量自身存在其可靠性的概率密度函数，这就可以用来计算城市交通项目输出的可能范围。在这个背景下，敏感性分析可以分析城市交通项目输出受输入变化的影响程度，并为决策者提供城市交通项目输出可能的范围而不是某个固定值以供参考。

为了进行敏感性分析，必须首先使用可行的最可靠的数据制定一个基本分析场景，在此基础上对各个比选方案进行敏感性分析以发现各方案输出的可能范围。对城市交通项目未来不确定产生影响的因素包括数据度量误差、预测未来国民生产总值等经济数据的宏观背景趋势分析、相关不明确的界定、未来城市的政策以及相关法律法规等。在建立基本分析场景和比选方案场景后，即可计算出不同方案模型的不确定性。

敏感性分析法还可以用来确定对城市交通项目净现值影响最大的输入因素。在设定基本分析场景的基础上，单因素敏感性分析法通过改变某一输入变量的值而固定其他输入变量，分析人员可以就此计算出该变量对项目净现值的影响程度。净现值的敏感度可以用曲线来表示，该曲线的斜率越大表明净现值对输入的敏感程度越大。但是，单因素敏感性分析法不研究输入因素之间的关系。在一些案例中，项目净现值对不同单独输入变量不存在较大的敏感性，但是对这些输入因素的组合却存在很大的敏感性。对这些案例进行分析就需要用到多因素敏感性分析法。在这个方法中，首先要将每个输入因素进行各种可能的组合。由于这些组合的总量可能会很多，所以，在多因素敏感性分析中进行项目敏感因素选择和预先的估计就很重要。最终的分析将为决策者提供对最终项目结果有最大影响的输入因素组合。

1. 单因素敏感性分析

假设某城市交通规划建设部门正在考虑修建一条城市收费道路，主要考虑以下几条因素：

- 建设成本：1 000 万元
- 交通需求：1 000 辆/天
- 道路养护费：50 万元
- 通行费：3 元

敏感性分析可以分析上述四条因素中哪一条对于该项目的净现值有着最大的影响。本项目的敏感性分析假定年利率固定为 4%，研究期限为 25 年。

图 6-7 展示了本项目进行单因素敏感性分析的流程与步骤。首先，将通行费、利率、建

设成本、养护成本设置为定值，将交通需求定为可变量。第二步，将通行费设置为可变量，其他的交通需求、利率、建设成本和养护成本设置为定值。如图 6-7，第三步、第四步和第五步采用相同的方法进行设置。

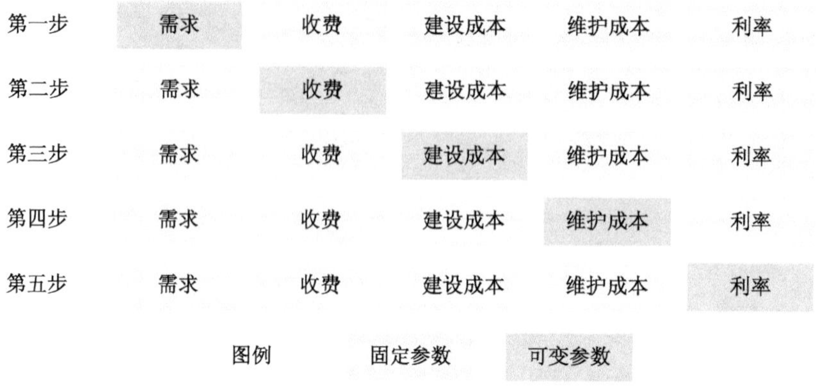

图 6-7　城市交通项目单因素敏感性分析步骤示意图

图 6-8 显示了图 6-7 中部分不同步骤设置导致的净现值的变化。如前所述，净现值对于特定输入变量的敏感度可以用图中曲线的斜率来表征。如图 6-8 所示，交通需求和通行费曲线同样具有最大的斜率，所以，这两个因素对于本项目的净现值有着最大的影响。

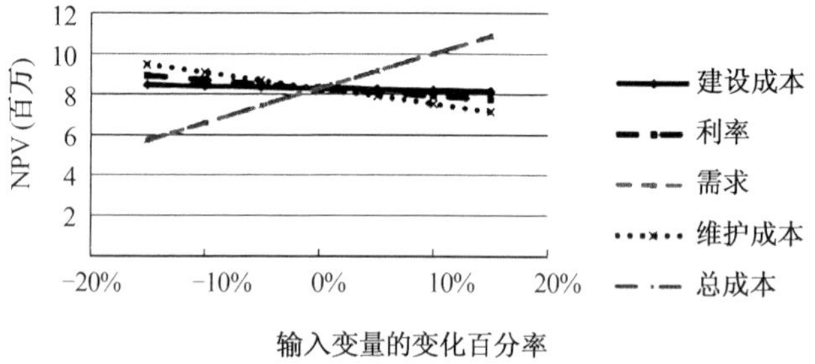

图 6-8　单因素敏感性分析示意图

2. 多因素敏感性分析

假设某城市交通规划建设部门计划翻新改造一座桥梁，相关的考虑因素如下：

- 建设成本：900 万元
- 年度效益：100 万元
- 年度养护成本：35 万元

多因素敏感性分析可以发现，不同因素组合中哪个组合对于项目净现值有着最大的影响。同样，本项目的敏感性分析假定年利率也固定为 4%，研究期限为 25 年。

为了进行多因素敏感性分析，首先需要为每个因素变量的乐观、可能和悲观三种可能的变化预设可能值，如表 6-14 所示。对于建设成本、年度效益、年度养护成本三个因素变量各自的乐观、可能和悲观三个可能值各自间的变量组合共有（3×3×3）27 对，每个组合对于项目净现值的影响如表 6-15 所示。

表 6-14　项目乐观、可能和悲观可能值预设(百万元)

	乐观	可能	悲观
建设成本	7.5	9	10.5
年度效益	1.35	1	0.75
年度养护成本	0.3	0.35	0.41

表 6-15　可能性组合对项目净现值的影响(百万元)

	建设成本								
	乐观			可能			悲观		
	年度养护成本			年度养护成本			年度养护成本		
年度效益	乐观	可能	悲观	乐观	可能	悲观	乐观	可能	悲观
乐观	8.9	8.1	7.2	7.4	6.6	5.7	5.9	5.1	4.2
可能	3.4	2.6	1.7	1.9	1.2	0.2	0.4	−0.3	−1.3
悲观	−0.5	−1.2	−2.2	−2.0	−2.7	−3.7	−3.5	−4.3	−5.2

如表 6-15 所示，年度效益和建设成本的变化组合对于本项目的净现值有着最大的影响。在本例中，每个输入因素都处于可能程度时对于净现值的影响等于 120 万元。

3. 蒙特卡洛法

由于很多输入变量的预测会受到一些潜在的以及不确定因素的影响，随着输入变量数量的增多，每个变量的可能的变化值数量也会随着大大增加。此时，计算输入变量每种变化组合的影响将是一个工作量很大的工程。蒙特卡洛法适用于对复杂的变化场景进行敏感性分析。在蒙特卡洛法中，根据输入变量的概率密度函数为每种可能的变化程度随机赋值并进行组合，由此生成大量的离散组合场景。通过蒙特卡洛法分析可以获得项目收益变化的概率分布以及可能的变化范围。

第七章　城市交通经济影响分析

经济影响分析(Economic Impact Analysis,EIA)主要研究城市交通系统和设施对商业、政府政策以及城市住房的影响。很多研究表明,城市交通投资建设就像是城市经济的血液,也有研究报告称之为城市经济发展发动机。

经济影响指的是资金总量、流量和分布等因为商品和服务的产量、消费以及分布的变化带来的改变。城市交通是城市经济不可或缺的组成部分,城市交通的变化势必会给城市经济带来影响。要证明城市交通作为城市经济发展的发动机对城市经济起到了至关重要的作用,需要进行大量的数据收集与分析工作,本章将着重研究这些内容。将与城市经济不存在直接关联的影响归类为非经济影响,比如社区品味、生活质量等。这些影响一般不会记入经济影响分析模型,但目前在一些综合分析中已经开始尝试引入并量化非经济影响。

7.1　经济影响分析内涵

经济影响分析的核心内容是进行预测与评估。经济影响预测指的是预测未来城市交通基础设施投资或者交通政策的改变将会带来的经济方面的变化。经济影响评估指的是估计过去或者当前某城市交通项目或者政策导致的城市经济变化。

从世界范围内来看,进行城市交通项目经济影响分析的主要目的有三个:①满足监管要求。②提供公共信息和规划引导。③为政策制定者、学术研究机构和交通经济部门提供决策与参考依据。

进行城市交通项目经济影响分析在欧美发达国家通常是法律规定的工作内容。如美国联邦环境法案(National Environmental Policy Act,NEPA)以及环境质量委员会(Council of Enviromental Quality)的相关法条均要求城市交通项目进行环境影响评估报告(Environmental Impact Statement,EIS),并且每个环境影响评估报告内必须包含经济影响分析的内容。1970 年,美国联邦公路法案也要求评估交通项目对居住、商业以及其他社区功能的影响。大部分环境影响评估报告都是有着标准的内容格式。通常经济影响内容是在环境相应后果章节或者非直接和累积效应评估章节进行阐述。

经济影响分析的第二个目的是为公众提供相关城市交通项目的经济影响信息,向公众证明该项目实施的必要性和重要性,从而获得公众对该项目或者政策的接受。如一个机场的建设运营可以为所在省带来 450 亿元的年收入,机场以及临港产业可以提供约 70 万个就业岗位。这些数据的公布往往会为公众提供了解该项目的途径,并为项目的落地实施带来良好的公共舆论环境。经济影响分析还可以帮助研究当前的经济影响及未来的走势,以此来引导政府或者私人投资者更好地配置有限资源来实现对未来的积极影响。

第三个目的则是为了理解一些影响因素在城市交通系统、设施和政策发生改变时是如何对经济指标产生作用的。调查研究通常不针对某个特定的城市交通项目展开，而是选择城市交通系统或者多个项目的横截面数据来探寻经济影响的类型与程度之中存在的模式。Kockelman 等人[73]以 23 个中小规模的城市为例研究绕越式公路对城市经济的影响。通过与没有绕越式公路城市经济数据的对比发现，绕越式公路对当地燃油消费、零售业、餐饮业、服务业存在负面影响，且绕越式公路分担的交通流量越大，其对当地经济的消极影响也越显著。

7.2　经济发展指标

对城市交通项目、政策的经济影响评估需要首先明确经济的衡量指标，包括经济总量、资金流、资金分布等。为了使城市交通经济影响分析能更好地为决策提供支持服务，通常经济影响分析采用如下指标：

(1) 居民或者商业消费；

(2) 就业岗位数量；

(3) 影响区域内居民收入；

(4) 商业零售额；

(5) 进出口总量；

(6) 资本投资支出；

(7) 附加值。

1. 经济发展指标数据获取

数据可获得性与可用性直接影响城市交通项目经济影响分析的精度。经济影响分析中所需要使用到的各类经济数据通常可以在相关政府部门的统计报告中查阅获得，部分经济数据可能还需要通过城调队或其他调查单位实地补测，也可以从相关机构购买。

经济发展数据的全面、准确收集需要相关政府部门、调查以及被调查企业与市民的协力配合。政府公开统计数据的准确性依赖于市民以及辖区单位上报数据的真实度。不少数据是周期性、小样本量调查更新，这种数据往往会导致分析结果的误差。比如，有的数据是每 5 年调查更新一次，分析人员如果不做额外的补充调查而直接采用这些数据，将必然导致分析结论的可靠性降低。尤其是在经济快速发展的今天，经济调查数据的时效性显得尤为重要。

2. 经济影响变量

经济影响变量指的是能导致经济发展指标产生改变的因素。城市交通经济影响变量如表 7-1 所示。

表 7-1　经济影响变量汇总表

变量类别	具体变量
交通成本	● 因交通事故减少产生的成本节约 ● 出行时间降低带来的成本节约
交通可达性	● 常规公交、地铁、快速路、机场等设施的增减

续表 7-1

变量类别	具体变量
环境质量	● 空气污染变化量 ● 噪声污染变化量 ● 水污染变化量
社区影响	● 整体安全的改善 ● 物业设施进入管理 ● 商业更替

7.3 生成性和重构性影响

城市交通项目对经济发展指标具有较大的影响力。很多城市内部存在因铁路道口导致的城市道路堵点，如能通过既有铁路改线或者改造消除这些堵点，则势必会带来道路行程时间的减少从而起到降低出行成本的作用。出行时间的改变将通过提高个人或者企业的生产效率实现个人和企业收入的提高。当出行成本由于受到城市交通改善而降低时，居民与企业的收入将由于成本的节约提高，这就是城市交通的生成性影响。生成性影响会进一步带来对经济效益的积极作用。反过来，如果出行成本提高，则会相应产生负生成性影响。

如果某一地区居民及企业的成本节约或者收入增加是以另一地区居民或者企业为代价，比如将交通拥堵点向上游或者下游转移，又或如将企业和居民吸引到新的地区。这时，相应城市交通项目就发挥了重构性影响。本属于某地区的资金与收益因为某个城市交通项目而转移到其他地区，这就是典型的重构性影响。

将在局部地区产生作用的生成影响提升到更大的空间范围来考虑，则可能产生重构性影响。城市或地区绕越式道路对当地社区及商业的影响就是很好的例证。如图 7-1 所示，绕越式道路的重构性影响将导致原来在城市边界内的商业开始重新布局，并逐渐沿着新的道路进行布置。但从局部城区来看，如果这条绕越式道路给本地带来了商业数量与规模的增加，则对于这些局部城区而言该绕越式道路就是发挥了生成性影响。

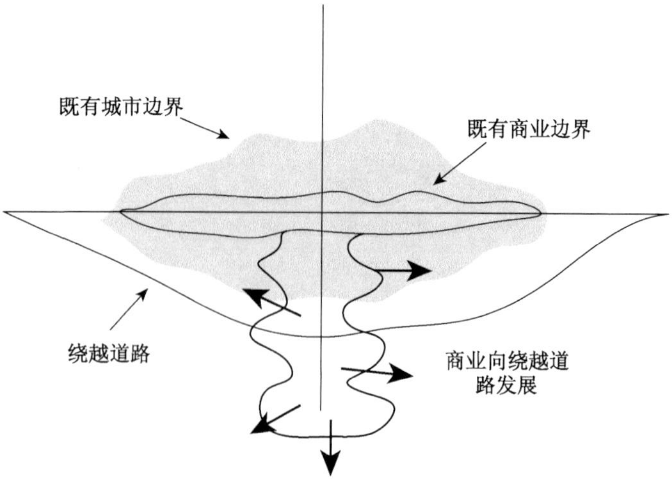

图 7-1　城市绕越式道路对商业布局的影响示意图[74]

城市交通基础设施投资对于当地的经济也可能产生负面影响。如某城市综合货运枢纽通过投资改造提升多式联运能力，将导致对装卸工人需求量的减少。这表明尽管该地区货运能力得到提高，但该地区劳动力的收入将会下降。但对于城市交通投资项目而言，主要的目的正是降低运输成本。类似的，对某条交通拥堵的主干道进行交通工程改造以提高该道路上车辆的平均行程车速。车速的提高将会使得沿线的商业零售尤其是冲动型零售店的吸引力降低，也会导致居民除了专门的购物出行之外减少临时性的购物。尽管不是计划之中的目的，但城市交通拥堵缓解导致沿线零售额的下降却在很多地方都有发生。

城市交通项目和政策最理想的目标是在尽可能大的空间区域内产生积极的生成性影响，但在局部地区的生成性影响会导致更大区域空间内的重构性影响。如某地区希望通过税收优惠激励和交通系统改善吸引外来商业投资。这对于该地区而言就是生成性影响，从整个城市而言，这些商业的迁址也可能会带来总体经济净效益的增加，但对于迁出地而言就是负的生成性影响。

如图 7-2 所示，某城区 A 通过新建主干道带来了沿线土地价值的提升。此时，该新建道路对于所在区域而言就是通过提升土地价值发挥了生成性影响。

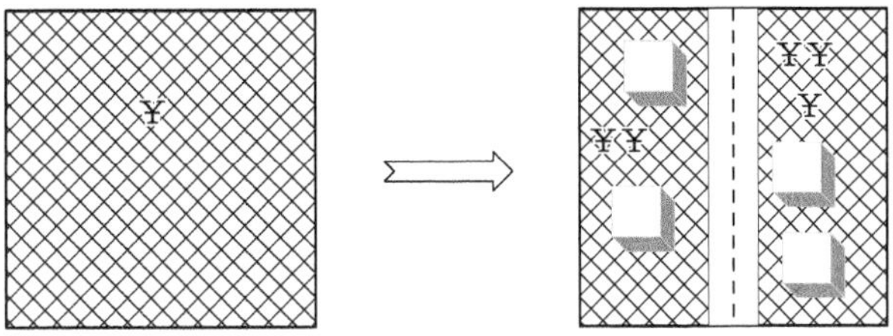

图 7-2　生成性影响对城区 A 土地价值的提升作用示意图

但是，因为城区 A 交通系统改善带来的出行成本降低导致商业企业的不断迁入，城区 B 的土地价值相应的会有所降低，如图 7-3 所示。总体上看土地价值得到了重新空间布局，城市总体的土地价值并没有得到增长。

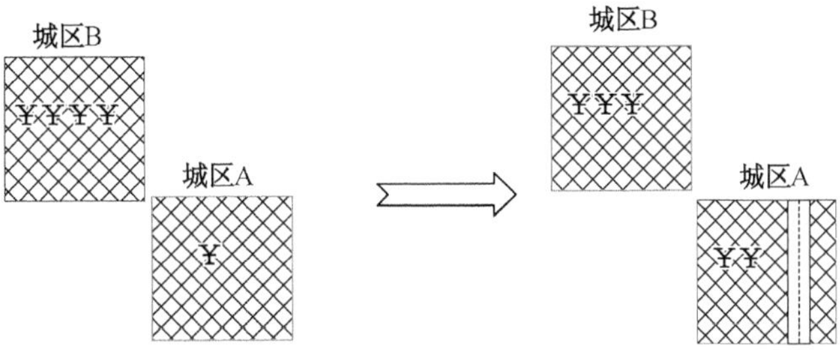

图 7-3　重构性影响对不同城市土地价值的作用示意图

图 7-2 与图 7-3 中的货币标记即可以代表商业销售额，也可以表示就业岗位数。不管采用何种经济发展指标，当经济变化只是从一个地区转移到另一个地区时，此时进行生成性影响或者重构性影响评估都要避免对经济净变化的重复计量或者错误表述。经济影响分析会试图研究出净生成性影响以及净收益（或者净损失）。与此相关的影响还有财务转移影响，又称财政影响。但是该影响不会作为量化经济影响加以考虑，因为它只是反映了资金从一个实体到另一个实体的移动，比如资金从中央划拨到地方。表 7-2 将上述三种类型的经济影响加以细分描述。

表 7-2　经济影响类型分类表

影响类型	类型描述	案例
生成性影响	通过对研究区域既有资源的重新挖掘使用或者更高效地使用为该区域带来经济的净收益 判断标准：这个影响有没有提高出行者、货物或者商业运营的效率	● 出行时间节约 ● 高效的土地开发带来基础设施的成本节约 ● 高效的土地开发带来更有效的信息与商品交换 ● 任何带来客流、货流和服务供应或者运输效率增加/减少的改变
重构性影响	由于某交通项目的影响，随着时间的变化在研究区域内经济增长或损失都可能发生 判断标准：该影响是否导致经济活动、效益以及成本从研究区域内的一个地区转移到了另一个地区	● 研究区域内商业的迁址 ● 某区域土地价值升值而其他区域的土地价值下降
财务转移/财政影响	资金从一个实体到另外一个实体的转移，通常是账户之间的转账，而不是经济影响 判断标准：它是否单纯地影响了资金从一个实体的会计账户转移到另一个实体的会计账户	● 直接的财务影响是伴随着资金由中央划拨到地方产生的（如果因为没有建设该交通项目而导致该款项无法从中央划拨到地方，对于地方也可以考虑为经济影响）

7.4　经济分析方法

经济分析这个概念的描述比较宽泛，很多有关项目经济价值或者经济影响的分析都被定义属于经济分析范畴。经济价值与经济影响的定义差别在后文中将会提到。

经济分析方法的选择取决于城市交通项目的最终目标、地理空间范围、分析期限、数据可用性以及预算分析等因素。表 7-3 列举了不同经济分析方法的使用场景。

表 7-3　经济影响分析方法比较

分析方法	适用空间范围	分析期限
经济价值		
成本效益分析	项目占地范围到城市区域层面	项目或者政策的生命周期（若干年）
经济影响		
输入/输出法	城市区域层面	具体时间节点（一年）
可计算一般均衡模型	城市区域、国家或者国际层面	指定期限（若干年）
经济仿真与预测	任何指定地域范围	指定期限（若干年）
计量经济分析	任何指定地域范围	任何期限均可（事前事后分析、一年或者多年的期限分析等）
市场和财政影响		
市场与财政影响研究	任何指定地域范围	指定期限（若干年）

1. 经济价值与经济影响

城市交通项目或者政策的经济影响与经济价值不是同一个概念。经济价值评估重在回答该项目的效益是否要超过该项目的成本。另一方面，经济影响分析则是试图研究城市交通项目对于经济指标的影响。

成本效益分析(CBA)也可用来计量经济影响。成本效益分析能揭示某城市交通项目或者管理政策给社会带来的所有效益与成本。通过成本效益分析可以比选出在给定的资源条件下能为公众带来最大化效益的城市交通投资建设备选方案。经济影响分析不关注城市交通项目投资备选方案的经济回报，而是注重于分析项目给城市或者特定区域带来的就业岗位数量、工资水平、商业活力、旅游业、商品房甚至移民形式等相关影响后果。

成本效益分析和经济影响分析所使用的影响因素绝大部分是相同的，但也在特定方面存在不同，如表 7-4 所示。经济影响分析过程中不计入那些不是单纯的经济交易的因素，比如不计入直接指出的个人及居住时间节约等。尽管个人时间节约在成本效益分析法中被证实可以进行货币化计量，但是，在经济影响分析中因其不是实际意义上的资金流动而不加以考虑。表 7-4 也揭示了成本效益分析法在大规模城市地域空间上进行分析的限制，比如区域商业吸引力和不在特定交通设施影响范围内的商业营收就无法在成本效益分析中得以体现。

表 7-4　成本效益分析与经济影响分析所用影响因素对比

影响因素	成本效益分析	经济影响分析
商业成本节约	√	√
商业相关居住直接支出成本节约	√	√
个人相关居住直接支出成本节约	√	√
不计入直接指出的个人及居住时间节约*	√	×
其他不计入经济交易的效益*	√	×
区域商业吸引力	×	√
与特定交通设施不相邻的商业营收	×	√

注:“*”表示该效益在成本效益分析中被货币化计量。

与成本效益分析相比较，经济影响分析考虑分析对象的衍生影响以及相应的乘数效益，比如，城市交通投资建设带来的出行时间节约、可达性改善、出行直接支出成本节约等。成本效益分析则是直接将上述影响货币化并与成本相除进行计算。除此之外，经济影响分析会进一步将出行时间节约等积极影响转移计入商业成本降低、区域投资吸引力提升以及就业岗位数量、工资水平和 GDP 的提高。

还可以从成本效益分析以及经济影响分析如何计量社会影响的方法上来对两者进行区分。Weisbrod 等人[75]研究列举了两种方法最实用的目的场景，如表 7-5 所示。

表 7-5　成本效益分析与经济影响分析目标场景对比

成本效益分析适用目标场景	经济影响分析适用目标场景
● 确保有限资源的高效利用 ● 在备选方案中选择可行的最低成本支出 ● 在给定的资金等条件限制下实现最大化的系统性能	● 刺激目标区域的就业岗位数量与输入增长 ● 吸引高薪酬、稳定性高、安全的高质量的工作岗位迁入，尤其指那些处于发展态势的行业 ● 确保弱势人群的公平权利以及相关救助 ● 减少对国外供应商的依赖(进口替代)

总的来说，经济影响分析是研究经济指标的变化，而成本效益分析的目标则是研究未来期限内项目的成本与效益的货币化数值并计算其净现值、成本效益比以及收益率等。

2. 经济模型

经济模型是在经济理论的指导下建立的数学方法或者公式。比如，输入/输出模型就是用来计算产业和投资购买乘数效益之间的交换作用。由于在分析对象经济体中存在不同的产业与非产业部门，输入/输出模型采用矩阵代数来为不同部门建立各自对应的方程。与此相反，时间序列模型通常采用单一的公式来预测就业岗位数量、燃料价格、交通流量等变量随时间的变化值。目前有很多可用的经济模型，均建立在不同的理论和数据基础之上，表7-6列举了这些经济模型的特性以及相互之间的比较。

表 7-6　经济模型特性比较

理论模型 测试理论、使用方正数据	vs	经验(应用)模型 使用真实统计数据来研究现实问题
微观经济学模型 在离散层面研究商业个体以及产业		宏观经济学模型 在集计层面研究经济体之间的相互影响
静态模型 仅研究某个时段		动态模型 基于现状研究预测未来的情况
短期模型 多个不同时段的数据仅为当前分析服务，不做预测		预测模型 将多个时段的数据进行时间序列分析，并研究未来经济行为
确定性模型 预设的模型方程，且没有误差项		随机性模型 基于统计模型估计模型的参数与标准差
标定模型 模型公式的参数是基于有限的数据和判断进行选择		估计模型 基于统计方法和公式的标准差选择模型参数
综合性模型 由多个同时运行且相互之间存在反馈的模型构成预测系统		连续性模型 模型由若干子模型构成

综观当前的经济模型，发展的趋势是模型变得越来越复杂，以至于一些模型被称为“黑匣子”。即使一些经验丰富的经济专家也对于一些经济影响分析模型的复杂性和不透明性持批评态度[76]。此外，还有一些模型由若干个复杂的子模型构成。如区域经济模型公司的REMI模型就是一种用来进行经济预测和政策分析的结构化模型，它综合了输入/输出模

型、可计算一般均衡模型、计量经济学模型和经济地理学模型。

7.5　输入/输出模型

输入/输出模型是经济分析领域应用最为广泛的方法，Wassily Leontief 教授因此获得了 1973 年的诺贝尔经济学奖。输入/输出模型详细研究不同产业之间的输入流和输出流，以及产业输出对应的产业需求。在该模型中，一个产业的输出可能是另一个产业的输入，比如基础产业输出的钢铁、燃料、橡胶制品等，对于汽车生产产业而言，上述输出则是汽车制造与使用的输入。故当消费者购买车辆时，这一购买与使用行为将影响对于燃油、塑料、钢铁等的需求。

目前，输入/输出模型已经在城市交通经济影响分析中开始得到应用。Golf[77] 等人采用输入/输出模型研究了港口对于城市经济发展的重要性，得克萨斯经济发展研究中心[78] 也采用该模型研究航空业与城市经济之间的关系。

当城市扩张、住房需求、商业交易、商业投资等需求发生变化时，输入/输出模型可以研究确定商业产出、人均/户均收入、就业岗位数、政府税收等对于上述不同需求变化而做出的改变。通过输入/输出模型，还可以确定哪个产业部门具有最大的影响力或者影响乘数。

当供应而不是需求发生变化时，仍然可以采用输入/输出模型来研究产业产量的改变量。例如，当城市交通系统改善对城市就业、户均收入、商业利润和政府税收产生影响时，输入/输出模型可以用来研究估计由上述影响产生的经济效益。

经济发展指标的变化可以归类为直接变化、间接变化和诱增性变化，如图 7-4 所示。直

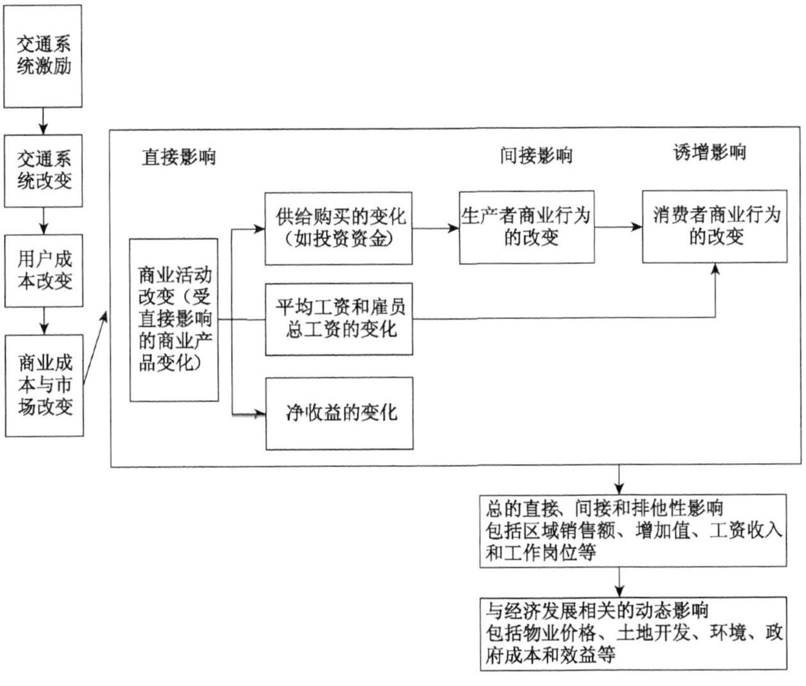

图 7-4　直接、间接影响源分析示意图

接变化通常指商品或服务价值等经济产出、就业、城市交通设施或工程带来的直接收入。直接变化对于行业的影响通常是立即体现的，比如某地铁线路的开通，将直接导致就业岗位数增加这一直接变化。与直接变化不同，间接变化指的是行业之间的相互影响。在前述新地铁开通案例中，地铁的开通也会带来电子、机车制造、控制系统等行业的发展和工作岗位的增加，这就是典型的间接变化。直接变化和间接变化的总和称为首轮效应。诱增变化属于次级效应，主要由于城市居民工作直接或者间接变化导致的个体收入改变而产生。城市居民个体收入的改变将影响居民购买行为模式，从而进一步导致需求的改变。

直接变化、间接变化和诱增变化综合在一起称为乘数效应。产业之间的相互影响能导致最终需求的乘数效应。直接变化能迅速计量每一元或者每百万元城市交通投资带来的总体经济影响。根据产业类型和城市区域尺度的不同，通常乘数效益从 2～4 不等。

1. 输入/输出模型基础理论

输入/输出模型的核心基础是转移表，如表 7-7 所示。每个产业的产品输出被分为购买方和产业需求两类，购买方是作为输入从其他产业购置，也称为中间转移。产业需求则是所有消费和出口的总称。

表 7-7　输入/输出模型典型转移表示例

		购买方（输入）		产业需求				
		产业 A	产业 B	家庭/消费者支出(*C*)	私人投资（*I*）	净输出（*X*−*M*）	政府支出（*G*）	总输出
销售方（输出）	产业 A	150	500	50	150	100	50	1 000
	产业 B	200	100	400	900	250	150	2 000
增加值	户均收入	300	500	50	25	0	25	900
	商业利润	250	750	300	50	25	25	1 400
	政府财税	100	150	100	25	0	25	400
	总输入	1 000	2 000	900	1 150	375	275	5 700

1）中间转移

表 7-7 中阴影部分代表不同产业之间以及产业内部的货币转移情况。如产业 A 所在列与产业 A 所在行的相交格表示产业 A 将价值 150 元的产品输出销售给产业 A 自身。如城市交通运输企业安排交通车接送员工上下班就是企业如何将自身产品输出作为输入销售给本企业的典型案例。表中产业 B 所在列与产业 A 所在行的相交格表示产业 A 销售了价值 500 元的产品给产业 B，也可以说是产业 B 购买了产业 A 价值 500 元的产品输出。

某产业的产品输出总价值可以对表 7-7 中相应行数值进行求和计算得到。所有被其他产业购买的产品输入总价值是相应列数据的求和。换一种说法，行数据代表销售者或者供应者，列数据代表购买者。

2）产业需求

不同城市交通项目对于经济的影响可以通过研究产业需求的变化来估计。表 7-7 没有阴影的四列数据来自四个经济部分(C，I，$X-M$和G)。家庭/消费者支出(C)包含以消费为目的的货物和服务购买。欧美发达国家家庭/消费者支出占国民经济总支出的三分之二，被称为经济发展的发动机之一。私人投资部分(I)指的是有私人企业和非盈利机构在物业等固定资产购置及维护升级方面的支出。净输出($X-M$)指以城市研究对象区域为界限，从此区域输出产品的价值减去输入该区域的产品价值。如果输入高于输出，$X-M$将会是负值。城市交通项目方面的政府支出(G)可能会提升项目影响区域的需求和输出，从而导致产业需求的改变。此外，某些城市交通项目可能通过降低商业成本来刺激和吸引更多的私人投资，并且进一步带来产业需求的繁荣。

国民生产总值指的是一定时期内某区域或者国家所生产的所有产品和服务的市场价值。对以满足产业需求为目的的产业输出求和计算总价值就可以确定该地区或国家的国民生产总值。国民生产总值经常被媒体和研究者用作判断经济健康程度的指标。图7-5展示了在国民经济生产过程中不同经济实体之间的关系。

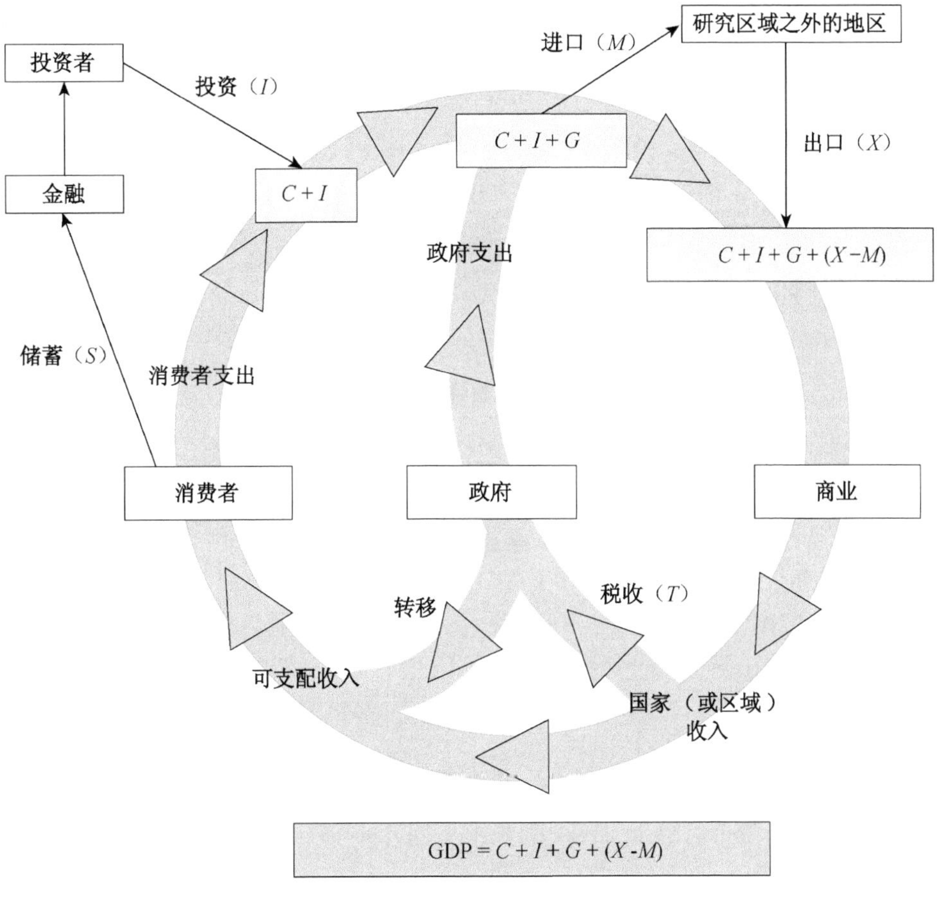

图7-5　经济实体关系示意图

3）增加值

增加值指的是采用收入分析法来估计国民经济总产值。表7-7最底部除总输入以外的三行包含了常见的增加值指标，即用于工资的户均收入、商业利润和政府财税收入。本区域不同产业部门的所有雇员工资在表中也表示为家庭总支出。尽管商业利润很多时候表现为不可预期的输入，但正是对于利润的追求才推动了产业生产的进行，故这部分资金必须在经济系统和表 7-7 中进行计量。政府财税包括产品的税收和进口减少补贴。不管是用支出计算方法还是使用收入计算方法，两者对 GDP 的估计结果必须一致，如表 7-7 不管是列求和还是行求和均可得到一致的结论。

2. 输入/输出模型应用步骤

上述转移表 7-7 是输入/输出分析的基础，该分析方法可以直接用来计算产业需求中变化的乘数效应。图 7-6 展示了如何确定一个项目的经济影响分析方法。

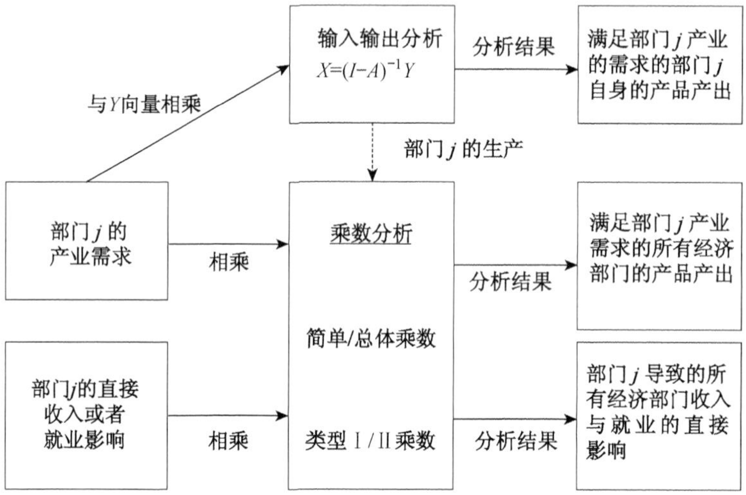

图 7-6　输入/输出法确定经济影响的路径

3. 乘数效应分析

乘数是输入/输出分析法中的一个重要参数，将乘数与产业输出变化相乘就可以估计得到城市交通投资带来的所有直接、间接和诱增影响。不同的产业投资都有对应不同的乘数，具体数值在一些政府部门文件、研究报告和诸如 IMPLAN 之类的软件中都有相关设定。研究对象区域越大，相应的乘数一般也就越大。乘数在产业之间也存在大小的差异，即使同一产业内部不同的经济部分也存在乘数大小的差异。某些产业拥有较大的收入乘数，但同时它的就业指数却偏低，这表明该产业的输出产生了数量较少的高收入岗位。

1）乘数的种类

对于不同的经济部分，比如产业输出、就业和收入，乘数是特定的。总体上乘数划分为两类，简单乘数（类型Ⅰ）和总体乘数（类型Ⅱ）

考虑到乘数通常是与新的产业需求或者产业需求的变化量相乘，简单乘数（类型Ⅰ）和总体乘数（类型Ⅱ）统称为产业需求乘数。产业需求一个单位的变化，可能导致相关生产部门数倍的产品产量改变。所有的简单乘数和总体乘数均可以通过李昂提夫逆矩阵计算得到。表 7-8 展示了实际项目中如何使用乘数进行分析。

表 7-8　乘数使用示例

案例	简单乘数(类型Ⅰ) (直接影响和间接影响) (某经济部门产业需求变化)	总体乘数(类型Ⅱ) (直接影响、间接影响和诱增影响) (某经济部门产业需求变化)
1	某城市交通管理部门决定投资 1 000 万元进行某交通项目建设(产业需求变化)。假定交通产业的简单乘数为 1.2,则本城市交通项目相应的产业输出就是 1 000 万元投资乘以1.2,即1 200万元	假定城市交通每百万元投资的就业岗位乘数是 7.5,这意味着地方政府每投资 100 万元在城市交通项目上,由于它的直接影响、间接影响和诱增影响效应,将为该地区带来 7.5 个就业岗位。
2	由于受到城市地铁建设的影响推动,某公司决定搬迁到郊区。该公司将为新的地址所在区域带来 800 个新的就业岗位。假定类型Ⅰ的就业乘数为 1.6,则就业岗位总的直接和间接影响就是 800 乘以 1.6,及这 800 个新的就业岗位对区域经济的实际影响达到了 1 280 个就业岗位数	假定类型Ⅱ的乘数为 2.2,则该公司为本区域带来 800 个新的就业岗位,乘以 2.2 后就产生了 1 760 个就业岗位的影响,其比 1 280 个多出来的岗位数量就是由诱增影响产生的

由于类型Ⅱ的乘数包含了诱增影响,故一般而言,类型Ⅱ的乘数数值要比类型Ⅰ的数值大。目前,乘数效应分析已经开始在城市交通项目中得到了应用。得克萨斯交通管理部门[79]在进行哈里斯郡 290 号公路建设时就应用了输入/输出法进行经济影响分析。该道路的四个备选方案 A、B、C 和 D 均采用当地政府公布的含有与建设相关的产业输出、就业、收入乘数的输入输出表。将上述乘数与各方案的建设成本相乘,就可以得到该项目不同建设方案对于全省的经济影响。如表 7-9 所示,建设成本代表政府支出中产业需求的改变,将之与类型Ⅱ的乘数相乘就可以计算得到直接影响、间接影响和诱增影响。

表 7-9　不同备选建设方案的经济影响分析

备选方案	成本	收入			新增就业			对全省的影响
		直接影响	间接影响	诱增影响	直接影响	间接影响	诱增影响	
A	1 316 000 000	380 587 200	763 148 400	1 143 735 600	19 850	19 259	39 110	4 854 066 000
B	1 317 000 000	380 876 400	763 728 300	1 144 604 700	19 865	19 274	39 139	4 857 754 500
C	1 320 000 000	381 744 000	765 468 000	1 147 212 000	19 911	19 318	39 229	4 868 820 000
D	1 323 000 000	382 611 600	767 207 700	1 149 819 300	19 956	19 362	39 318	4 879 885 500

2) 乘数计算方法

如前所说,可以通过$(I-A)^{-1}$李昂提夫逆矩阵所提供的信息分别计算简单乘数和总体乘数。$(I-A)^{-1}$李昂提夫逆矩阵相应列的求和就可以计算出每个产业的简单乘数和总体乘数。如表 7-10 所示,产业 A 的简单乘数是 1.518 1,而其总体指数在表 7-11 中则为 2.536 6。

表 7-10　简单乘数计算示例

		产业 A	产业 B
产业 A	$(I-A)^{-1}=$	1.254 1	0.330 0
产业 B		0.264 0	1.122 1
简单乘数	求和	1.518 1	1.452 1

如表 7-10 所示，产业的需求每增加 1 元，产业 A 需要自身输出 1.254 1 的产品，同时要求产业 B 输出 0.264 0 的产品。此时产业 A 的简单乘数为 1.518 1，代表产业 A 每 1 元的需求变化带来的产品产量的改变。

表 7-11　总体乘数计算示例

		产业 A	产业 B	居民收入
产业 A		1.381 5	0.439 4	0.288 1
产业 B	$(I-A)^{-1}=$	0.566 3	1.381 5	0.683 4
居民劳务成本		0.588 8	0.505 3	1.331 3
总体乘数	求和	2.536 6	2.326 2	2.302 8

与表 7-10 不同，表 7-11 将研究区域的居民以及他们的考虑进模型用来计算总体乘数。表 7-10 表明当产业 B 的产业需求每增加 1 元时，将带来产业 A 0.439 4 元、产业 B 1.381 5 的产品输出以及居民 0.505 3 的劳务产品。对于每 1 元的需求增加带来的产业 B 的总产品输出乘数是 2.326 2。

4. 输入/输出模型使用限制

标准输入/输出模型忽略了不断增长的需求以及有限资源对价格的影响，这导致在整个计算过程中会产生负面反馈。金融市场与货币政策会导致利率的变化并且对那些能影响乘数效应、成本、供应与需求的因素产生作用，但在输入/输出模型中仍然没有将金融市场和货币政策加以考虑。

输入/输出模型的关键是生产函数，该函数可以估计在给定的输入条件下相关产业可以实现的最大产品输出。这些隐函数是前述产业间转移表的理论基础。李昂提夫输入/输出生产函数（又称固定投入比例生产函数）的形式如公式 7-1 所示，将该生产函数图形化就可以得到等产量曲线。从生产函数可以看出，输入/输出模型的前提假设是规模报酬为固定。这意味着当将输入提升一定的比例之后，输出也会相应的提高多少比例。但在社会经济实践中，包括很多城市交通项目在内它的规模报酬都不会是固定的，往往都会随着规模的增加出现报酬额外增加或者下跌。

$$X_j = \min\left(\frac{z_{1j}}{a_{1j}}, \frac{z_{2j}}{a_{2j}}, \ldots, \frac{z_{nj}}{a_{nj}}\right) \tag{公式 7-1}$$

式中：X_j—— 产业 j 的产品输出；

z_{nj}—— 从产业 n 转移到产业 j 的流量；

a_{nj}—— 参数（z_{nj} 与 X_j 的比值）。

尽管存在上述缺陷，输入/输出模型仍然被广泛地用来进行经济影响评估。此外，经济学家还在传统输入/输出模型的基础上，研究出了下一节将要讨论的可计算一般均衡模型来优化上述缺陷。

7.6　可计算一般均衡模型

可计算一般均衡模型（Computable General Equilibrium，CGE）可以估计当生产技术、政府政策、家庭支出、利率水平、税收等发生变化时对经济指标会产生什么影响。出于时间、资源和复杂度的考虑，可计算一般均衡模型在比较大的区域甚至国家层面进行经济影响分析。世界银行[80]就曾使用三种不同的可计算一般均衡模型进行 NAFTA 的经济影响分析。

与输入/输出模型一样，可计算一般均衡模型可以计算经济系统对于一些改变的响应程度，由于可计算一般均衡模型中还引入了更为全面复杂的理论模型，与输入/输出模型相比还额外提供对商业与消费者进行分析的方法。模型名称中的“可计算”表示可以应用计算机来解决计量经济学中联立方程组求解问题，即将所有模型中的方程都进行计算机编程实现。一般均衡是本模型的理论假设前提，但在学术界对这一假设前提还存在一定的争议。

一般均衡指的是整体经济系统中各类市场输入/输出之间的连通关系，如图 7-7 所示，通过可计算一般均衡模型可以分析各类市场之间相互作用。与此相反，局部平衡则以特定市场或者少数几个市场为研究目标，被排除在外的市场中假定产品价格和数量是固定的。与局部均衡模型相比，一般均衡模型由于对集计数据的大规模采用导致其缺少对市场的详细研究。相较之下，如果目标市场与其他被排除的市场之间不存在紧密的联系，则在局部均衡模型中就可以研究特定市场及其次级市场的详细状况。

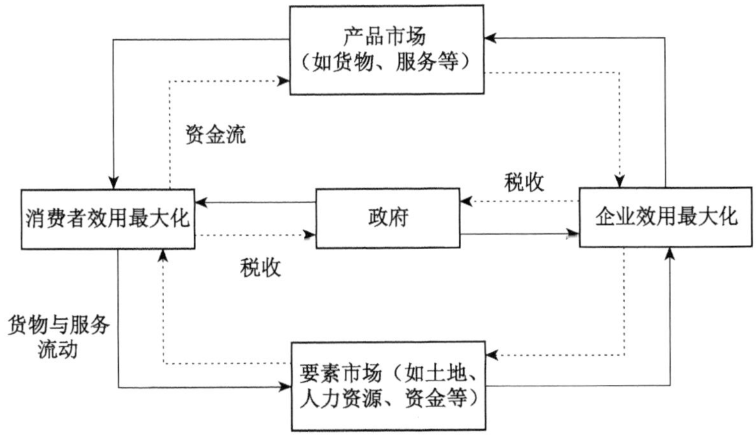

图 7-7　可计算一般均衡模型中资金流、产品流和服务流示意图

尽管可计算一般均衡模型与输入/输出模型的目标类似，但其还存在以下特点：

- 弹性需求，并且对输入和产品存在可替代性；
- 对于每个产业部门的不同种类商业都建立相应的生产函数；
- 对于不同种类的效用最大化的消费者制定不同的效用函数。

1. 可计算一般均衡模型结构

可计算一般均衡模型同时采用大量计量经济学中的联立方程来对实际问题进行建模。维多利亚大学政策研究中心研制的可计算一般均衡模型 MINIMAL[81] 比较典型和简洁，本部分内容将围绕该模型展开。

1）可计算一般均衡模型连接性构建

模型构建的第一步是使用输入/输出表、社会核算矩阵或者其他相关数据集来整合不同经济部门和产业之间的信息。图 7-8 展示了 MINIMAL 中产业间数据的界面，与上述输入/ 输出表比较类似。

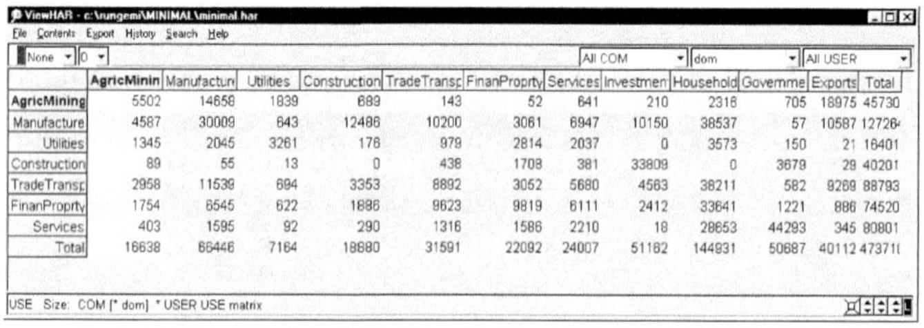

	AgricMinin	Manufactur	Utilities	Construction	TradeTransp	FinanPropty	Services	Investmen	Household	Governme	Exports	Total
AgricMining	5502	14658	1839	689	143	52	641	210	2316	705	18975	45730
Manufacture	4587	30009	643	12486	10200	3061	6947	10150	38537	57	10587	12726
Utilities	1345	2045	3261	176	979	2814	2037	0	3573	150	21	16401
Construction	89	55	13	0	438	1708	381	33809	0	3679	29	40201
TradeTransp	2958	11539	694	3353	8892	3052	5680	4563	38211	582	9269	88793
FinanPropty	1754	6545	622	1886	9623	9819	6111	2412	33641	1221	886	74520
Services	403	1595	92	290	1316	1586	2210	18	28653	44293	345	80801
Total	16638	66446	7164	18880	31591	22092	24007	51162	144931	50687	40112	47371

图 7-8　MINIMAL 模型中产业间数据界面

为了使市场结算价格达到一般均衡的前提设定，宏观经济领域中市场消费者需要进行效用最大化，各产业也必须以收益最大化为目标。整个资金流动必须是可以跟踪轨迹并且处于平衡。为了模拟效益最大化，MINIMAL 模型需要将所有产业输入/输出相关的生产函数、成本函数以及代表性商业的成本纳入模型范畴。同样的，在预算约束下的代表性个人和家庭有关的消费倾向、价格倾向等效用函数也必须纳入 MINIMAL 模型。每个函数都有大量的参数需要标定或者预设。图 7-9 将宏观和微观层面的模型进行差异化比较。

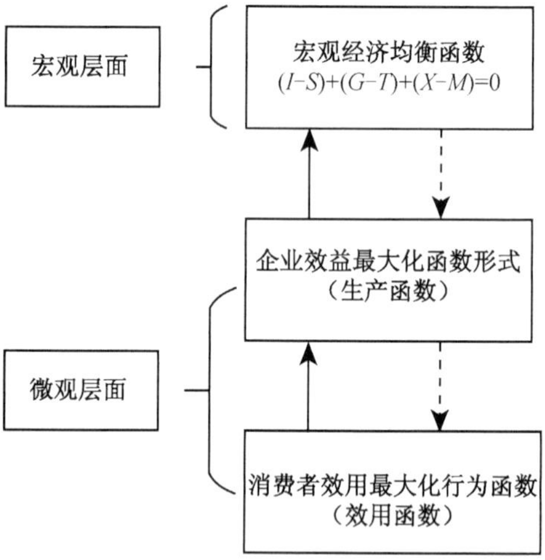

图 7-9　宏观和微观层面的经济函数和平衡方程

模型参数标定采用与计量经济学中参数标定同样的流程，即首先从文献、专家经验或者历史数据中计算得到相应的模型系数，将模型计算结果与被称为基准数据的真实经济数据进行检验比较即可确定系数的选择是否合理与准确。

典型可计算一般均衡模型的生产函数和效益函数以固定替代弹性、固定投入比例和柯布-道格拉斯模型为基础，各函数的形式和参数如表 7-12 所示。

表 7-12　可计算一般均衡模型常用生产和效用函数

函数名称	公式(x 指的是输入的数量)	待定系数
固定替代弹性生产函数	$(a_1x_1^p+a_2x_2^p+\ldots+a_nx_n^p)^{\frac{1}{p}}$	x_1 和 x_2 之间的替代弹性为 $1/(1-p)$，a 代表输入对输出的影响
固定投入比例生产函数	$\min\left(\frac{x_{1j}}{a_{1j}},\frac{x_{2j}}{a_{2j}},\ldots,\frac{x_{nj}}{a_{nj}}\right)$	x_n 是产业间的资金流动，a_i 是技术参数
柯布-道格拉斯生产函数	$\alpha x_1^{a_1}x_2^{a_2},\ldots,x_j^{a_j}$	α 是输出规模，a_j 是生产弹性

上述模型的替代函数可以表征商业如何使用劳动力、资金等输入以及消费者如何进行货物和服务交易。为了简化约束条件，很多可计算一般均衡模型均都不考虑价格与产品的差异而假定每个输入为固定替代弹性函数。此外，固定投入比例和柯布-道格拉斯函数从本质上讲都是固定替代弹性函数的一个特例。当 $1/(1-p)$ 接近 1 的时候固定替代弹性函数就变为柯布-道格拉斯函数，当 $1/(1-p)$ 接近 0 时固定替代弹性函数就变为李昂提夫函数。可计算一般均衡模型包含大量的函数，表 7-13 展示了其中部分函数的形式。

表 7-13　可计算一般均衡模型方程示例

方程		方程描述	方程数量	内生变量	参数
0	$z=\sum_i(SLACK_i+SLACK2_i)$	目标函数	1	$Z\ SLACK_i$ $SLACK2_i$	
生产系统					
1	$LAB_i=\frac{\alpha_i^L PN_iX_i}{PL}$	劳动力需求	n	$LAB_i\ PN_iPL\ X_i$	$\alpha_i{}^L$
2a	$CAP_i=\frac{\alpha_i^K PN_iX_i}{PK_i}$	资金需求 SR	n	$CAP_i\ PN_i\ PK_iX_i$	$\alpha_i{}^K$
2b	$CAP_i=\frac{\alpha_i^K PN_iX_i}{PK}$	资金需求 LR	n	$CAP_i\ PN_i\ PK\ X_i$	$\alpha_i{}^K$
3	$LAND_{ag}=\frac{\alpha_{ag}^T PN_{ag}X_{ag}}{PT_{ag}}$	土地需求	n	$LAND_{ag}\ PN_{ag}$ $PT_{ag}\ X_{ag}$	$\alpha_i{}^T$
4	$VA_i=\alpha_{0i}X_i$	综合因素需求	n	VA_iX_i	α_{0i}
5	$V_{ji}=\alpha_{ji}X_i$	中间需求	$n\times n$	$V_{ji}\ X_i$	α_{ji}

2) 模型封装

为了求解可计算一般均衡经济模型中所有的位置变量，方程的数量必须与未知变量的数量一致。模型封装(Closing the Model)指的是在所有变量中挑选出需要直接赋值的变量以及需要保留在方程中的变量。如图 7-10 所示，在 MINIMAL 模型软件界面中，第四个选项的作用就是选择外部变量并进行赋值。

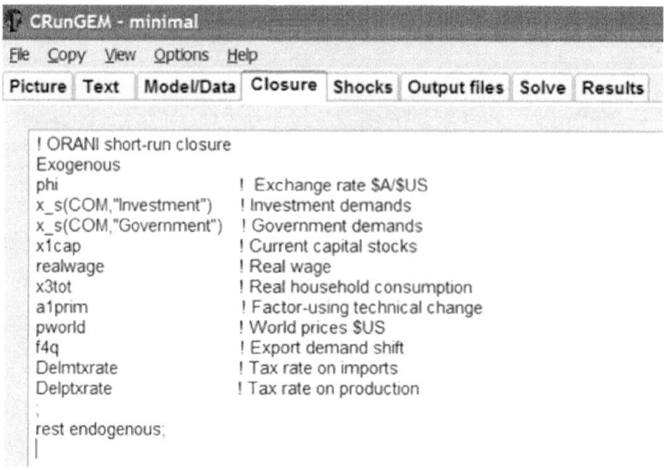

图 7-10　MINIMAL 模型界面图

3）模型求解

可计算一般均衡模型的求解主要是寻求可以产生市场均衡的价格解集。一般采用近似算法或者迭代算法等数值手段进行模型方程的运行求解，表 7-14 示意了 MINIMAL 模型求解的结果。由于可计算一般均衡模型解释的是不同备选方案对于基准方案的变化量，故模型求解结果是变化的百分值。计量经济学中联立方程的求解结果往往不是唯一的，会出现符合条件的多个解集。出现多个解集的情况将会为模型的应用带来问题。Wing 等人[82]指出对于多均衡的问题正处于研究中，但是，目前实践应用中基于一般均衡的模型都可以得到唯一且稳定的解集。

表 7-14　MINIMAL 可计算一般均衡模型计算结果

变量	变量定义	变化值%
delB	贸易/GDP 均衡值	−0.04
employ	就业岗位集计值	1.24
p0gdpexp	GDP 价格参数	8.20
p1lab	经济系统工资水平	7.69
p2tot	投资价格参数	5.71
p3tot	消费价格参数	7.69
p4tot	出口价格参数	4.49
phi	汇率	0.00
realwage	基于 CPI 的工资水平	0.00
w0gdpexp	以收入衡量的名义 GDP	9.23
w0gdpinc	以支出衡量的名义 GDP	9.23
w3tot	名义家庭总支出	18.46

续表 7-14

变量	变量定义	变化值%
x0cif_c	进口总量参数	12.51
x0gdpexp	以支出衡量的实际 GDP	0.95
x3tot	实际家庭消费量	10.00
x4tot	出口总量参数	−19.71

2. 可计算一般均衡模型优缺点分析

可计算一般均衡模型可以在整个经济系统中广泛地研究各个经济部门之间的相互作用,从而对经济指标变动做出更为贴近实际的估计。这是可计算一般均衡模型的优点所在。

但是,可计算一般均衡模型依赖于为数很多的不完美假设前提,包括:

● 匀质的产品和服务,指的是各产业部门生产的产品和服务都是相同的,它们之间不存在差异;

● 完全自由竞争市场,包括以下要求:

○ 消费者和生产者对于产品价格信息有充分的了解;

○ 商业以利润最大化为目的;

○ 消费者以最大化他们的效用为目的(消费者选择性价比最高的产品);

○ 产品价格在任何时间都能平衡市场需求和供给;

○ 所有产品生产都符合固定规模收益或者递减规模收益原则;

○ 不存在市场失灵或其他相关外部性;

○ 个别居民或者个别商业无法影响价格,价格由市场决定,故所有人都是对当前价格持接受态度;

● 产品和生产函数在不同输入之间呈固定弹性;

● 可计算一般均衡模型通常在单个区域内使用,故本地产品、消费的价格差异以及交通方式和交通成本差异等通常均被忽视。

为了克服上述模型的不足之处,一些经过优化的可计算一般均衡模型开始将不充分的垄断市场竞争考虑进模型,这使得模型开始计量递增的规模报酬以及产品差异等上述假设前提来更好地描述真实经济运行情况。目前,越来越多的具有较好灵活性和空间复杂性的模型正在研究中逐渐走向实践,如 PECAS 和 RUBMRIO 等将出行成本计入模型,MUSSA 和 TRANUS 等土地利用和交通模型将土地价格等因素计入了模型。

第八章　综合开发与城市轨道交通发展

我国正处于快速城市化阶段，城镇化水平的不断提高，城市数量、规模不断扩大，城市居民的出行总量和出行距离呈现大幅增长。同时，城市交通结构也发生了显著变化，机动化出行比例迅速上升，非机动车出行比例持续下降，城市交通拥堵日益严重，环境污染和能源消耗压力不断加剧。《国家新型城镇化规划(2014—2020年)》指出我国城市发展模式为建设密度较高、功能混用和公交导向的集约紧凑型城市为主导，人均城市建设用地严格控制在100 m^2 以内，建成区人口密度逐步提高。这意味着随着城市人口的增多，如果还是沿用老的城市交通发展思路必将产生严重的城市问题。为了缓解交通压力，实现城市交通可持续发展，政府管理部门、规划设计行业、学术研究机构等不约而同地选择了公交都市作为我国城市发展的战略路径。为推动公交都市战略在全国各级城市的发展，交通运输部在《交通运输"十二五"发展规划》中提出在"十二五"期间开展公交都市建设示范工程，通过5年的努力，在示范城市实现公交出行分担率达到50%以上等发展目标。2011年，交通运输部下发《关于开展公交都市建设示范工程有关事项的通知》，正式启动了公交都市创建工程。公交都市创建示范工程是落实《国务院关于城市优先发展公共交通的指导意见》和《交通运输部关于贯彻落实〈国务院关于城市优先发展公共交通的指导意见〉的实施意见》的重要举措。

当前，公交优先发展理念已经深入人心，公交都市建设示范工程也得到了全国城市管理部门的积极响应和参与。城市轨道交通作为公共交通的骨干，可以实现城市大客流的准点可靠运输并对城市形态塑造起到较大的影响，是大城市实施公交优先建设的重要内容。城市轨道交通近年来受到了极大的关注，全国三十多个城市通过国家批复开始了城市轨道交通建设。目前，城市轨道交通和公交都市建设面临的最大困难不是政策问题，也不是技术问题，而是建设和运营模式的选择问题。合理的建设和运营模式，要做到既能体现城市轨道交通的公共产品属性，又能实现建设和运营资金的持续稳定周转。城市轨道交通综合开发为上述问题的解决提供了途径，将在本章作具体研究。

8.1　综合开发的基本概念与内容

8.1.1　综合开发的内涵

目前，我国城市轨道交通建设面临两大困难，一是建设融资，耗费巨大，财政直接支出几乎不可能。二是开通运营后部分线路缺乏充足稳定的客流，导致运营资金周转出现问题。综合开发可以增加政府来自土地和物业的收益，减少政府对城市快速轨道交通建设与运营的补贴。综合开发是指地面物业与轨道车站相配合进行整体规划与综合开发，地面物业不仅局限于地表层的建设，通常与地下车站相结合[83]。交通与土地的综合开发模式早在20世纪初的美国就已经出现。例如，纽约中央车站和洛克菲勒中心的建造就不只是单纯的交通场所，更趋向于一个城市中心区。20世纪下半叶起，在一些发达国家的城市中随着中心区承担的人口不断增加，人均所需的服务建筑面积随之增加，办公和商业所需的建筑面积不断增加，服务于它们的交通需求量也逐渐加大，城市中心区的新型投资建设就偏重于满足这两方面的需求，因此，就产生了两者相结合的"轨道＋土地"的综合开发模式。

综合开发主要包括两个方面的内容：一是加强轨道交通用地综合开发。城市控制性详细规划要与城市综合交通规划和轨道交通规划相互衔接，优先保障轨道交通设施用地。加强轨道交通用地监管，改变土地用途的用地由政府收回后重新供应用于轨道交通基础设施建设。对新建轨道交通设施用地的地上、地下空间，按照市场化原则实施土地综合开发。对现有轨道交通设施用地，支持原土地使用者在符合规划且不改变用途的前提下进行立体开发。轨道交通用地综合开发的收益用于轨道交通基础设施建设和弥补运营亏损。二是拓宽投资渠道。推进轨道交通投融资体制改革，进一步发挥市场机制的作用。支持轨道交通企业利用优质存量资产，通过特许经营、战略投资、信托投资、股权融资等多种形式，吸引和鼓励社会资金参与轨道交通基础设施建设和运营，在市场准入标准和优惠扶持政策方面，对各类投资主体同等对待。轨道交通企业可以开展与运输服务主业相关的其他经营业务，改善企业财务状况，增强市场融资能力。加强银企合作，创新金融服务，为城市轨道交通发展提供优质、低成本的融资服务。

如果说城市道路拥堵收费是将机动车使用者的外部成本内部化，那么，综合开发就是将城市轨道交通的外部价值内部化。综合开发的优势在于可以使公共和私人的各利益主体达到共赢。对于城市公共部门来说，客运交通系统的使用效率得到提高，并且可以提升城市设计的品质，控制和管理城市的成长和发展。对于物业发展商而言，综合开发则提供了市场条件优越、可预期回报率高的投资项目。

综合开发代表的是一种新型的开发运作模式，它不同于以往交通设施与商业相分离的开发形式，而是综合两者优势的整体开发。与公共交通系统的车站设施选址和运营有直接关系的物业开发计划，都可称之为综合开发。包括火车站、汽车站、轨道交通站点、机场、客运码头等各类型的交通设施站点都可采用综合开发。所开发的地产类型也涵盖多种业态类型如住宅、办公、酒店、综合商场等各类城市商业建筑，都可以成为综合开发的物业类型。

简言之，综合开发就是在进行城市轨道开发活动时，将城市轨道交通系统与周边地区土地开发作为一个整体来考虑，统一进行规划设计及建设，以使二者都获得比各自独立开发更高的收益。城市土地开发是促进城市经济发展的重要因素[84]，综合开发从短期来看是为了轨道交通建设运营资金的手段，但从长远来看也将是城市财税收入的重要来源之一。

8.1.2　综合开发的社会经济效益

城市经济的发展从来都不是孤立存在的，它总是与城市的发展和城市结构的变化密切相关。在当代的城市中，经济实体的形成、发展和分布主要与城市的传统商业基础、城市住宅区的分布以及交通便捷度三个因素高度关联。

城市轨道交通和物业的综合开发对促进商业发展具有极大的优势。随着城市进入公共交通的时代后，以轨道交通为代表的公共交通设施对商业的发展有着举足轻重的作用。轨道交通车站大多汇聚了地铁、轻轨、公交、出租车等多种交通方式,可达性强,是人流与车流的集散地。由此带来的庞大的换乘人流为商业中心内百货商场、连锁超市、影院、娱乐、餐饮、书店等消费业态提供了数量庞大的潜在消费客流。

在综合开发中,车站与商业空间都有专门的通道将两者直接联系,或者车站和商业合为一个综合体建筑,这能够吸引更多的乘客进入商业空间。在位于城市中心区以外的地区,轨道交通的建设还可以引导住宅区的开发,间接影响城市人口密度的分布,吸引人口向靠近轨道交通车站的区域转移,为综合开发的商业设施带来庞大的消费人群,促进商业的繁荣。

根据地铁调研数据显示,为了节省购物时间,人们往往会选择地铁沿线站点的购物场所。国外对城市中心区地铁站点的土地开发活动,就特别注重通过轨道交通和商业开发之间的步行系统联系。在对徐家汇地铁商业的调查中,发现地铁口出来的人流分别有 46%和 61%进入有通道直接联系的东方商厦和太平洋百货,而没有通道直接联系的第六百货,其相邻出口的人流只有 21%进入商场。

轨道交通的成本主要由两部分组成,即轨道交通的建设投资和运营成本。城市轨道交通属于城市基础设施,它的建设需要投入大量的资金,一般由政府出资建设。轨道交通所提供的服务属于公共服务,带有强烈的非营利性,其票价的制定都必须顾及城市居民的生活成本,因此,轨道交通的运营收入很难保持收支平衡。目前,全世界大部分城市的轨道交通系统处于亏损状态,大部分需要依靠政府的补贴维持运作。城市轨道交通通过综合开发可以筹集轨道交通系统的建设和运营资金,并为开通后的轨道系统提供足够客流来源。

8.1.3 综合开发的实施与管理机制

综合开发的实施与管理受规划层面和非规划层面两个方面的因素影响,从所有权与经营权的关系上看,大致有欧美的国有国营模式、中国香港与日本的公私合营模式、新加坡的国有民营模式和泰国的民有民营模式。

国有国营是指由政府负责轨道交通投资建设,所有权归政府所有,运营由政府部门或国有企业负责。纽约、柏林、巴黎、莫斯科、汉城等世界上绝大多数城市都采用国有国营模式,主要原因在于轨道交通项目投资大、运营成本高、票价低廉,带有一定的社会福利性,项目盈利的可能性较小,私人投资者投资轨道交通建设和运营的积极性不高。在国有国营模式下,轨道交通运营效率较低,对财政补贴的依赖程度较高、政府负担较重。为了拓宽资金来源,提高效率,一些国家和城市在国有国营的基础上,在轨道交通的投资、建设和运营等不同环节建立了多样化的收益模式,吸引社会投资,如采用公私合营、国有民营以及民有民营等方式。

公私合营是指由政府和企业共同出资设立轨道交通公司,负责轨道交通的投资、建设和运营。企业主观上都存在对利润最大化的追求,为了降低成本,企业会主动提高管理水平,同样为了增加收入,企业也会提高服务水平。这种模式的优点是轨道交通公司完全按照市场化原则运作项目,企业对利润的追求客观上保障了为公众提供良好运输服务的公共利益。此模式的必要条件是必须建立轨道交通项目良好的投资收益机制,以吸引社会投资。香港轨道交通是一个典型的例子,2000 年 10 月香港轨道交通在上市实行部分私有化,77%的股份由特区政府持有,其余 23%为公众持股,股票融资达 94 亿港元[85]。

国有民营是指轨道交通线路完全由政府投资建设,建成后委托企业负责运营管理。采取这种方式的优点是把轨道交通的资产和运营业务委托给企业管理，进行市场化运作，以降低成本，提高服务管理水平。采取这种模式的必要条件是轨道交通线路的建设投资完全由政府负担，运营企业无资产所有权，仅有使用管理权。企业通过承担专业化的运营职能，采取商业化的运营模式实现企业利润。政府虽然具有资产所有权，但不干涉具体运营，对运营开支进行少量补贴甚至不补贴，只负责监督和规范公司的运营以确保轨道交通的公共福利性质。新加坡轨道交通即采用这种模式。新加坡轨道交通由新加坡国土运输局建设完成后交付运营公司使用，其建设资金全部来自于财政支出。新加坡快速轨道交通公司负责新加坡轨道交通的运营，公司的第一大股东为一家私人企业。

民有民营是指由城市轨道交通企业投资兴建，并由企业经营。泰国曼谷轻轨采用了此种模式。从实际运作情况来看，泰国轻轨由于实际客流与预测客流差距较大导致运营亏损严重，项目盈利前景黯淡，现处于重组阶段。民有民营的模式尚未取得成功。

从轨道交通的管理方式看，可以分为一体化和专业化两种管理方式。一体化的管理方式是集轨道交通投融资、建设、运营和沿线商业开发一体化运作的公司制模式，如香港地铁公司和广州地铁总公司。专业化的管理方式是把轨道交通的投融资、建设、运营和沿线商业开发分别由专业化公司来承担，各公司之间可以是以资产为纽带的企业集团形式，也可以是完全相互独立的市场化契约关系。网运分开的模式是比较典型的一种专业化的管理方式，即线路资产的所有权与经营权相分离，如上海地铁、新加坡地铁和日本地铁等。

轨道交通作为准公共品，具有较强的公益性和极强的外部性。准时高效的轨道交通提高了城市地块的可达性，降低了人们的出行时间。随着轨道交通的建设，沿线区域的房地产迅速增值，商业日趋活跃，有力地促进了城市经济的持续发展。轨道交通因其代表巨大的公共利益，世界各国的政府都在轨道交通的投融资过程中发挥了主导作用，即通过政府投融资体系直接为轨道交通建设提供资金。近年来，各国政府为解决轨道交通建设资金短缺问题，从轨道交通具有的一定经营性出发，在政府投资为主的基础上，尝试进行市场化投融资的改革为轨道交通进行市场化融资创造必要条件，通过组建合资公司或项目融资等方式吸引其他投资者参与轨道交通建设。从这个角度看，轨道交通投融资基本模式也只有两个选择，即政府投融资和市场化投融资[86]。

8.1.4　综合开发的主要形式

城市轨道交通的综合开发从空间上主要分为轨道站点的综合开发与轨道交通站点地区的综合开发。

1. 轨道交通站点的综合开发

1）轨道交通站点的综合开发方法

轨道交通站点的综合开发主要包括综合开发车站位置选择及车站间距选择、车站核心地区综合开发规划与设计、轨道交通与其他交通方式衔接换乘三个方面的内容：

① 综合开发车站位置选择及车站间距选择

在做交通规划时，首先考虑的因素之一便是在路线中选择车站的位置。接下来便是车站规划决策，车站位置的考虑很大程度会影响到综合开发成本、建设时可能分摊的成本、吸引人潮的程度及项目的商业价值等等。首先，应该明确并不是综合开发轨道交通路线中的所有站点都具有进行综合开发的潜力或者必须进行综合开发。当车站位置周边的土地具有以下几种利用性质时，该站点具有潜力来发生综合开发。这些性质包括商业集中的市中心、大型活动经常发生地、城市设施完善的城区或者是分布着高密度住宅区的市郊。这些具有发生综合开发潜力的车站区域，所具有的共同点是他们本身往往是城市集散中心，通过综合开发实施，城市功能得到加强，对于城市人流的吸引力便进一步得到提升，周边开发也紧接着往更高容积率方向发展，城市集聚效应便在站点区域发生，使得轨道交通获得更多的经营效益。

同时，还应当注意轨道交通车站间距的设置。车站间隔指的是一条路线上的车站间距，还有商业区内不同路线上的车站间距，能够对综合开发产生的效益产生直接影响。交通系统内部的动线技能的效率受到市区内的车站间距的强烈影响。一般来说，中心商业区的车站间距越近，则交通系统所提供的内部动线机能就越好，这种依存关系也对房地产开发及市区功能产生正面影响。不同路线的车站间距近时，行人交通就很可能从一站穿过中间区域到另一站去，由于这些区域都很容易到达地铁站，所以称为开发重点。借鉴国际通常的经验以及考虑到列车运行速度的需要，轨道交通车站间距在市区 0.8～1 km 左右比较合适，而在城市郊区间距可以提高到 1.5～2 km 左右。

② 车站核心地区综合开发规划与设计

对车站核心地区综合开发规划与设计是指对车站半径 200 m 范围内腹地的地上地下空间、出入口位置、与邻近建筑物结合方式的具体规划与设计。需要考虑的是用怎样的方式将这些关键设计与城市环境相融合，最理想的情况是能形成交通上的一体化及功能上的多样化。车站核心地区的综合开发基本模式是交通站点与邻近建筑物在空间上直接或间接结合，综合组织二者功能及交通；从竖向上看，这是一种分层的立体开发模式，通常将地下商业（有时连同地下停车一起）布置与地下一层，轨道交通站台层布置于负二层，商业功能布置于地面层的裙房里，而办公等空间一般分布于建筑物的高层部分。

对车站核心区进行的综合开发中，充分考虑所开发物业与轨道交通站点二者在空间布局上的结合以及流线上的联通。国外综合开发的成功给我们以启示，从它们的经验看出，车站出入口位置的选择与联系通道的设置等看似轻微的细节却是直接影响综合开发的核心因素，包括影响综合开发潜力、建设时公私团体之间的成本分摊以及开发项目的商业价值。因此，为了保障综合开发顺利实施及从中获取最大化的收益，在规划设计中我们应该高度重视出入口位置选择及联系通道的设置。

2）轨道交通站点的综合开发商业模式

研究表明，现今轨道交通站点综合开发的商业模式有三种，分别为地铁上盖物业开发、地下空间开发、地上空间与地下空间的共同开发。

地铁上盖物业已经成为发展潜力最大、实用程度最高、抗风险能力最强的城市高效物业形式。地铁上盖物业即结合地铁站点的建设向上拓展空间，构建轨道站点综合体，将交通接驳、商业、办公、居住等需求整体化解决，实现最大化的土地利用。在上盖物业的规划上，有一些共性的特点，即通过横向、纵向功能合理配置，削减车辆段对城市功能的影响；通过搭建混凝土桥架转换层、增设绿植、停车、检修库下埋等措施减少噪音等污染，如图 8-1 所示。

地下空间的利用一方面可以构建通达性良好的地下交通网络，提高换乘效率，缓解地面交通压力；另一方面，可以大力发展地下商业，并将站点与周边物业连通起来形成综合效益。

地上空间与地下空间的共同开发一般是通过地下空间的开发将站点周边主要建筑和地

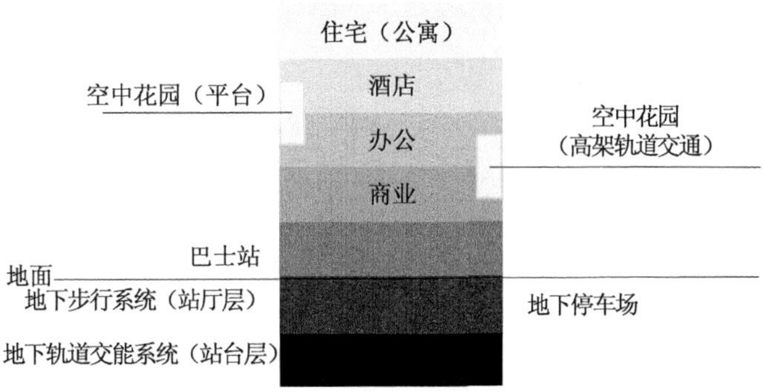

图 8-1　典型的轨道交通站点上盖物业示意图

下交通体系连接，最终形成一个规模巨大，集交通、购物等多种功能于一体的地上空间与地下空间有效结合的综合体。

2. 轨道交通站点周边的综合开发

轨道交通站点周边综合开发区域范围内主要由核心商业区、商务办公区、居住区等几种功能空间组成。

1）核心商业区

核心商业区是轨道交通站点周边高密度开发的项目，它包含零售、大型超市、餐饮、娱乐设施等。核心商业区面积的大小、规模、功能等应根据城市居民需求和周边城市环境现状决定。同时，在核心商业区内应布置必要的公共服务设施，如绿地、广场等，促使人们选择步行或自行车出行方式来缓解道路小汽车的交通压力。

2）商务办公区

商务办公区布置在综合开发区域内，可以缓解地面小汽车交通堵塞现象，特别是每天上下班客流高峰时段，因为紧邻交通站点布置商务办公区可以促使人们选择公共交通出行，一方面缓解了城市交通压力，另一方面提高了出行效率。

3）居住区

为了满足不同类型城市居民的居住要求，应在综合开发区域内建设不同类型和不同密度的住宅，以平衡整个城市的交通系统，提高交通站点的使用效率。

4）辅助区域

在辅助区域内，需要布置一些低密度的建筑，例如停车场、学校、诊所、小型零售店等等，这些类型的建筑不适合布置在竞争激烈客流量较大的综合开发区域内。除此之外，为了城市居民的健康生活环境，还需要布置一些供人们活动和交往的场所，如公园、绿地、广场和景观等。

站点周边地区的综合开发模式主要分为下面三种类型：

(1) 形成一定规模的综合交通枢纽。以车站为中心形成不同交通方式聚集的大规模交通换乘枢纽，以此，组织各个方向的交通流，方便地到达城市的各个中心区和主要居住地区。

(2) 形成市、地区级中心。以轨道交通车站为中心，聚商业、居住、办公空间为一体，形成有活力、出行便捷的市、地区级中心，若干个以轨道车站为中心的地区连为一体，就形成了以轨道交通为主导客流的客运网架，以达到城市客流与轨道功能相互促进的良性互动。

(3) 形成新的城市地区。通过轨道交通的引导,以车站为中心的综合开发区,可作为城市新开发地区的商业中心、居住中心、城市副中心、地区中心等,保持新市区的活力及已建城区对新建城区的辐射和带动作用。

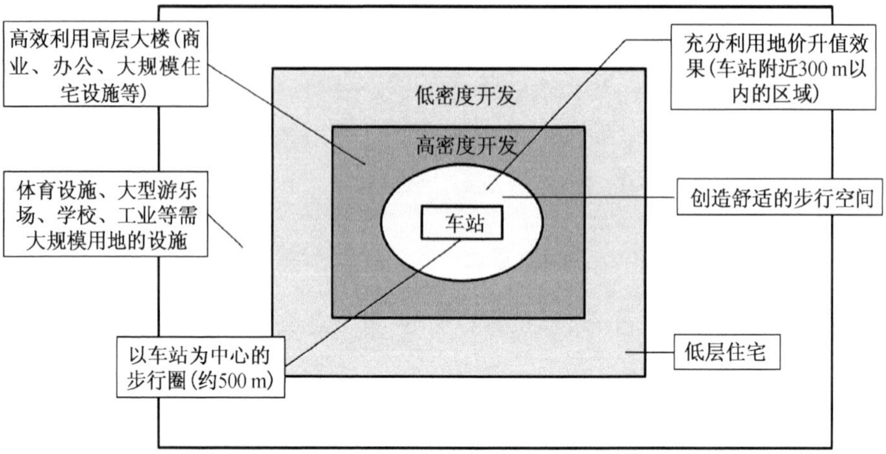

图 8-2　轨道交通站点地区开发结构

这类开发一般源自商业投资计划以及相关的设施,往往是在计划好的城市副中心周围环绕交通改良方案。在轨道交通影响的广阔区域内,鉴于该综合开发的复杂性及规模(通常总建筑面积都有几十万平方米以上),通常在计划规划方案时就要跟运输设施管理配合好工作,该项目中往往包含了多项混合功能,并且,该区域中的核心建筑与交通站点形成一体,非核心建筑也会与交通站点通过别的建筑而产生间接的联系。

8.2　国内外城市轨道交通综合开发

8.2.1　英国伦敦轨道交通综合开发实践

伦敦市中心大部分线路是在 20 世纪初完成的,大都市区轨道交通网络总长 4 075 km,其中地铁 408 km、轻轨 27 km、东南铁路 3 650 km[87]。伦敦地铁由国营的伦敦地铁公司(简称 LUL)拥有并运行,由于长期的投资不足导致地铁系统产生许多不稳定因素。自 1994 年以来,英国政府用于交通资金的预算逐年下降,而地铁损耗日益严峻,资金需求逐步扩大,完全靠政府补贴已经无法持续。

为了解决巨大的资金缺口,1997 年大选后英国政府开始考虑新的资金筹措方式,考虑到完全私有化不符合地铁准公共产品的特殊属性,政府倾向使用公私营合作(Public-Private Partnership, PPP)模式对整个地铁进行升级改造。经过四年多的论证和试行,最终将 30 年的特许经营权分别转让给 SSL、BCV 和 JNP 三家公司。使用设计—建造—融资—运营的 DBFO 模式,三家公司分别负责不同类别地铁的维护和修复,运营和票务依然由伦敦地铁公司负责。经过论证,伦敦地铁实施 PPP 模式主要基于四方面因素的考虑,包括由私营机构提供更加确切和有保障的长期投资;刺激私营机构提供更有效和积极的长期(30

年)管理模式;同时,政府部门保留对地铁的维护控制权;促使伦敦地铁系统更加高效。三家公司背后分别由两大联合体控制。Metronet 联合体控制了 SSL 和 BCV 两家公司。其主要成员包括世界最大的地铁建造商庞巴迪公司、英国大型咨询公司阿特金斯、EDF 能源公司、泰晤士水务和英国最大的建筑公司保富比迪。Tube Line 联合体控制了 JNP 控制的 3 条线路,该联合体包括美国柏克德(Bechtel)工程公司和英国最大的公众服务提供商 Amey 公司。

政府希望私营机构在项目前期为伦敦地铁带来大约 70 亿英镑的直接投入。作为回报,政府每年向 PPP 联合体支付 11 亿英镑的服务费。费用由英国交通部直接划拨给伦敦交通局,然后再下拨给伦敦地铁公司。伦敦地铁 PPP 模式可能是世界上最复杂的结构之一,为了确保该结构有效运营及 PPP 合作有效执行,英国政府设立了一种独特的仲裁审核机制,政府每 7 年半就对 PPP 联合体进行一次效果评估。然而2008 年 Metronet 联合体宣告破产,该 PPP 项目的失败直接导致英国政府损失超过 41 亿英镑。2010 年另一个 PPP 联合体 Tube Line 也宣布破产。Tube Line 最初希望政府为其扩建的 Piccadilly 和北方线支付 68 亿英镑,但是政府的仲裁人只核定 44 亿英镑的费用,因此该公司只好破产。伦敦地铁管委会支付了大约 3.1 亿英镑回购了他们的股票。

伦敦地铁 PPP 模式失败有多方面的原因。在项目失败后,英国议会以及英国审计署都对项目进行了检讨和深度分析,并对项目的失败进行了认真总结,其中主要有三方面的问题:

第一,政府监管不力。由于伦敦地铁项目巨大,能够参加竞标的联合体极为有限,因此,政府和联合体直接的谈判相对复杂和不透明。另外,由于该项目对保证伦敦城市经济的稳定性政治意义重大,政府采取了债务担保的方式确保项目的持续性,政府部门无法控制项目的金融风险,他们不是项目的直接参与方,却给项目担保,只能使得政府对项目的监控表现得无力。虽然政府设立了审核仲裁人,却无法从联合体那里获得必需的信息和成本数据,因此无法监控成本的变化,也无法获知联合体的实际操作情况。

第二,私营企业管理混乱,缺乏创新动力。地铁项目本身的非商业性约束了企业的热情。由于项目的主要目的是对地铁基础设施和车站进行修复和维护,与地铁实际收益(车票收费)相剥离,因此,很难激起参与方面的创新能力。最大的问题是联合体的企业治理和领导力。联合体参与企业过多,比如组建成 Metronet 联合体的 5 家企业不但没有形成合力,反而因为利益出发点各异,意见经常相左。

第三,公私部门矛盾严重。地铁类公共项目有很强的独特性,私营机构以利润最大化为目的,而公共部门以成本最低为目标,因此,在费用结算方面很难达成一致,机构内的矛盾就会日益凸显,导致项目效果不理想,长期合作的伙伴关系也会破裂[88]。

8.2.2　美国旧金山轨道交通综合开发实践

美国旧金山湾区城际交通 BART 是全美比较成功的城市轨道交通项目,该项目采用公有公营、政府模式决策、企业模式管理的形式。BART 项目均属公众所有、公众(政府)经营,整个机构的职员为公务员。在 20 世纪 70 年代以前的美国公共交通(包括城际轨道交通、所有的铁路)主要由私人公司提供。此后由于私人汽车的迅猛发展,公交企业大部分亏损。为照顾中下阶层(主要是支付不起城市中心昂贵的停车费者和无车族)的利益,维护社会稳定，自1970年以来政府(公众)开始收购、接管经营亏损的公交公司。BART的经营模式相当于上市公司，财务和决策过程等均向公众公开。董事会全权负责BART的一切重大事项的最终决策，其上面再无任何主管部门需汇报和请示。重大问题的决策须事先在报纸等媒体上发出公告。任何居民都可以参加会议并陈述意见，其意见当场由董事表决决定。总的来说，BART的运作方式可以概括为决策政府化(公开化，公众参与)，经营企业化(有经营核算，讲经济效益)。

BART轨道交通属基础设施，投资大、回收期长，社会公益性明显，自身经济效益不显著。旧金山湾区把BART的建设和运营分开来。基础设施的建设(或购买、租赁)与更新，车辆的采购等归为资本项目；日常的经营归为经营成本。资本项目的资金主要来源于联邦政府、州政府的拨款，以及当地县(类似我国地级市下属区的概念)一级的资金等三部分。联邦政府的拨款占资本项目的比重很大，一般为50%。争取联邦款项首先要按联邦政府制定的程序进行可行性研究报告等工作，最关键的是要会游说国会议员们投票。这主要取决于当地在国会的政治势力。如BART正在建设的旧金山国际机场延伸项目，来自联邦政府的拨款占总投资的50.6%。州政府的拨款主要是联邦政府要求的由州政府负担的配套资金，一般占总投资的20%～30%，来源主要有当地汽油税、州大桥收费、交通发展基金等。一个值得注意的特点是州政府的出资十分重视各种金融工具的灵活运用。如湾区交通委员会通过发行以跨湾大桥收费为担保的债券融资，将未来的收益转化为现实的投资。当地县一级的资金主要体现在向当地居民所征的附加销售税和房地产税。为建设和维持BART，自1970年起，在旧金山湾区的旧金山、阿拉米达和康查扣斯塔三县就开始征收附加销售税"一分税"，即对所有在三县内的销售税率增加1%。增加的这部分税收专款用于BART的建设和运营补助，其中1/2用于BART的资本项目，1/2用于BART的日常经营补助。此外，还有房地产税也直接用于经营亏损的弥补等。在旧金山国际机场延伸项目中，当地出资为23.9%(其中BART项目所在的三个县出资12.4%，圣马刁县交通局出资11.5%)。近年来，对联邦政府拨款的竞争越来越激烈，一般这部分的比例不会超过50%。另外，各地也开始注意出资主体的多样化。如在BART旧金山国际机场延伸项目中，出资主体有7个。同时也积极想办法动员和吸纳社会资金，如轨道交通出入口处商铺的经营权、附近房地产的开发等都转让给私人企业作为新建项目的投资捐款，这部分资金的比例还非常低。对于日常经营项目，联邦和州政府一般不参与，全部依靠当地县一级的资金。

从经济效益看，美国所有轨道交通的经营都是亏损的(未计入初始投资，仅计算日常运营)。票额收入占经营支出的比例一般最高只能达到50%，其余的不足部分由一分税和房地产税直接补贴。一分税由税务部门征收，每季度末转账到BART。BART在2001年度票额收入仅占总支出的49.5%，其他收入仅占了5.59%，其余来自一分税、房地产税等的补贴占44.91%。这一比例和芝加哥的Metra通勤列车类似[89]。

8.2.3 日本轨道交通综合开发实践

为了适应高密度的城市圈布局，日本从20世纪60年代开始便采取了发展城市快速交通体系的模式。通过大力发展地铁交通，同时改造原来的市际地面铁路，使其逐渐变成大城市圈内部的公共交通线路，并与长距离、时速为200 km的高速电气化铁路相连接，形成多层次的快速轨道交通运输网络，为市民出行提供便捷的交通方式。

日本城市轨道交通的建设资金筹措途径主要有政府补助方式、利用者负担、受益者负担、发行债券、贷款五大类。从建设主体上看，有民间资本、民间与公共团体（相当于我国各级地方政府）的组合、国家或地方公共团体三类。日本轨道交通企业采取的是以铁道为中心，以房地产及租赁业、购物中心等零售服务业、公共汽车业、出租车业、旅游观光、宾馆设施等为兼业的经营模式。其中最主要的经营战略是土地经营和轨道交通经营同时进行的战略，日本轨道交通企业的土地经营类型主要可归纳为三类，以轨道交通为轴心的沿线开发型、土地开发主导型、与轨道交通完全无关在沿线以外地区开发土地经营业务型。

轨道交通企业负责规划的土地，以追求最大经济效益为目的。它效益的目标包括两个方面，一是土地经营效益最大化，二是为轨道交通提供尽可能多的客流，使铁路投资能够赢利。由于交通可到性程度不同，越靠近车站物业价值越高。在追逐利润的目标驱使下，房地产自然地向车站集中，形成车站建筑密度高，向外围逐步降低的趋势。这种布局反过来对轨道交通经营也极为有利。为充分利用轨道交通的派生价值，轨道交通企业还经营其他与轨道交通共生的商业项目，包括百货商店、体育场馆、游乐公园、宾馆等。许多项目直接布置在车站建筑内，它们既可以利用轨道交通的客流，又能够为轨道交通提供客流。不少轨道交通企业还经营接驳公共汽车线路，为轨道交通在更大范围内集散客流。虽然公交线路本身亏损率较高，但有助于维持公共交通方式的支配地位，保证轨道交通的客流强度，提高轨道交通企业的整体利润水平。

在分配土地用途的过程中，轨道交通企业特别注意以极优惠的方式吸引各类学校、医疗中心、邮局、图书馆、消防局以及其他政府机构。这些机构不仅能够增加当地的房地产吸引力，还可以为轨道交通提供非高峰时间客流。上述设施的存在，使轨道交通各站实际上成为沿途的社区中心。由车站向周围放射的步行系统和公共汽车线路得以同时兼顾上下班和使用公共社区中心的两股人流，符合低收入、高效益的原则。根据 1988 年对东急财团经营的"田园城市"轨道交通沿线的调查统计，居民到轨道交通车站（社区中心）的出行总量中，有 67.8%为步行，24.7%为公共汽车，仅有 6.1%使用私人小汽车。显然，这种用地布局在吸引远距离出行使用轨道交通的同时，还有效降低了社区内部的机动车交通量。

轨道交通与物业的综合开发策略是由 Hankyu 铁路公司在大阪地区首先提出并采用的。由于这种综合开发策略取得了巨大的成功，被轨道交通企业在东京及日本其他地方广泛的采用。理想主义的"田园城市"理念被发展成为一种营利性的商业投资方式。对私营轨道交通的经营者而言，修建铁路不仅能从为城市提供交通服务中获利，也是物业开发的重要商机。以东京为例，很多私铁公司将郊区轨道交通与轨道交通沿线的零售商业、房地产、公共汽车、宾馆等产业综合经营。私营轨道交通企业通常由分别先行廉价获得沿线土地的众多公司合伙组成，统一进行土地利用与轨道交通建设规划以及基础设施配套，然后出售部分土地以补偿配套费用，其余用于自行开发。这就是日本城市建设中著名的土地重整过程[90]。

8.2.4　香港轨道交通综合开发实践

香港地铁的建设与经营管理在全世界都享有盛誉，其中荃湾线、观塘线与港岛线总建设费用约 260 亿港元。建设资金主要有三个来源：政府以股本形式投入约占两成，发展房地产约占一成半，其余来自借贷。除了股东资金外，尚有出口信贷、债券、银团贷款、利率和信贷置换融通、商业票据、银行透支便利等。地铁公司就上盖物业与地产商合作，建造费用和风险由地产商承担,地铁一般可分享五成利润。此外,地铁公司其他收益来源包括商场租金、广告和物业管理等。2000 年物业发展利润为 33 176 亿港元,占经营利润 72 190 亿港元的 46%。2001 年物业发展利润为 32 148 亿港元,占经营利润 73 107 亿港元的 44%。香港地铁公司历年出售物业所得利润全部用于地铁建设,成为香港地铁发展重要的资金来源之一。根据 1992 年的分区人口统计分析,全港约有 45%的人口住在距离地铁站仅 500 m 的范围内。如果仅以居住在九龙、新九龙及香港岛的居民计,这一比例更高达 65%。每天乘客 230 万人次,早上繁忙时段,每小时的单向轨道列车载客量为 75 000 人次,一年约有 8 亿人次搭乘地铁,成为香港市民及外来旅客往来港岛及香港各区不可或缺的交通工具。若以每公里地铁线路接载的乘客量计算,香港超过 5 万人次,东京为 3.7 万人次,汉城为 2.7 万人次,新加坡为 0.91 万人次,伦敦地铁只有 0.64 万人次,从这个意义上讲,香港地铁是世界上效率最高、也是最繁忙的地下交通线。香港每天有超过 30%的本地客运依赖铁路,而利用铁路过境的旅客更愈 80%[91]。

8.2.5 北京轨道交通综合开发实践

2003 年以前,北京城市轨道交通的投融资、建设与运营主要采用一体化模式。这种模式的地铁建设完全由政府计划主导,资金来源由中央划拨北京市,任务也以计划方式落实的特点。从资金筹措上看,该模式仅考虑政府和社会需要,没有要求任何投资回报,且运营过程中的维护资金也以计划方式安排。2003 年以后,北京城市轨道交通的投融资体制、建设与运营模式发生了较大变化,在"政府主导、市区共建、多元化运作、多渠道筹资"思路指导下,开始尝试引入市场机制。其典型标志是北京地铁 4 号线、10 号线采用的"投融资、建设、运营、监管分开"模式。

北京地铁 4 号线在国内较早引入 PPP 运作。具体做法是首先将建设期的项目分解为 A、B 两部分。其中,A 部分包括征地拆迁、土建工程、轨道、人防工程等,投资约占项目总投资的 70%,其投融资与项目建设的委托权由北京市基础设施投资有限公司负责;B 部分包括车辆、自动售检票系统、通信信号、给排水和消防、自动扶梯和电梯、控制设备、供电设施等机电设备的购置,约占总投资的 30%,由 PPP 公司负责委托建设公司建设。同时,PPP 公司与北京市政府草签了北京地铁 4 号线项目 5 特许经营协议,负责 4 号线的运营。

北京地铁 10 号线一期工程线路全长 30.5 km。奥运支线作为 10 号线一期工程的组成部分,线路全长 4.3 km。奥运支线被分解为两部分,其中 BT(建设—运营)工程部分通过招标选择投资与建设单位;北京地铁 10 号线投资公司负责非 BT 工程的投融资业务,并负责委托建设单位。10 号线通过公开招标方式选择中国银行北京市分行为贷款银行,该银行承诺提供的贷款包括人民币贷款和外汇贷款,同时承诺执行现行政策下的最优惠利率。这是国内第一个采用利率期权方式的贷款招标项目[92]。

8.2.6 深圳轨道交通综合开发实践

深圳市轨道交通一期工程共 2 条线路,投资约 100 亿元,其中政府投资 70%、企业贷款 30% ,未考虑物业综合开发。轨道二期工程共 5 条线路,投资约 760 亿元,汲取一期工程建设经验对投融资体制进行了积极探索,引进港铁公司投资建设运营 4 号线,组织 3 批地铁建设银团贷款,市区合作组建地铁三号线公司。从线位规划开始就同步考虑沿线用地的综合开发，利用多处车辆段（车站）进行了上盖物业或地下空间的开发，为深圳基础设施建设和投融资体制开辟了新途径。其综合开发的特色包括从土地开发模式上，借鉴香港轨道交通与城市土地开发综合利用的经验，通过轨道建设与沿线土地“捆绑式”的运作机制，将部分上盖用地以招拍挂的形式出让，吸引市场的资金及建设力量，为轨道交通实现资金的良性循环开辟了新渠道；在规划设计体系上，建立了轨道交通设计与城市规划设计协调配合的技术路线，对站点周边、车辆段上盖等用地的开发利用起到了极大的带动作用。

为解决轨道交通三期工程建设资金筹措问题，深圳市明确提出打造地铁投融资平台，拟主要依靠轨道沿线土地资源，为轨道三期 7、9、11 号线的建设配置约 400 亿元的土地资源，作为市政府投入的资本金。松岗车辆基地、深湾站、前海综合交通枢纽、深云车辆段、深云站、安托山停车场和彩电工业地块七处轨道站点（车辆段）上盖用地，是深圳市政府首批明确纳入轨道三期投融资平台的地块。按照轨道三期投融资思路，政府将轨道沿线的土地资源配置给地铁建设主体作为资本金，这有别于轨道二期“先轨道、后物业”的用地出让模式，为实现资本金的及时到位，沿线用地的规划设计条件将先于轨道建设予以明确，方能推进投融资建设工作的展开[93]。

8.2.7　广州轨道交通综合开发实践

广州地铁一号线工程总概算为 127.15 亿元，由广州市投资建设。为推进地铁一号建设，广州市开辟了多条渠道广泛筹集地铁建设资金，主要包括财政拨款、社会集资、物业开发、利用外资等。其中在国内首次尝试地铁建设和房地产综合开发的方式为地铁筹集建设资金。至 1996 年年中，已收到的收益约 20 亿元。据测算，全部物业建成推出后，可获收益 40 亿元左右，占地铁建设费用约 25%。在合作开发模式方面，由地铁总公司向市政府取得沿线物业发展地块的开发权，然后与开发商签订合作合同，由合作公司共同开发。物业发展所得收益按商定的方式分享，地铁公司所得收益用于部分地铁建设费用。具体来讲，广州市的合作开发模式大致有股份合作开发和开发商独立开发两种。前者指地铁总公司与开发商共同投资进行地铁物业建设，物业发展所得收益按投资的比例分享。后者指地铁总公司将地铁沿线地块的土地使用权出让给开发商，收取土地出让金。由开发商独立进行开发，开发所得收益主要由开发商获得。在广州地铁一号线建设的过程中，这是最主要的一种方式。地铁沿线物业发展用地共 35 万 m^2，规划总建筑面积约 200 余万 m^2。其中，公寓楼宇 78 万 m^2，购物商场 45 万 m^2，办公大楼 53 万 m^2，酒店 10 万 m^2。此外，还配建了交通、教育和休憩等公共设施[94]。

8.3　我国城市轨道交通综合开发模式探索

8.3.1　我国城市轨道交通发展特征

综观我国现阶段城市轨道交通建设运营情况，相比于国外（地区）的城市轨道建设有着明显的不同。这些发展特征主要包括以下五点：

1. 在建城市轨道交通数量多，建设运营资金支出量巨大

2013 年 5 月，按照国务院要求，单条城市轨道交通线路的工程报告已经下放由省级投资主管部门按照国家批准的规划核准。2014 年，地方政府共批复城市轨道交通建设项目 16 个，线路总长约 340 km，总投资超过 2 600 亿元，审批进度明显加快。截至 2014 年年底，中国已有 38 个城市经国家批准建设城市轨道交通，规划总里程超过 6 880 km。中国绝大部分的一二线城市均已囊括其中，甚至连徐州、南通这两座传统意义上的三线城市也于近两年先后获批。未来会有更多的三线城市加入城市轨道交通建设的大军。据预测，到 2020 年，具备建设城市轨道交通条件的城市将达到 50 个左右。

2014 年中国内地 36 个城市的轨道交通在建项目约 3 300 km，共完成投资 2 857 亿元，日均超过 7.8 亿元，比上一年大幅增长 33%。城市轨道交通成为交通基础设施建设领域仅次于公路和铁路的第三大"吸金池"。轨道交通项目的快速推进，让原来只有一线城市才拥有的地铁正逐渐向二线城市乃至部分三线城市普及。

我国城市轨道交通建设已进入高速发展期。截至 2014 年，已开通运营轨道交通的城市有 22 个，运营里程约 3 100 km。据统计，至 2020 年，我国城市轨道交通规划总里程将超过 8 500 km(不含有轨电车和市域轨道)，扣除已开通运营线路，平均每年开通运营里程约 900 km。

然而，城市轨道交通拥有明显的规模经济特征，通常当轨道建设形成网络系统，所带来的经济与社会效益便会十分明显。同时，它所带来的正外部效应巨大，例如沿线物业价格的提升，推动新城的扩展与城市更新等，这些都是政府考虑发展轨道交通的主要因素。城市轨道交通不但需要的建设资金庞大，其运营与沉淀成本亦非常高，因而轨道建设运营的投融资模式成为很多国内城市轨道交通网络发展过程中主要的难题。如何把这些正外部效应与潜在收益，有效转化为支持轨道建设和长远运营效益提升的力量，正是我国各个城市需要探索的问题。

2. 我国处于快速城镇化阶段，城市结构还具有较大的可塑性

城镇化本质上是工业化、农业现代化的结果，经济活动、物质生产是城镇化的源头。我国目前正处于城镇化快速发展阶段。1978—2013 年，城市常住人口从 1.7 亿人增加到 7.3 亿人，城镇化率从 17.9%提升到 53.7%，年均提高 1.02 个百分点；城市数量从 193 个增加到 658 个，建制镇数量从 2 173 个增加到 20 113 个。京津冀、长江三角洲、珠江三角洲三大城市群，以 2.8%的国土面积集聚了 18%的人口，创造了 36%的国内生产总值。图 8-3 形象地展示了城镇化率提高的过程，其中农村人口与非农村人口比例存在明显的此消彼长。

2006 年国土资源部咨询研究中心就提出，中国城市人均建设用地已达 130 多 m^2，远高于发达国家人均 82.4 m^2 和发展中国家人均 83.3 m^2 的水平。2004 年，按当时农业人口计算，中国人均村庄用地 218 m^2，高出国家定额最高值(150 m^2/人)45.3%。美国纽约的人均占地(包括郊区)不过为 112.5 m^2。从 1990—2004 年，中国城市用地规模弹性系数(城市用地增长率/城市人口增长率)从 1986—1991 年的 2.13 增加到 2.28，远高于 1.12 的合理水平，城乡建设用地总量上已足够 16 亿人口达到世界发达水平的用地需要。对比来看，2004 年香港特别行政区人均建设用地为 30 多 m^2。出现上述现象的原因在于过去若干年内的"效率优先、兼顾公平、促进社会稳定和协调"的发展思路以及各地对 GDP 增长的追求，造成了城市外延扩展占主导、人口城镇化滞后，变现为"要地不要人"的城镇化。

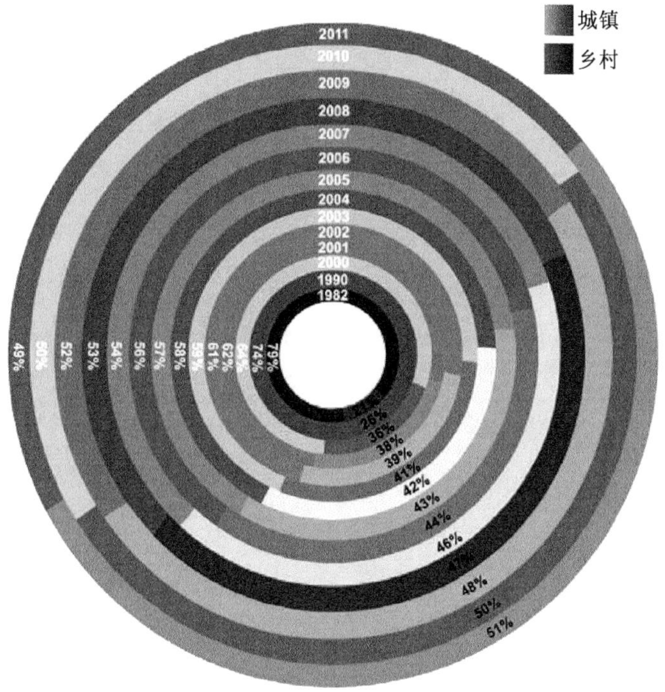

图 8-3　1982—2011 年城镇化率发展进程示意图

为了解决我国城镇化发展过程中的问题，纠正发展方向，党中央、国务院发布了《国家新型城镇化规划（2014—2020）》（以下简称《规划》）。《规划》指出要以人的城镇化为核心，并严格控制人均城市建设用地不超过 100 m^2。这意味着我国城市未来的建设确定为高密度组团式发展模式，新城市主义、“光明城市”等规划思想有了用武之地。图 8-4 是著名规划师约翰逊总结出的强中心交通发展模式，与高密度组团式城市发展模式相匹配。从图中可以看出，轨道交通在城市发展与运行中起到了举足轻重的作用。高密度组团式的城市结构形态一方面需要城市轨道交通来引导和塑造，同时，这种城市形态又能为城市轨道交通提供稳定的客流支撑。

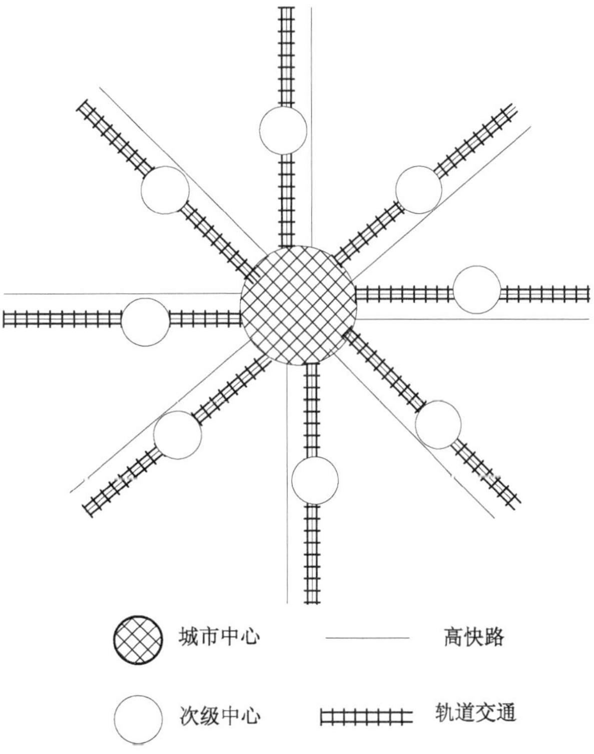

图 8-4　强中心城市发展结构示意图[95]

3. 土地资源所有权集中,便于协调利用

土地所有权国有化是我国城市土地所有权集中的根本原因。1982 年第五届全国人民代表大会第五次会议以前,我国没有正式宣布一切城市土地实行国有化。虽然城市土地的绝大部分已为国家所有了,但还有少量的仍属于集体和个人所有。因此,城市土地在相当长的一段时期内,以国家所有制为主,国家、集体和个人三种所有制形式同时并存。据 1982 年全国 226 个城市的统计,城市建成区土地面积为 7 438 km^2,集体和个人所有的土地约有 335 km^2,占 4.5%左右[96]。1982 年经第五届全国人民代表大会第五次会议通过的《中华人民共和国宪法》第十条规定:"城市的土地属于国家所有。"不仅明确了原来的国有土地的权属,而且把城市中残存的非国有土地通过立法也宣布为国有土地了。1988 年4 月 12 日第七届全国人大第一次会议通过的宪法修正案将宪法第十条第四款修改为:"任何组织或者个人不得侵占、买卖或者以其他形式非法转让土地。土地的使用权可以依照法律的规定转让。" 2004 年3 月 14 日第十届全国人大第二次会议通过了第四次宪法修正案,将宪法第十条第三款修改为:"国家为了公共利益的需要,可以依照法律规定对土地实行征收或者征用并给予补偿。"至此,城市土地在所有权国家化、转让制度、征收办法方面均有了明确规定。

尽管城市土地所有权属于国有且不能进行市场交易,但是城市土地使用权按照法律规定可以进入市场。目前,我国城市土地市场分为一级市场和二级市场两类,分别进行土地的征收拆迁和商业开发。土地收购储备制度是城市政府管理机构一级市场重要的手段之一,而在土地二级市场,则实行的是土地招拍挂制度对经营性用地进行交易。

我国城市土地所有权的集中,以及土地使用权交易的特点,使得我国城市轨道交通相比于欧美等国家在建设过程中具有得天独厚的优势。这些优势包括城市轨道建设用地征收的资金和时间成本比土地私有制国家要低很多,同时,政府通过向城市轨道交通开发实体注入土地资产可以很大程度缓解融资问题。

4. 金融市场成熟,融资手段丰富

相比于国外城市轨道交通建设高潮期的 19 世纪末到 20 世纪,金融市场和融资方法经过一百多年的发展已经比较成熟,这为今天的城市轨道交通建设提供了灵活的融资途径。我国城市轨道交通融资方法总体上分为债务融资和股权融资两大类,其中债务融资包括银行贷款、信托贷款、保险债权融资、融资租赁和证券化融资等手段。

银行贷款这一融资手段是为大家所熟知的,但是,面对城市轨道交通动辄数百亿的贷款需求,单个银行往往很难满足这一贷款要求,通常都要通过银团贷款的形式来实现。银团贷款又称为辛迪加贷款,是由获准经营贷款业务的一家或数家银行牵头,多家银行与非银行金融机构参加而组成的银行集团,由银行集团采用同一贷款协议,按商定的期限和条件向同一借款人提供融资的贷款方式。

信托贷款属于直接金融产品,是指信托机构在国家规定的范围内,制定信托发行计划,募集资金,通过信托计划募集的信托资金,对自行审定的单位和项目发放的贷款。当城市轨道交通开发机构的资金需求超出了银行授信无法再得到低息银行贷款时,信托贷款往往是比较好的选择。城市轨道交通开发机构由于有政府的信用担保,对于信托机构而言也是风险可控的良好合作对象。信托贷款中利益相关方的关系如图 8-5 所示。

保险债权融资是近几年来备受市场关注的创新型融资工具,指的是保险资产管理公司

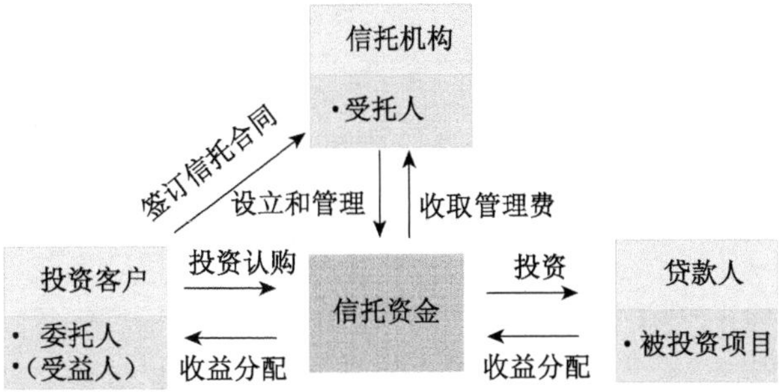

图 8-5 信托关系示意图[97]

根据有关规定发起,并经保监会批准设立的一种投资产品,通过向保险公司募集资金,用于投资基础设施项目。关于保险资金的使用,世界各个国家都有严格的规定与约束。为提高我国保险资金的使用效率,2005 年国务院正式批准保险资金可以间接投资基础设施项目。保监会先后发布《保险资金间接投资基础设施项目试点管理办法》和《基础设施债权投资计划管理暂行规定》,对保险资金进行基础设施投资的运作和管理进行详细规定。截至 2013 年 11 月,保险行业累计发行基础设施债权投资计划已超过 70 单,总金额超过 2 000 亿元。资金广泛投资于能源、交通、市政等基础设施行业,发挥了保险资金在经济建设中的支持和促进作用。

融资租赁是指出租人根据承租人对租赁物件的特定要求和对供货人的选择,出资向供货人购买租赁物件,并租给承租人使用,承租人则分期向出租人支付租金,在租赁期内租赁物件的所有权属于出租人所有,承租人拥有租赁物件的使用权。租期届满,租金支付完毕并且承租人根据融资租赁合同的规定履行完全部义务后,对租赁物的归属没有约定的或者约定不明的,可以协议补充;不能达成补充协议的,按照合同有关条款或者交易习惯确定;仍然不能确定的,租赁物件所有权归出租人所有。融资租赁和传统租赁的一个本质区别就是:传统租赁以承租人租赁使用物件的时间计算租金,而融资租赁以承租人占用融资成本的时间计算租金。我国融资租赁是集融资与融物、贸易与技术更新于一体的新型金融产业。2007 年后,国内融资租赁业进入了几何级数增长的时期。业务总量由 2006 年的约 80 亿元增至 2011 年约 9 300 亿元,被称为金融领域的朝阳产业。

融资租赁的形式有很多种,目前,我国城市轨道交通项目大都采用回租融资租赁的形式。回租租赁是指设备的所有者先将设备按市场价格卖给出租人,然后又以租赁的方式租回原来设备的一种方式。回租租赁的优点有三:一是承租人既拥有原来设备的使用权,又能获得一笔资金;二是由于所有权不归承租人,租赁期满后根据需要决定续租还是停租,从而提高承租人对市场的应变能力;三是回租租赁后,使用权没有改变,承租人的设备操作人员、维修人员和技术管理人员对设备很熟悉,可以节省时间和培训费用。

证券化融资是指融资由银行贷款转向具有流动性的债务工具,筹资者除向银行贷款外,更多的是通过发行各种有价证券、股票及其他商业票据等方式在证券市场上直接向社会筹集资金。资金供应者在购进债券、票据后也可以随时把拥有的债权售出,转换为资金或其他资产。证券化融资主要有两种具体实施路径:一是金融工具的证券化,即不断通过创新金融工具筹措资金,主要是指银行将其流动性差的债权资产出售给第三者以发行债券,我们通常称之为资产证券化；二是金融体系的证券化，即通过银行等金融机构借款的比重下降，而通过发行对第三方转让的金融工具的比重相对提高，即所谓资金的“非中介化”或“脱媒”现象，这种意义上的证券化融资实质是一种融资渠道的改变，也就是由传统的以银行信贷为主向多元化发展。二者虽然表现形式不同，但都具有直接化的特征，也就是由间接金融趋向于直接金融。城市轨道交通的证券化融资主要采用第二种具体实施方法。

股权融资是指企业的股东愿意让出部分企业所有权，通过企业增资的方式引进新股东的融资方式。股权融资所获得的资金，企业无须偿本付息，但新股东将与老股东同样分享企业的赢利与增长。股权融资按融资的渠道来划分，主要有公开市场发售和私募发售两大类。所谓公开市场发售就是通过股票市场向公众投资者发行企业的股票来募集资金，包括企业的上市、上市企业的增发和配股都是利用公开市场进行股权融资的具体形式。所谓私募发售，是指企业自行寻找特定的投资人，吸引其通过增资入股企业的融资方式。我国城市轨道交通开发机构大都选择私募形式的股权融资。股权融资对于一些采用“土地一级半开发模式”的城市轨道交通开发机构意义尤为重大。该开发模式可以发挥城市轨道交通企业在轨道交通建设和土地获取方面的优势，但对于物业后期施工、拓展、营销、销售等环节需要相对有实力的合作伙伴参与。在上海，现行土地招拍挂政策不允许轨道交通企业进行土地买卖。为了保障城市轨道交通的前期开发利益，同时又合理规避政策和经营风险，上海地铁公司创新思考出一种新模式，即在公司通过招拍挂取得土地使用权后，成立物业开发项目公司，以项目公司股权转让的方式来吸引有实力的合作伙伴从而达到融资的目的[98]。

5. 社会企业参与城市轨道交通建设运营的时机越来越成熟

2014 年 9 月，财政部发布《关于推广运用政府和社会资本合作模式有关问题的通知》，称我国正在实施新型城镇化发展战略，城镇化是现代化的要求，也是稳增长、促改革、调结构、惠民生的重要抓手。立足国内实践，借鉴国际成功经验，推广运用政府和社会资本合作模式，是国家确定的重大经济改革任务，对于加快新型城镇化建设、提升国家治理能力、构建现代财政制度具有重要意义。为此，要求引入外资、民企、央企、地方国企等各类主体，运用基金投资、银行贷款、发行债券等各类金融工具，为 PPP 项目提供资金保障，并将在全国范围开展政府和社会资本合作模式 PPP 项目示范。李克强总理在其主持召开的推进新型城镇化建设试点工作座谈会上，也专门提到新型城镇化建设解决“钱”的问题的两种方式，其一为发行债券，其二就是要“创新方式吸引民间资本投资经营”。

在财政收入进入中低速增长新常态、土地出让收入也难以持续高速增长、地方政府举债不得再借用投融资平台等背景下，PPP 成为中央极力推荐的一种应对融资缺口的优良模式。PPP 概念源于 20 世纪 90 年代的英国，为政府提供了新型的公共物品及服务的方式。被誉为“民营化大师”的萨瓦斯教授将 PPP 这个概念归为三个层次：首先，它在广义上指公共和私人部门共同参与生产和提供物品、服务的任何安排；其次，它指一些复杂的、多方参与并被民营化了的基础设施项目；再次，它指企业和地方政府为改善城市状况而进行的一种正式合作。

2015 年 4 月，财政部印发《政府和社会资本合作项目财政承受能力论证指引》，对财政可承受能力进行量化控制，规定“每一年度全部 PPP 项目需要从预算中安排的支出责任，占一般公共预算支出比例应当不超过 10％”。2014 年全国一般公共预算支出规模为 15.1 万亿元，10％的规模意味着财政支出责任最高可达 1.51 万亿元。设定一个 10％的上限，是为了规范一些不顾实际财力、盲目上马 PPP 项目的地方政府。

总体而言，政府和社会资本合作模式的兴起，为社会企业参与城市轨道交通建设运营提供了积极有效的途径，“玻璃门”现象逐步得到解决。

8.3.2　我国城市轨道交通综合开发方法

按照城镇化发展规律，我国正处于城镇化率 30%～70%的快速城镇化阶段。如果延续过去传统粗放的城镇化模式，会带来产业升级缓慢、资源环境恶化、社会矛盾增多等诸多风险，可能落入“中等收入陷阱”，进而影响现代化进程。随着内外部环境和条件的深刻变化，城镇化必须进入以提升质量为主的转型发展新阶段。处于这样一个特殊的历史时期，城市轨道交通作为我国城镇化进程的重要推动力量，其综合开发方法必须要符合我国的工业化、城镇化发展的阶段特点。归根结底，就是要按照社会经济规律进行城市轨道交通开发，减少非科学因素对综合开发计划和实施的影响。适应我国实际情况的城市轨道交通综合开发模式应具有以下三个特征：

1. 符合国家新型城镇化要求

城镇化是伴随工业化发展，非农产业在城镇集聚、农村人口向城镇集中的自然历史过程，是人类社会发展的客观趋势，是国家现代化的重要标志。根据资源环境承载能力构建科学合理的城镇化宏观布局，以综合交通网络和信息网络为依托，科学规划建设城市群，严格控制城镇建设用地规模，合理控制城镇开发边界，优化城市内舱间结构，促进城市紧凑发展，提高国土空间利用效率。建设以轨道交通为主体的城市综合交通体系能有效确保紧凑型城市的高效运转，是新型城镇化的重要支撑与推动力。

国家新型城镇化规划指出，要正确处理政府和市场关系，更加尊重市场规律，坚持使市场在资源配置中起决定性作用，更好地发挥政府作用，切实履行政府制定规划政策、提供公共服务和营造制度环境的重要职责，使城镇化成为市场主导、自然发展的过程，成为政府引导、科学发展的过程。

对照新型城镇化的要求，我国城市轨道交通综合开发要做到三点：一是加快大城市轨道交通建设，为快速城镇发展方向起到引领作用；二是提高服务能力与水平，向社会提供准点可靠的客流运输服务；三是遵照社会经济规律进行，减少行政干预和依赖。

2. 符合国家鼓励社会资本进入公共设施领域的方针

目前，城市轨道交通的建设成本为每公里 7 亿元左右，且投入运营后还需要巨量的资金来维持运作。对于城市轨道交通建设的资金需求，传统政府财政补贴所能带来的轨道交通融资额度极为有限。国内绝大多数城市财政直接支付都无法持续和完全满足这一资金需求。

为解决城市轨道交通等基础设施建设的资金问题，党的十八届三中全会提出“允许社会资本通过特许经营等方式参与城市基础设施投资和运营”，从而达到了拓宽城镇化建设融资渠道，促进政府职能加快转变，完善财政投入及管理方式，最终尽快形成有利于促进政府和社会资本合作模式。随后财政部从 2014 年 9 月到 2015 年 3 月，连续 8 次发文明确政府和社会资本合作的模式、实施办法、管理办法、招标采购办法、操作指南等问题，力度空前。

国家一系列新近出台的政府与社会资本合作的通知为各地政府进行城市轨道交通建设运营筹措资金趟开了道路。城市轨道交通综合开发方法必须立足于我国实际情况，在传统政府直接支付和市场化融资的基础上，积极探索城市轨道交通建设运营领域引进社会资本参与开发的途径。

3. 符合可持续发展要求

可持续是一种注重长远的发展模式，是科学发展观的基本内容之一。城市轨道交通的可持续发展，需要在社会、经济和环境三个方面都做到可持续发展。一个简陋的、忽视社区需求和乘客安全的轨道交通系统，将无法吸引及保证充足的客流；一个先进豪华但不能创造利润的轨道交通系统，将不利于系统的发展壮大，不利于吸引投资或保障投资者的利益。一个可持续发展的轨道交通系统，正是社会责任、经济贡献和环境保护这三大要素的结合[99]。

可持续发展的城市轨道交通综合开发，需要将城市规划、轨道交通建设、轨道交通沿线综合发展以及轨道交通运营整合成为一个有机良性循环。一方面充分发挥轨道交通的社会和环境效益，高效发挥其对沿线社会经济发展的强化和增益作用；另一方面，将沿线经济发展的部分效益直接或间接地转化和运用在轨道交通的建设上，形成了建设、发展、再建设的良性循环，将整个轨道交通网转化成为一个带动城市社会经济发展的可持续性发展网络。

我国城市轨道交通综合开发办法还需要注重以下五个方面的实施要点：

1）全面整体规划

城市轨道交通项目具有投资大、社会效益显著、直接经济回报低的特征。城市轨道交通综合开发必须坚持综合规划、统筹发展，将城市规划、轨道交通建设、轨道交通沿线综合发展以及地铁运营整合，形成一个良性循环的有机整体。城市轨道交通项目的实施，需要与城市和片区规划和发展全面统一地结合起来。项目实施的成功与否，取决于城市规划和片区规划的科学性、全面性和稳定性。与城市轨道交通项目建设同步，实现沿线各站点覆盖范围内社区的综合发展，确保各社区居住人口和就业岗位达到城市轨道交通建设的要求。根据香港轨道交通发展经验，基本上轨道交通开发可以分为两个阶段：第一个阶段是线跟人走，主要目的是解决中心城区交通、环保等问题，带动城市发展，提高市民的生活质量；第二个阶段是人跟线走，主要是运用交通导向发展模式，构筑交通走廊，配合城市整体规划和发展方向，改造旧城、开发新区[99]。轨道交通的两个发展阶段在我国内地城市并没有显著的前后发展次序，基本是相互交织同步在发展，这就更需要在综合开发中注意区分，综合规划，针对性发展。

2）有计划动态实施土地资源开发

城市土地是政府的宝贵资源，也是城市轨道交通发展的重要载体和资金来源。土地可以变成资产，也可以变成资金。但是无序的土地开发，将会导致优质资产的低效利用，无法保证轨道交通发展资金的筹措，更不能带来城市的大发展。为此，需要提前制订开发计划，并对开发效益、开发投入进行科学评估，通过评估确定建设时序和开发强度。“生地”无论在土地市场还是综合开发方面的价值都较小，但一般它们都构成了城市轨道交通公司的主要资产。对待“生地”的处理方法要谨慎，尽量不在这个阶段进行土地资源直接交易，可选择作为银行等机构的质押物。配合综合开发实施计划，待到成为“熟地”时再进行土地资源的开发和变现。

3）灵活运用金融手段

金融市场的成熟和金融工具的多样化，对于城市轨道交通综合开发而言既是好事，也有可能带来一定的风险。目前我国大部门城市轨道交通建设，政府直接补助仅占建设资金较小的比例，大部分资金来自以政府信用和土地质押为基础的银行贷款这一债务性融资。虽然，银行贷款可以带来较低成本的建设资金，但对于大多数城市轨道交通企业而言，仍存在定期的还本付息压力和违约风险。为提高城市轨道交通企业的资金应对能力，应根据自身资产情况，灵活运用多种融资手段，积极推进融资证券化，对信托贷款、保险债权融资、融资租赁等多种手段进行积极尝试或者组合使用。

4）建设地铁小镇

与轨道交通综合开发概念相似，国土部和国家发改委达成共识，即采用“轨道交通＋土地开发”的模式，通过市场化机制引入轨道交通投资和建设企业，分享轨道沿线的一部分土地增值收益，来降低政府建设和运营轨道的资金压力，实现政府与企业的双赢。这类项目被命名为“铁路城镇综合体”，实际发展中又称为“地铁小镇”。目前城市建设标准越来越高，大规模挤压低成本就业、创业与居住空间。地铁小镇除了起到疏解城市功能与人口的作用外，可以帮助解决城市过程中的“贵族化”陷阱。此外，地铁小镇的规划建设还需要重点吸引各类学校、医疗机构、邮局、图书馆、消防局以及其他政府机构。这些机构不仅能够增加当地的物业吸引力，还可以为轨道交通提供非高峰时间客流。

地铁小镇的开发建设，需要达到三个方面的目标：①满足地铁建设资金还本付息的需要，在金额、时间上与地铁资金需求相匹配，形成地铁还本付息资金的持续供给；②满足轨道交通可持续发展需要，为轨道交通提供稳定而持久的客流资源；③满足城市发展需要，带动城郊快速发展，统筹城乡和新市镇建设。

5）积极引入 PPP 模式

目前，我国轨道交通建设进入了高速发展阶段，2020 年城市轨道交通总长度将达 8 500 km，承担城市 50％ ～80％的交通客流量。将 PPP 模式引入轨道交通领域，实行投资多元化，从长远来说，可以有效解决建设运营资金不足的问题。PPP 模式在我国内地城市目前主要以深圳地铁 4 号线、北京地铁 4 号线和杭州地铁 1 号线为代表。该模式可以有效减轻政府财政压力、提高项目投资和运营效率，但 PPP 模式应用在轨道交通上相比其他交通基建项目较为复杂，主要在于利益保障机制的平衡点上。通常单纯运用票务收入难以支持运营成本和建设成本的还本付息，除非通过轨道交通引入物业发展元素作为诱因，否则在投资庞大而全生命周期内风险控制难度大的情况下，对私营企业参与的吸引力较为薄弱。

需要注意的是，PPP 模式不是万能的，开发时要有长远的目光，需要对运营期做好准备。从伦敦地铁的失败案例来看，运营阶段的地铁项目使用 PPP 模式并不一定能解决其实际的问题，甚至造成很多麻烦[88]。PPP 模式不等于私有化，市场化也不意味着政府撒手不管，如果处理不好，会给政府带来更多的问题。

8.3.3 城市轨道交通综合开发的“南京模式”

新一轮修编的《南京市城市总体规划（2011—2030 年）》提出了南京都市区的概念。南京都市区包括“中心城—新城—新市镇”三级城镇体系，如图 8-6(a)所示，其中中心城由主城，东山、仙林和江北 3 个副城构成。新城包括龙潭新城、汤山新城、禄口新城、板桥新城、滨江新城、桥林新城、永阳新城、淳溪新城。新市镇则是指建制镇和街道所在地的集中建设地区。根据总规，未来南京市将形成轨道主导、“双快”（快速轨道、快速道路）引导的城市交通主骨架。根据规划，未来都市区内任一点 15 min 可上快速路，而轨道交通也将由目前的 13

条增加到 14 条。轨道线网建成后可实现主城 30 min 内通达、都市区 45 min 通达。虽然本轮总规修编早于国家新型城镇化的正式提出，但是，其规划理念和成果与新型城镇化的诸多要求不谋而合。

根据规划，城市轨道交通将成为引导城市格局形成，服务城市出行的主要力量和载体。南京城市交通规划也指出，以城市轨道交通为骨架构筑城市客流走廊，支撑高密度、强中心用地布局[100]。为了实现这一发展目标，南京市轨道交通共计规划 22 条线路，其中城市轨道 14 条，都市圈轨道 8 条，老城、主城、中心城轨道线网密度分别达 1.36、0.90、0.62 km/km^2。老城区轨道站点 600 m 半径覆盖率达 75%，主城区轨道站点 800 m 半径覆盖率达 70%。截至 2015 年 4 月，南京市投入运营的轨道交通线路长度达到 225 km，车站 121 座，运营里程位居全国第四(图 8-6b)。

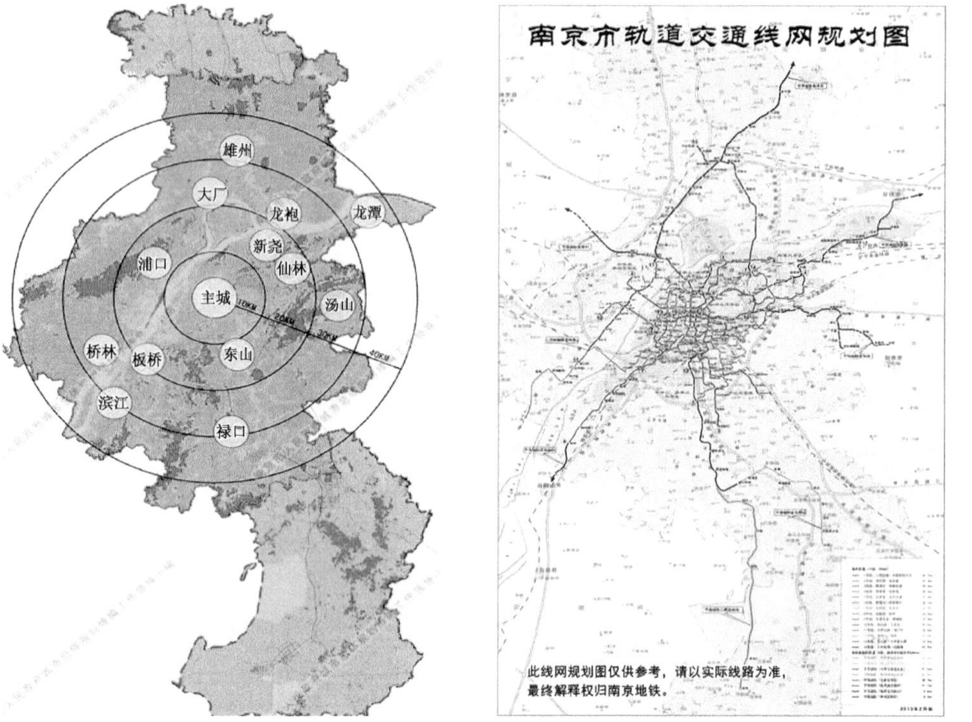

(a) (b)

图 8-6　南京城镇体系与轨道交通规划图(来源：南京市规划局、南京市地铁集团)

南京城市轨道交通发展遵循“统一收储、统一规划、统一整理、统一运作、集中受益”的南京模式，具体特色体现在融资途径、地铁小镇建设和社会企业合作三个方面。

1. 南京城市轨道交通融资

2012 年 6 月，南京市委、市政府做出了改革南京地铁公司体制机制的决定，成立南京地铁集团有限公司，并下设建设公司、运营公司、资源开发公司三个全资子公司，分别负责地铁项目建设、已建成线路运营和地铁相关资源开发经营。截止到 2013 年 12 月月末，地铁集团资产总额 718.18 亿元，负债总额 557.56 亿元，净资产 160.62 亿元，资产负债率 77.63%，已投入运营资产共计 312.3 亿元。新建线路已累计完成投资 510 亿元(其中自建及代建项目完成投资 329 亿元，BT 项目完成投资 181 亿元）。

截至 2013 年 12 月月末，地铁集团各类融资余额 519.66 亿元，其中债务融资余额 469.66亿元，股权融资 50 亿元。债务融资余额包括银行贷款余额 286.41 亿元、信托贷款 73 亿元、保险债权融资 60 亿元以及融资租赁 50.25 亿元。各类融资余额中长期融资余额 497.28 亿元，占融资余额比重的 95.6%。在货币政策紧缩和融资平台不利政策的严峻形势下，地铁集团 2011 年融资 63 亿元、2012 年融资 141 亿元、2013 年融资 222 亿元，三年累计债务融资总额 426 亿元，融资成本年平均费用率三年分别为 6.76%、6.97%、6.73%，与国内轨道交通同行和市属融资平台相比较，融资成本费用控制在较好水平。

自一号线开始，地铁集团已将所有已建和在建线路资产预期形成的运营票款收费权和土地收益权全部质押用于项目银团贷款，同时，利用固定资产和土地收益权开展了融资租赁、股权融资、保险债权计划等资产证券化工作，融资合同总额近 815 亿元，最长期限为 25 年。利用资产及其预期收益开展的融资业务主要有：

(1) 落实项目长期贷款合同总金额 645 亿元，包括一号线、二号线、一号南延线、三号线、四号线、十号线、机场线和宁天城际一期等 8 条线，以上银团贷款全程执行基准利率。

(2) 积极开展融资租赁业务。地铁集团积极盘活存量资产，利用车辆、轨道、设备等运营资产约 47.5 亿元及部分隧道资产约 22.16 亿元开展了融资租赁业务，累计融资近 60 亿元。

(3)积极开展股权资金融资。2012 年 6 月份将南大浦口地块等储备土地预期收益权质押、已办理权证的土地进行抵押，获得工行信托股权融资 50 亿元。

(4) 引入保险债权投资计划。2013 年 5 月份将青龙地区 1 万亩储备土地预期收益权作为银行反担保措施，引入保险资金，取得中国人寿保险债权融资总额 60 亿元。

此外，南京地铁集团于 2014 年启动资产证券化融资工作，利用地铁集团现有净资产总额进行资产证券化融资。一是计划发行中期票据 40 亿元，二是启动债券发行工作，发行企业债券(含永续债)40 亿元，2014 年共计利用资产证券化融资总额 80 亿元。

2. 南京市地铁小镇发展

地铁小镇的开发建设，是贯彻国家轨道交通与土地利用综合开发政策，落实国务院公共交通优先发展的有力举措。也是形成城市轨道交通建设运营投资高峰期融资的主要来源，是实现资源变资产、资产变资金的重要途径。

南京目前正处于轨道交通建设的重要发展时期，2013—2016 年共计要完成投资 1 055 亿元，且在 2013—2015 年间还需要还本付息 236 亿元，这对南京地铁集团而言是很大的压力。在此背景下，南京市委、市政府在既有融资手段的基础上提出了建设地铁小镇以解决城市轨道交通资金筹措问题。为了支持南京市轨道交通可持续发展，南京市政府前期批复了仙林青龙等 8 处，约 4 000 万 m^2 城市轨道交通融资储备土地。在依托土地进行银团贷款的基础上，从中选择部分地块进行地铁小镇开发，探索通过这一创新模式破解城市轨道交通建设、运营和还本付息资金筹措问题。

南京首个地铁小镇选址二号线与四号线交汇处的仙林青龙社区。仙林青龙地铁小镇规划范围北起桂山龙王山山脊线，南接沪宁高速，西至绕越高速，东至七乡河，总面积约 20 km^2，横跨江宁、栖霞两区。地铁二号线和四号线分别在地块北侧和地块中部穿过，片区规划见图 8-7。该片区除中部西岗果牧场外，其余用地基本被市政府以 2006 年 35 号会议纪要的形式，批准作为地铁一号线南延线和二号线的资本金及还本付息储备土地。目前，确定的地铁融资储备土地规模约 8.87 万 m^2，作为地铁建设约 240 亿元建设贷款资金的保证，已经向银行进行了抵押。

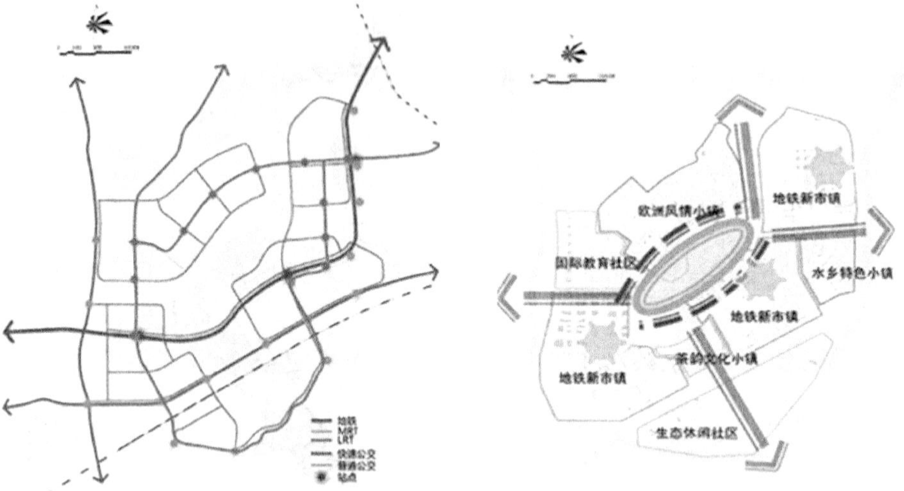

(a)　　　　(b)

图 8-7　青龙片区修建性规划图(来源:南京市规划局)

为有序推进地铁小镇的开发建设，地铁小镇的综合开发建设坚持实行南京城市轨道交通提出的“四个统一一个集中”的开发模式，即：

“统一收储”是指对整个地铁小镇范围用地进行统一收储，全部纳入地铁小镇建设范围；

“统一规划”是指打破行政区域界线，实行市级层面的全面、统一规划；

“统一整理”是按照地铁小镇建设规划，对片区用地统一进行土地一级整理和基础配套设施建设；

“统一运作”是要按照地铁建设资金的需求结合土地开发情况，确定开发次序和时限，分步、分区进行土地上市出让；

“集中收益”是要求土地的出让收益集中用于地铁建设资金的还本付息。

地铁小镇的运作涉及城市的发展布局和发展方向，其规划、开发、建设必须要上升到全市层面进行统一规划、统筹布局，形成市级协调、区级配合、共同推进的良好态势，故地铁小镇的开发采用以下开发模式：

(1) 成立地铁小镇开发建设指挥部，统一指挥、管理、协调地铁小镇的规划、融资、开发、建设和土地上市出让工作。地铁小镇开发建设指挥部由市政府领导兼任指挥长，市相关部门和所在区参与指挥部工作，以市地铁指挥部现有土地运作人员作为地铁小镇开发建设指挥部的主要办事人员。

(2) 在地铁小镇开发建设指挥部领导下，成立注册资本 10 亿元的地铁小镇开发建设集团公司，集团公司由南京市地铁集团、南京市土地储备中心、南京市安居集团按照 4∶3∶3 的股权比例出资。

(3) 地铁小镇开发建设集团公司主要负责地铁小镇的土地整理和基础配套设施建设、安居房建设，有条件时适当承担公共设施和商业设施建设工作。

青龙地铁小镇的开发运作步骤包括如下三个步骤：

① 整体规划，夯实开发运作基础

青龙地铁小镇要突破区界和土地主体进行统一规划，先规划，后开发，先做基础设施和环境建设，再开发项目。立足于满足地铁建设融资需求和城市长远发展，合理布局建筑功能和业态，扩大可利用土地范围，提升土地利用率；尽可能做好山体保护利用和采石场宕口修复，提高土地收益水平；优化路网布局及基础配套设施设置，提高基础配套的合理性和便利度，健全城市功能，提升土地利用价值。通过一个完备的规划，为后续开发建设奠定基础。

② 全面筹划，整体实施开发整理运作

对片区的土地统一实施整理，分步分区开展基础配套设施建设，集中开展征地拆迁和安居房建设，严格控制开发成本；提升片区环境和服务品质，充分发挥地铁四号线的带动作用，有效提升站点周边物业集聚度和利用价值，将轨道交通的外部价值内部化，提高融资效率和融资规模。

③ 强化计划，按地铁资金需求分步实施

在总体规划的基础上，结合小镇的具体情况，以满足地铁资金分年度需求为目标，制定切实可行的土地开发及上市出让计划，分步、分批实施具体的片区开发和土地上市出让工作。

3. 南京市轨道交通与社会企业合作

由于城市轨道交通项目投资庞大，回收期长，国内外大型城市轨道项目一般不会采取单纯市场化的融资方式。反之，由于轨道交通作为准公共物品，政府投融资模式一直是我国最常用的模式，操作简单、可靠性强，但存在资金短缺难以长期持续投入，资金使用和运营效率较低，政府债务日增难以为继等不足。引进社会企业进行合资合作，已经成为破解这一难题的有效方法。

南京市城市轨道交通项目已经进行了多样的社会企业合作尝试，取得了积极的成果和经验，为在后续建设运营工作中进行推广奠定了基础。BT 形式是城市轨道交通建设期间常见的与社会企业的合作模式。截至 2013 年 12 月，南京市城市轨道交通建设已经完成 BT 项目 181 亿元。随着南京城市轨道交通的大规模推进，BT 项目的投资完成量仍在不断刷新。在城市轨道站点上盖物业综合开发方面，南京地铁已实施了油坊桥站、小龙湾站、大学城停车场等上盖物业的开发，目前还有多个上盖物业仍在积极招商，如图 8-8 所示。

对于近两年来，国家在基础设施建设领域推广的 PPP 模式，南京市轨道交通建设也进行了有益的尝试。2014 年，绿地成立地铁投资公司，并以此为平台，通过引入申通地铁、上海建工等上海国企组成联合体，在全国多地开始逐步探索进入城市轨道交通领域进行投资开发。绿地地铁投资公司以“轨道交通＋区域功能”的整体开发商模式，一方面投资地铁建设，另一方面参与地铁沿线区域的城市综合开发。2015 年 1 月 14 日，绿地集团与南京市政府签署《南京市地铁五号线工程项目合作备忘录》，将就南京地铁五号线项目进行全面合作，总投资约 313 亿元。南京地铁五号线全长 37 km，2015 年开工建设，2020 年年底建成。项目采取“项目投融资建设＋施工总承包＋物业综合开发”的 PPP 模式合作建设，项目股权回购将在项目试运营开始后五年内完成。

(a) 张府园商业中心　(b) 地铁大厦

(c) 武定门上盖物业　(d) 夫子庙上盖物业

图 8-8　南京地铁上盖物业示意图(来源:南京地铁集团)

第九章　第三次工业革命、大数据与城市交通

9.1　第三次工业革命

9.1.1　工业革命与城市发展

工业革命创造了巨大生产力，使社会面貌发生了翻天覆地的变化。工业革命同时也是一场深刻的社会关系的变革，极大地促进了城市发展。工业革命诞生了轮船、火车、飞机、汽车等现代交通工具，彻底改变了国家的命运和世界的格局，改变了城市的格局与形态，改变了人类的生产、生活和交通方式[101]。

1. 工业革命背景分析

在工业革命发生之前，历史上没有任何事件是以整体进步为导向的，生活在没有明显变化的情形下持续着。从罗马帝国创建到 18 世纪大约 2000 年的时间里，人类生活的条件很少得到过重大改善，拿破仑时代的人在衣食住行各方面的水平与凯撒时代的人没有什么两样。人类经过漫长的等待之后进入 18 世纪，科学革命、工业革命和政治革命给予了欧洲不可阻挡的推动力，使之在世界历史的进程中占据了显著的地位。

1）政治革命

17 世纪的英国资产阶级革命是人类从封建社会向资本主义社会过渡的一次伟大的革命。英国这场大变动的根源在于国会和斯图亚特王朝之间的冲突，代表资产阶级利益的国会取得了胜利，其结果是建立起代议制立宪政体，确定了资本主义生产关系在英国的统治，这是英国对欧洲、对世界最大的政治贡献。

1775—1781 年爆发的美国独立战争是一次反对英国殖民压迫的民族解放战争。美国独立战争的意义并非因为它创造了一个国家，而是因为它创造了一个新的、不同类型的国家，《独立宣言》宣布："我们认为这些真理是不言而喻的，人人生而平等。"马克思认为 18 世纪美国独立战争给欧洲中产阶级敲响了警钟，大大推动了欧洲人民反对封建的革命运动。

法国资产阶级革命（1789—1794 年）在近代世界史上具有重大意义。它摧毁了腐朽的封建制度，建立了资产阶级共和国。在 1789 年著名的"八月的日子"里通过了《人权和公民权宣言》。一位法国历史学家认为，这份宣言相当于旧制度的死亡证明。法国革命改变了国际资本主义同封建主义之间的力量对比关系，促进了资本主义以更大的规模发展。

美国当代历史学家 L. S. 斯塔夫里阿诺斯认为，在 18 世纪，科学革命、工业革命和政治革命不是平行或独立地进行的，它们相互依赖，连续地一者对另一者起作用，使欧洲在世界范围内逐渐占据了显著地位。

2）科学革命

科学的根源可以追溯到古代，人类发展了种种利用自然物品的技术与方法，虽然也在不断地加以改进，但人们对其原理并不重视，关心的仅仅是技术上的实用知识，而不是科学上的潜在原因。自 15 世纪下半叶，在人类认识史上发生了一场伟大的变革——研究方法的变革。狄德罗认为，观察、思考和实验是人们认识自然的三种方法，观察可以搜集已有的事实，思考把它们组合起来，精确的实验则可以发现新的事物。由于以实验为基础进行研究的新方法的出现，科学在诸多领域取得了显著的成果。

1543 年，哥白尼的《天体运行论》全书出版，太阳中心说的提出标志着自然科学开始从神学中解放出来，这也是天文学中根本性观念的变化。科学早期阶段最杰出的人物牛顿的“万有引力定律”是一个具有革命性的解释，这一定律既可适用于整个宇宙，也可适用于最微小的物体，标志着近代自然科学走向了成熟。

18 世纪初在静电研究的基础上，莱顿大学的两位教授发明了储存和急速释放电能的莱顿瓶；本杰明·富兰克林通过对闪电的研究发明了避雷针，并进一步发展起最早的、全面的电学基础。此外，18 世纪博物学、植物学和地理学都取得了巨大进展，1859 年，达尔文出版了重要著作《物种起源：借助于自然选择即生存斗争中的适者生存》，提出了生物进化学说。

科学革命借助于其研究方法的变化而不断地稳步发展，本身包含了无限进步的可能性，为工业革命奠定了坚实的基础。

2. 工业革命及其进步意义

人类的物质进步在过去的 200 年中远远超过了前 5000 年的发展，其主要原因是发生在 18 世纪前后的工业革命，共显著特征是物质进步成为这个时代的标志。

1）工业革命的起因

工业革命的出现以及在世界范围内的扩展并不是某个天才的发明，也不是出现某个偶然机会导致的产品，而是当时政治、经济、科技和文化等各个方面发展与进步综合作用的结果，是人类发展史上一次伟大的变革。

考察工业革命的发展过程不难发现，起源于英国进而在世界范围内传播的工业文明起因于当时贸易市场的需要和工业规模生产所具备的条件。航海业的发展使欧洲出现了惊人的经济发展即商业革命，其特点是世界贸易总量显著增加，新的海外产品成为欧洲的主要消费品，其商业价值急剧增长。商业革命为欧洲的工业品和制造业提供了巨大的、不断扩展的需求市场；市场需求的扩大促使工业必须改良其生产组织和生产技术以提高效率；商业革命为建造工厂和制造机器提供了大量资金，为工业革命的出现提供了基本条件。

当时的英国在劳动力方面拥有绝对的优势。自 16 世纪开始持续了 3 个世纪，在 18 世纪末达到高潮的“圈地运动”从根本上改变了英国劳动力的状况，大量自耕农被逐出家园成为自由劳动力，尽管圈占土地的过程是残酷的，但就工业革命而言，它履行了两个必不可少的职责——为工厂提供了劳动力，为城市提供了粮食，成为工业革命极为重要的基础。

2）工业革命

18 世纪 60 年代从英国发起的工业革命是技术发展史上的一次巨大革命，它开创了以机器代替手工劳动的时代。这不仅是一次技术改革，更是一场深刻的社会变革。这场革命是以蒸汽机的诞生开始，以蒸汽机作为动力机被广泛使用为标志的，将人类带入了“蒸汽时代”。这一次技术革命和与之相关的社会关系的变革，被称为第一次工业革命或者产业革命。从生产技术方面来说，工业革命使工厂制代替了手工工场，用机器代替了手工劳动；从社会关系来说，工业革命使依附于落后生产方式的自耕农阶级消失了，工业资产阶级和工业无产阶级形成和壮大起来。第一次工业革命将城市带入近代城市发展阶段。

19 世纪 70 年代以后，科学技术的发展突飞猛进，各种新技术、新发明层出不穷，并被迅速应用于工业生产，大大促进了经济的发展。电信技术与燃油内燃机的结合，这就是第二次工业革命。当时，科学技术的突出发展主要表现在四个方面，即电力的广泛应用、内燃机和新交通工具的创制、新通讯手段的发明和化学工业的建立，其中电力的广泛应用是其主要标志，人类社会进入“电气时代”。电气化、自动化的应用，使世界进入现代城市发展阶段。

3）工业革命的意义

工业革命大大地解放了生产力，对欧洲产生了巨大的影响，进而扩展至世界范围，引发了世界范围内的巨大变化。

① 资本主义的兴起

工业革命的不断深化改变着资本主义的性质。工业革命前期，商业革命造就了商业资本主义；工业革命的第一阶段产生了工业资本主义；工业革命的第二阶段，经济组织形式发生了变化，出现了金融资本主义，金融家取代了实业家开始对经济生活进行控制。

② 人口的增长

工业革命促进了社会的进步，农业、工业生产率的大幅度提高使人们可以获得更多的生活必需品方面的生活资料；医学的进步和公共健康措施的广泛应用，使人类的死亡率大幅度下降，世界人口出现了前所未有的高速增长。

③ 城镇化

工业革命加快了世界范围内的城镇化进程。在古代，城市的规模取决于城市周围地区生产粮食的数量。工业革命时，蒸汽机动力的运用使工业集中变为可能，工厂系统取代了家庭加工制，大批劳动力涌入新的工业中心，运输、贸易使新型城市可以在更大范围内取得粮食、支持城市的运转。因此，世界各地的城市以极快的速度发展，这是人类史上的一个巨大的社会变化。

④ 财富的增长与分配

由于获得了新的动力，人类有效地利用了人力资源和自然资源，使生产效率出现了史无前例的增长。在 19 世纪后期，整个世界都受到了不断增长的生产率的刺激，所有的资源和资本都纳入了生气勃勃、不断扩大的全球性的经济网络中，创造着巨大的财富。但是，财富的分配出现了极端现象，少数人获取了巨大的财富，而多数人则遭受着无情的剥削，其生活水平不断下降或在低层次上徘徊。

3. 工业革命引起的城市发展问题

工业革命给城市带来了巨大影响，刘易斯·芒福德认为：“在 1820—1900 年之间，大城市里的破坏与混乱情况简直和战场上一样……工业主义产生了迄今从未有过的极端恶化的城市环境。”我们重新阅读这段历史不难发现，工业革命对社会发展而言无疑是一次伟大的进步，而对于城市这一物质载体来说，危害也是致命的。客观地讲，引起城市结构破坏和城市环境恶化的原因主要有两个方面：一方面，城市这一农业文明的“壳”根本无法包裹工业文明的“核”，城市原有的结构框架无法接纳工业革命带来的新功能；另一方面，即更为主要的一个方面是，城市的主体力量——新兴的资产阶级对日益增长的物质财富表现出极度的贪婪性，这种贪欲必然会促使他们不择手段、不顾一切地疯狂追求财富和吸血鬼般地榨取工人劳动的剩余价值。

19世纪之前，城市以农业文明为背景，经过持续而漫长的演化，城市的各种活动与城市规模是大致平衡的。中世纪的城镇规模都不大，城镇的尺度更倾向于合乎人的尺度，以步行为主要交通方式，各条街道都集中到市中心交汇，城镇平面轮廓常常呈圆形。城镇的生产方式是典型的家庭手工业，首饰匠、木匠、鞋匠在自己住所的作坊中工作，需要休息时，他只要从住所或作坊中踱到附近的喷泉边、市政厅旁的树林中或神庙的台阶上。城镇生活节奏是缓慢的，城镇居民对他们的工作、生意和宗教、艺术、戏剧等活动投入同等的注意力。工业革命的出现彻底打破了这种农业文明下的城镇平衡状态。规模生产的大工厂进入了城市，成为工人的自耕农如潮水般地涌入了城市，大量的原料、产品和工人在城市中川流不息，铁路按照生产的需要在城市中任意蔓延……城市无限度地扩大，城市出现了急速扩张的发展节奏。工业革命没有在保持城市和谐、协调的目标下进入城市，农业文明的城市必然会在工业革命的冲击下失去平衡与和谐。

对于大规模工厂生产所带来的日益增长的巨大财富，资本主义贪婪的本性决定了他们必然会计算和谋求最大的份额，恩格斯在《英国工人阶级状况》一书中分析资本主义城市发展时认为："城市愈大，搬到里面来就愈有利，因为这里有铁路，有运河，有公路；可挑选的熟练工人愈来愈多……这就决定了大工厂城市以惊人的速度迅速地成长。"企业家以最低的成本建设工厂、以最低的成本运输原料与成品，寻找最廉价的强壮劳动力，从而攫取巨额的剩余价值。在自由竞争的花环下，既得利益者都在其中分一杯羹，土地投机加剧了城市的破坏和恶化，土地投机商利用土地区位的地价悬殊谋取超额利润。人们住得越拥挤，房地产主的收益就越大，土地的资本价值也越高。整个城市陷入了"制造财富，瓜分财富"的怪圈而不能自拔。

在这种人口聚集和工业集中的疯狂进程中，原有的城市结构关系已不复存在，新的城市功能处于无序发展状态，这必然使当时的城市形态显得矛盾重重和混乱不堪。

1）城市结构受到破坏且难以修复

造成城市结构破坏的直接原因是新的城市功能引发了许多新的城市用地形式。一大片工厂区、交通运输区、仓库码头区产生，这些用地是给城市带来巨大财富和使城市充满活力的因素。工厂成为城市有机体的核心，其他一切都成了工厂的附属品。在城市中，自由竞争决定了工厂的位置，为了获取最大利润，工厂通常选址于滨水地带——因为在生产过程中需要大量的水供给蒸汽锅炉，同时也最方便倾倒污水和污物；工厂要求邻近铁路线——以便捷的方式获得燃料；工厂要求在城市内部——便于在四周布置工人的住所，选择好的劳动力。

在高额利润的驱使下，城市的开发规模已经变成了一个与人类其他需要和活动无需发生关系的商业行为。城市的规划设计是把土地以最快的速度变为可以买卖的标准货币单位。买卖的基本单位不再是邻里或街区，而是一块块建筑地块，地块的价值以沿街长度来确定。当人们把任意选择厂址、随意延伸铁路和无特色的棋盘格街坊作为扩展城市的手段时，其结果是可想而知的。

2）城市居住条件下降

当人们大量向城市聚集时，房地产业必然以土地投机来获取利润。在老城镇，他们把原来一户一家的住宅改为以行列式、小间距排列进行布置的公寓式住宅。这些住宅空间狭窄，光线不足，拥挤不堪。过度拥挤和昂贵租金使得许多城市出现了更为糟糕的情况，地窖也用来居住，在1930年代伦敦有2万人住在地下室里。就整个城市而言，居住水平的下降、居住条件的恶化已经成为明显的趋势，这违背了人类最基本的生理需要。帕特里克·格迪斯对当时城市居住情况的评价是"贫民窟、次贫民窟、超级贫民窟"。

3）城市环境恶化

随着工厂的聚集，城市变成了一个大工厂，城市环境以工业扩展的相同速度不断恶化。工厂分布在城市的各个部分，黑色的烟尘从工厂烟囱中喷出，烟煤的油污像雨点一样遍地溅落，大量的炉渣、废料、垃圾任意倾倒。原料和产品的消耗使固体垃圾堆积如山，吞噬着人们的生存空间；化学工业、染织工业临河而建，在大量取水的同时，又把生产的污水、有毒物质排回水体，河流成了污水明沟；城市一片喧嚣，各种机器都在发出震耳的噪声；城市上空飘浮着异样的空气，氯、一氧化碳、硫、甲烷等应有尽有，城市在急剧创造财富的同时笼罩在环境恶化的阴云之中。

4）城市交通拥堵

工业化的一大支撑是城市交通的机动化。机动化为工厂员工通勤、原料与产品运输、商品消费、市民休憩生活提供了必要的出行工具和可达性实现。随着工业化的深入，城市结构的破坏和居住条件的恶化，城市交通面临越来越大的拥堵和环境污染压力。因城市交通拥堵带来的经济损失逐渐得到广泛的关注。2012年美国得克萨斯A&M大学交通研究中心发布了全美城市机动性报告，报告对美国498个城市地区进行了研究，数据显示2011年上述地区因城市交通拥堵带来的额外燃油消耗和出行时间延误两项直接经济损失达到了1 210亿美元[102]。根据吴栋栋等人的研究结果，2010年北京市由于交通拥堵导致的年直接和间接生态经济损失共计达1 055.93亿元，占2010年北京市GDP总量的7.5%[103]。

工业革命给人类带来了喜悦，工业革命的急剧扩展同样也给城市带来了不幸。工业生产的大量污染、铁路的任意延伸和贫民窟的滋生蔓延，特别是在功利原则驱使下的无序发展，彻底改变了城市原有的和谐。如果不加以重视和引导管理，城市的环境将每况愈下。

9.1.2　第三次工业革命五大支柱

当今世界正处于信息技术与能源体系相融合的时代。互联网信息技术与可再生能源的出现，为世界带来了第三次工业革命。数以万计的人们将实现在家庭、办公区域以及工厂中自助生产绿色能源的梦想。此外，正如人们在互联网上可以任意创建属于个人的信息并分享一样，任何一个能源生产者都能够将所生产的能源通过一种外部网格式的智能型分布式电力系统与他人分享[104]。

第三次工业革命是大工业革命的最后篇章，它将为即将到来的合作世纪打下坚实的基础。第三次工业革命的基础设施建设将创造无数的新商机和就业机会，这项工程的结束将标志着以勤劳、创业和大量使用劳动力为特征的传统工业社会关系的结束；同时，它标志着以合作、社会网络和行业专家、技术劳动力为特征的新时代的开始。在接下来的半个世纪，第一次和第二次工业革命时期传统的、集中式的经营活动将逐渐被第三次工业革命的分散经营方式取代；传统的、等级化的经济和社会组织关系将让位于以社会结点组织的扁平化结构。即将到来的互联网技术与可再生能源的结合而释放的合作性权力，将从根本上重构人类的关系，这种重构将是全方位的，对未来社会将有着深远的影响，有利于实现社会主义现代化的目标，可能成为下一段人类历史进步的重要推动力。

第一次工业革命使19世纪的世界发生了翻天覆地的变化，第二次工业革命为20世纪的人们开创了新世界，第三次工业革命同样也将对21世纪产生极为重要的影响，它将从根本上改变人们生活和工作的方方面面。杰里米·克里夫认为第三次工业的支柱有五个而且必须同时存在，这五个支柱相互依靠相互联系来发生作用，它们包括：①向可再生能源转型；②将世界上的建筑物转化为微型发电厂，以便就地收集可再生能源；③在每一栋建筑物以及基础设施中使用氢和其他存储技术，以存储间歇式能源；④利用互联网技术将每一个地方的电力网转化为能源共享网，这一共享网的工作原理类似于互联网；⑤将运输工具转向插电式以及燃料电池动力车，这种电动车所需的电可以通过各地之间共享的电网平台进行买卖。

可再生能源又称绿色能源，主要指通过太阳能、风能、地热等能源产生电能，这是第三次工业革命的第一大支柱。以欧盟为例，约40%的屋顶以及所有建筑物15%的表面都适合安装光伏发电设备。欧盟光伏工业协会预测，在所有适合的建筑物表面安装光伏发电装置能够产生1.5万亿W的电能，能满足欧盟所需电量总数的40%。2009年，欧盟的风力发电量超过其他能源的发电量，占新能源总发电量的38%。这项产业目前在欧盟国内共有20万工人，发电量占总量的4.8%。预计2020年之前，风力发电将为欧洲市场提供17%的电量，并在2030年之前提升到35%，那时产业内劳动力总数将会增至50万人。

世界的未来关键在于绿色能源，问题的关键在于如何收集太阳能、风能、水能、地热能以及生物资源等绿色能源。第三次工业革命的第二大支柱正是这个问题的解决方案。以欧洲为例，欧盟成员国现在约有1.9亿栋楼宇，每一栋楼宇都是一个潜在的小型发电厂，它能吸收可再生能源——照射到楼顶的太阳能、墙外的风能、楼宇下面的热能等。如果说第一次工业革命造就了密集的城市核心区、经济公寓、街区、拔地而起的工厂，第二次工业革命催生了城郊大片地产以及工业区繁荣的话，那么，第三次工业革命则会将现存的大楼转变成一个两用的住所——住房和微型发电厂。建筑业和房地产行业正在于可再生能源公司联合，将大楼转变成小型发电厂，就地收集绿色能源，这将创造出数以万计的新商业机会和就业机会，同时也会对其他行业产生乘数效应。

尽管诸如太阳能等这些可再生能源总量多、清洁，但它们多半是间歇式供应的，传统能源虽然有限且带来污染，但却能提供稳定的供给。第三大支柱就是如何解决绿色能源的稳定持续供应问题。里夫金提出人类在太空宇航事业中以氢为燃料已近50年，是时候将其拿回地球用作可再生能源存储介质了。当阳光照射到太阳能电池板上产生的电能大部分用于供给建筑物，如果出现盈余便可以借助氢用作储备能源，天气较差时氢气便可以再提取出用于发电。2007年，欧盟委员会主席巴罗佐宣布了价值74亿欧元的公私合营计划，这就是囊括整个欧洲氢能的研究发展以及相应部署的联合技术行动草案。

第三次工业革命的核心是互联网与可再生能源的结合，利用互联网思维与技术结合分布式智能电网实现能源的共享就是第三次工业革命的第四大支柱。这种智能性能源网络将与人们的日常生活息息相关。家庭、办公室、工厂、交通工具以及物理等无时无刻不相互影响，分享信息资源。智能公用网络系统海域天气变化相关量，使得电流以及室内温度会随着天气状况和用电的需要而改变。此外，这种智能电网还能够根据家用电器的多少来进行自我调节，如果整个电路达到峰值，软件就会进行相应的调节以避免出现电网超负荷的情况。

由于电网电流在一天 24 小时内是不断变化的，因此，每栋大厦分布在数字仪表上的实时信息会采用动态定价的形式。与此同时，动态定价也将促使能源生产商们把握回收电能的最佳时机。

交通运输是整个社会体系向第三次工业革命迈进所不可缺少的，也是第五大支柱。建筑物转变成小型发电厂和创建能源互联网，使得这些设施可以为插电式电动车、氢燃料电池车提供动力。据预测，到 2040 年 75％的轻型汽车将由电力驱动。插电式汽车和氢燃料汽车可以看作潜在的发电厂，这将为主电网的输电、送电提供数量巨大的分散式基础设施。一般车辆处于非行驶状态的时间大约是 96％，此时，电动车可以接入交互式电网来为电网回输电能，这些车辆提供的电能是美国全国电网电能存量的 4 倍。在电力价格居高不下时，只需要把 25％的电能回输到电网就可以代替全国所有的常规发电厂。

9.2　第三次工业革命对城市交通的影响

第三次工业革命带来的扁平化社会关系，将对城市发展带来巨大影响，由此将会使城市居民的交通观念、出行需求、出行方式以及城市交通规划管理等方面产生巨大改变。尤其在出行方式方面，第三次工业革命对新能源汽车这一交通工具的影响已经开始在我们的生活中逐渐显现出来。

新能源汽车是指采用非常规燃料作为动力来源，综合车辆的动力控制和驱动方面的先进技术，形成的技术原理先进、具有新技术、新结构、低排放的汽车。非常规燃料主要是相对于常规汽柴油等石化燃料。新能源汽车包括燃料电池电动汽车、纯电动汽车、氢能源动力汽车、混合动力汽车、太阳能汽车和其他新能源(如高效储能器)汽车等。

我国新能源汽车产业始于 21 世纪初。2001 年，新能源汽车研究项目被列入国家“十五”期间的“863”重大科技课题，并规划了以汽油车为起点，向氢动力车目标挺进的战略。“十一五”以来，我国提出“节能和新能源汽车”战略，政府高度关注新能源汽车的研发和产业化。形成了完整的新能源汽车研发、示范布局。2008 年，新能源汽车在国内已呈全面出击之势。2008 年成为我国“新能源汽车元年”。2008 年 1 月到 12 月新能源汽车的销量增长主要是乘用车的增长，1 月到 12 月新能源乘用车销售 899 台，同比增长 117％，而商用车的新能源车共销售 1536 台，1 月到 12 月同比下滑 17％。2009 年，在密集的扶持政策出台背景下，我国新能源汽车驶入快速发展轨道。虽然，新能源汽车在中国汽车市场的比重依然微乎其微，但它在中国商用车市场上的增长潜力已开始释放。2009 年 1 月到 11 月，新能源乘用车销量同比下降 61.96％，至 310 辆。2009 年 1 月到 11 月，新能源商用车——主要是液化石油气客车、液化天然气客车、混合动力客车等——销量同比增长 178.98％，至 4 034 辆。相比在乘用车市场的冷遇，“新能源汽车”在中国商用车市场已开始迅猛增长。2010 年，我国正加大对新能源汽车的扶持力度，2010 年 6 月 1 日起，国家在上海、长春、深圳、杭州、合肥等 5 个城市启动私人购买新能源汽车补贴试点工作。2010 年 7 月，国家将十城千辆节能与新能源汽车示范推广应用工程(以下简称“十城千辆”工程)试点城市由 20 个增至 25 个。选择 5 个城市进行对私人购买节能与新能源汽车给予补贴试点。新能源汽车正进入全面政策扶持阶段。2011—2015 年开始进入产业化阶段，在全社会推广新能源城市客车、混合动力轿车、小型电动车。2016—2020年，我国将进一步普及新能源汽车、多能源混合动力车，插电式电动轿车、氢燃料电池轿车将逐步进入普通家庭。

为进一步推广新能源汽车，全国相关省份均积极发布了推广应用措施和指导意见。江苏省2012年新能源汽车产业产值达到100亿元，从事新能源汽车整车及关键零部件研发和生产的重点企业80余家。有良好的新能源汽车推广应用基础。为此，2012年江苏省正式发布了新能源汽车推广应用指导意见[105]。意见指出，江苏省要以科学发展观为指导，按照“政府引导、市场配置、企业运作”的原则，鼓励和支持有条件的城市在公交、出租、公务、环卫、邮政、电力等公共服务领域以电动汽车为重点，有计划、分阶段推广新能源汽车，有序建设新能源汽车应用试点城市。江苏省新能源汽车发展目标包括：

(1) 2012—2014年，重点加快南京、苏州、南通新能源汽车应用试点城市建设，确保完成目标任务。

(2) 2013—2015年，在总结经验的基础上，扩大试点推广范围，在无锡、常州、盐城、扬州、镇江等城市中选择有条件的地区继续开展新能源汽车推广应用。

(3) 全省新能源汽车应用试点城市在3年试点期内分别推广应用新能源汽车1 000辆以上，优先发展纯电动公交车、出租车，兼顾发展环卫、邮政、电力等公共服务领域纯电动汽车，鼓励相关企事业单位和市民使用纯电动汽车，使纯电动汽车占所推广应用新能源汽车的50%以上。各试点城市可结合实际研究确定各类纯电动汽车及其他新能源汽车发展数量，报省审核同意后实施，各试点城市要优化充换电站建设布局，以满足需要。

与之相对应，江苏省新能源汽车发展的重点任务包括：

1) 培育新能源汽车应用试点城市

① 确保完成国家节能与新能源汽车试点城市建设目标任务。南京市要加快创建国家节能与新能源汽车试点城市。南京、苏州、南通等试点城市要严格按照国家相关部委《节能与新能源汽车示范推广实施方案》中确定的各项任务要求，确保在2014年年底前分别推广应用新能源汽车1 000辆以上，并保证50%以上为纯电动汽车。试点城市新增公交、出租车应首先推广应用纯电动汽车。

② 鼓励和支持无锡、常州、盐城、扬州、镇江等城市争创国家节能与新能源汽车试点城市，进入国家“十城千辆”工程范围，力争在2013年年底完成创建申报工作，2015年完成试点任务，推广应用新能源汽车1 000辆以上，其中50%以上为纯电动汽车。

③ 积极鼓励和推动新能源汽车的示范应用。将江苏省确定的试点城市积极争取列入国家“十城千辆”工程范围，并在国家财政补助政策的基础上，省、市财政再按照一定的比例配套支持纯电动汽车的示范应用。其他类型的新能源汽车，由各试点城市争取国家补助和自行补助。

④ 确保新能源汽车推广应用安全。各试点城市要建立新能源汽车事故预警信息系统及紧急处置机制。示范运营的插电式混合动力汽车、纯电动汽车要全部安装车辆运行技术状态实时监控装置，进行可靠有效的监控和管理。要加强对新能源汽车从业人员的专业技术培训，对车辆驾驶员、充电站从业人员、车辆维修人员等进行专业安全培训，考核合格后才能上岗。

2) 探索新能源汽车推广应用模式

① 电动公交车方面。试点城市电动公交车应由本地区1～2家规模较大、管理经验丰

富的公交公司采取公司化模式经营。运行线路应满足首末站较大、能够进行充换电站改造等条件，并满足纯电动公交车充换电需求，运行周期与纯电动公交车续航里程相吻合。车型选择上重点支持纯电动大巴，其续航里程应能达到 180 km 以上，安全性能好。

② 电动出租车方面。试点城市电动出租车应采取公司化模式进行运营和管理，由本地区规模较大、管理经验丰富的出租汽车企业负责经营。纯电动出租车续航里程应能达到 180 km 以上，安全性能好。

③ 充换电站、充电桩建设和充换电服务方面。试点城市要本着“节约用地、确保安全”的原则，对加油（气）站点、充换电站、充电桩等建设统筹规划，统一布局，建设场地由试点城市公交公司或站场经营企业提供，如场地不能满足要求，由试点城市政府予以保障。采取“换电为主、插充为辅”模式集中充换电，电池完全充放电次数不低于 2 000 次，能量重量比不低于 110 kW・h/kg，由专业公司提供充换电服务。充换电收费可采取收取不高于用油（气）成本费用、电池租赁等多种形式。

3）*以示范应用带动产业发展*

① 以城市公共交通为重点，加快开发新能源客车。充分利用江苏省现有优势客车企业研发制造基础，加快开发具有自主知识产权的纯电动、混合动力大中型客车，完善制造工艺，提高质量水平，形成批量生产能力。充分利用江苏省大型企业集团整体优势和研发成果，加强自主研发、合作开发，加快发展纯电动乘用车。

② 以各类市政用车和园区用车为重点，加快开发新能源专用车。围绕市政、邮政、电力等特种公用行业需要，加快发展纯电动、混合动力轻型商务专用车。根据风景区、开发区、高校园区和工业园区的特点，积极研发新能源观光客车和区内短途交通客车。积极开发具有自主知识产权的纯电动微型车以及其他特定场地新能源专用车。围绕节能减排、降低噪音，在邮政、电力、环保等领域和各类景区、园区，率先示范应用新能源专用车。

③ 培育新能源汽车产业基地。充分发挥现有客车企业优势，在南京、无锡、苏州、盐城、南通等地加快培育主要面向城市公交和公共服务领域、具有中等批量生产能力的大、中型及轻型新能源客车产业基地。在泰州、常州、苏州等地建设具有较大产业规模、较高技术水平的动力电池及管理系统特色产业基地。积极引导传统汽车零部件企业加快转型，促进骨干企业加速发展。在南京、常州、苏州、南通、镇江等地逐步形成具有一定产业规模、较强竞争力的驱动电机、电控系统等关键部件及专用材料特色产业基地。

为保障上述目标的实现，江苏省对购买使用纯电动汽车给予财政补贴，纯电动大巴车每辆除中央财政补贴 50 万元外，省财政补贴 20 万元，市财政补贴 30 万元；纯电动乘用车每辆除中央财政补贴 6 万元外，省财政补贴 2 万元，市财政补贴 4 万元。省补资金由省财政厅从财政预算、省级战略性新兴产业发展专项引导资金、省级节能减排专项引导资金等方面筹集安排，具体补贴办法另行制定。积极争取国家对电动公交车免收车辆购置税。对电动公交车和电动出租车按照燃油车辆类型申报国家燃油补贴。电动出租车运价与普通出租车运价一致，但不收取燃油附加费。实施电动出租车经营权有偿使用费用减免政策。此外，对电动汽车使用过程中的各种收费尽可能予以减免，具体办法由省物价局另行制定。省有关部门要加大对新能源汽车制造及关键零部件研发和技术攻关的支持力度。各试点市也要制定财政补贴政策和办法，并对充换电站、充电桩建设和充换电服务在规划、用地和建设运营等方面给予政策支持。

南京作为江苏省省会城市，为了大力提升新能源汽车推广应用水平，改善城市交通特别是公共交通的能源结构，促进城市空气质量改善和新能源汽车产业发展，推进绿色都市建设，也制定了一系列新能源汽车推广应用实施方案[106]。南京市新能源汽车推广应用的总目标包括四点：

(1) 2013 年，出台对新能源汽车车辆购置、公交车运营、配套设施建设等方面相关政策措施。

(2) 2013—2015 年期间，全市累计推广应用 10 000 辆以上新能源汽车，且新增或更新的公交、公务、物流、环卫车辆中新能源汽车比例不低于 30%。

(3) 2014 年，形成具有规模效应的新能源汽车整车和关键部件的制造和研发产业。

(4) 2015 年，基本建立健全新能源汽车示范应用推广的组织、管理和服务体系。

为进一步落实上述总发展目标，南京市从车辆发展、供电配套设置建设、政策引导三个方面详细分解了目标实现途径。

车辆发展分工方面，考虑城市规划和车辆运行方式，提出南京纯电动公交车采用换电与插电相结合的技术路径；其余新能源汽车采用插电为主、换电为辅的技术路径。具体的发展指标包括：

(1) 公交车 2 775 辆。以示范区域为推广重点，鼓励江宁区、溧水区、高淳区、浦口区、六合区推广使用新能源汽车。

(2) 省、市公务车 1 500 辆(省、市各 750 辆)。充分发挥党政机关的带头作用，结合南京市黄标车淘汰工作，示范应用新能源汽车。

(3) 出租汽车 2 000 辆。通过新能源汽车车辆生产厂家和出租汽车企业采取合作经营的模式，在 2013 年和 2014 年结合城市出租汽车发展分别推广 400 辆纯电动出租汽车投入运营；2015 年结合出租汽车更新，再推广 1 200 辆纯电动出租汽车。

(4) 市区包车(通勤车)200 辆。2013 年在市区包车行业投放 100 辆纯电动大巴车，同时结合现有企事业单位通勤车报废情况，2014—2015 年期间再更新 100 辆纯电动大巴车。

(5) 行政执法、环卫等领域 740 辆。在行政执法、环卫、邮政、电力、水务、旅游景区观光等领域，推广应用 740 辆新能源汽车。

(6) 私人乘用车 3 000 辆。积极鼓励居民购买新能源乘用车 3 000 辆以上，逐步提高新能源汽车的社会认可度和接受度。

供电配套设施建设方面，提出按照规划引领、保障需求的原则，编制南京市新能源汽车供电配套设施建设和改造规划，明确全市供电配套设施新建和改造总量、土地需求等，尤其是各类充换电设施的建设总量。在规划的基础上，努力争取国家电网对南京市新能源汽车供电配套设施建设的政策和资金支持。原则上公用性的供电配套设施由供电部门建设、运营和管理，自用性的充换电设施可以由使用单位、车辆生产厂家投资建设、运营和管理。

供电配套设施建设须遵循以下要求：

(1) 在南京市各区科学选址，按照占地面积 2 000～3 000 m^2 的规模，各建设 1 座 500 车位(充电桩位)的公共纯电动车充电塔，力争 2004 年完成建设任务。

(2) 在市政府机关停车场、政府公共服务窗口停车场、规模达 100 车位以上的经营性停车场、新建社会停车场，按照不低于 10%的比例配建纯电动汽车充电桩和专用车位；鼓励有条件的企事业单位停车场，配建纯电动汽车充电桩。

(3) 在公交保养场、首末站、出租汽车服务中心，建设公交车、出租汽车专用充换电设施。

(4) 对现有已规划建设停车设施的居住小区，按照不低于车位5%的比例配建纯电动汽车充电桩和专用车位；新建居住小区按照相同比例同步规划、建设、投运纯电动汽车充电桩和专用车位。

(5) 积极协调省交通运输厅，自 2014 年起，在高速公路沿线服务区，结合场地条件，建设相应的充电设施。

政策引导方面，明确在新能源汽车供电配套设施建设上给予支持，其需新增建设用地的，可按公交设施或电力设施等办理规划、立项和土地划拨手续。中央财政安排给南京市的新能源汽车示范推广应用综合奖励资金，主要用于充电设施建设奖励。

制定并实施新能源汽车应用鼓励政策，包括：

(1) 积极落实国家和省采购新能源汽车补助政策，在此基础上，2013 年，对采购纯电动乘用车、插电式混合动力乘用车(含增程式)的单位和个人，给予 4 万元/辆的购车补助；对采购纯电动客车、插电式混合动力客车(含增程式)的单位，给予 30 万元/辆的购车补助；对采购超级电容、钛酸锂快充纯电动客车的单位，给予 9 万元/辆的购车补助；对采购纯电动专用车的单位，给予 9 万元/辆的购车补助；对采购燃料电池乘用车的单位和个人，给予 12 万元/辆的购车补助；对采购燃料电池商用车的单位，给予 30 万元/辆的购车补助。

2014 年和 2015 年，参照国家新能源汽车购车补助标准退坡做法，除新能源公交车购车补助标准不变外，其余新能源汽车购车补助标准在 2013 年标准基础上分别下降 10%和 20%。

(2) 将新能源汽车纳入市政府采购目录，并提请省政府将新能源汽车纳入省政府采购目录。

(3) 鼓励个人选择购买新能源乘用车。个人购买的新能源乘用车，在报请省政府同意后，可以免费通行市权范围内的公路(桥梁、隧道、汽渡)收费站。

(4) 争取国家和省级财政、物价和供电部门支持，对纯电动公交车继续实施燃油财政补贴；对新能源汽车用电给予优惠电价。

制定并实施行政措施引导政策，包括：

(1) 省、市(含市级以下)机关的“黄标”公务车更新，优先更新为新能源汽车；省、市机关新增公务车原则上要购买新能源汽车。

(2) 南京市各类市政工程专用车辆，燃气、水务、路灯、房管等领域的维修车辆，以及企事业单位自备通勤车辆更新或新增，优先购买新能源汽车。

(3) 南京市从事市区物流配送的货车(含拖气瓶车、超市配送车、搬家运输车等)需申领禁区通行证的，由公安交管部门在现有发证规模基础上削减 50%，转用新能源专用车的直接发放禁区通行证。

(4) 南京市公安、城管、环保、交通等执法单位更新或新增行政执法车辆的，优先购买新能源汽车。

(5) 鼓励市区包车行业使用新能源大客车。市运管行业管理部门：①对 2013 年内申请一次性发展 100 辆纯电动大客车的企业，可以直接授予纯电动大客车市区包车车辆经营权；②对现有道路客运企业，将无车辆经营权的本市车籍 30 座以上大客车转让至外地的，凭南京市公安交管部门出具的车辆转籍手续材料,可以按照“转一奖一”的政策,直接奖励纯电动大客车市区包车车辆经营权;③对现有道路客运企业之间进行兼并整合的,可以按照整合后企业营运车辆总数的 20%,直接奖励纯电动大客车市区包车车辆经营权。

在新能源汽车大力发展的背景下,城市交通规划与管理的相关理论与方法也应做出调整。以汽车充电站为例,现行的相关城市规划、城市综合交通规划导则还没有明确的内容。江苏省目前自行颁发并执行的相关规定与导则包括《江苏省城市规划管理技术规定》、《江苏省控制性详细规划编制导则》、《江苏省城市综合交通规划编制导则》等,仅江苏省城市规划管理技术规定指出“汽车充电站的选址,应符合城乡规划、环境保护和防火安全的要求,合理利用就近的供电、交通、消防、给排水及防洪排涝等公用设施。城区内的充电站宜靠近城市道路,但不宜选在城市干道的交叉口附近和交通繁忙路段”,其余规定与导则均没有这方面的阐述。从长效发展方面讲,缺少制度性规定不利于新能源汽车的健康持久发展。南京市新能源汽车发展措施为规划编制导则在新能源汽车发展方面的调整提供了很好的参考。

9.3 大数据

9.3.1 大数据内涵

当前,大数据规模以及其存储容量正在迅速增长,大数据已经渗透到各个行业和业务职能领域,成为重要的生产因素,大数据的演进将与生产力的提高有着直接的关系[107]。之所以数据增长速度如此之快,背后有许多原因。一是因为绝大多数的数据产生形式都是数字化的,各种传感器、图像和视频为数据爆炸提供了充分的来源。二是因为全世界半个世纪的发展规律摩尔定律,这已成为产业界一切呈指数型增长事物的代名词。总体上,大数据的发展正呈现出以下四种趋势:

1) 数据量呈现指数级增长

不同机构的研究成果都表明,未来数年全球数据总量将会呈现指数性增长。麦肯锡估计,全球企业 2010 年硬盘上存储了超过 7EB(1EB 等于 10 亿 GB,相当于美国国会图书馆中存储数据的 4 000 多倍)的新数据,消费者在个人电脑等设备上存储了超过 6EB 的新数据。

2) 不同行业的大数据强度和内容各有不同

各个行业都呈现大数据增长的现象,但不同行业数据存储量有所不同,数据产生和存储的类型在不同行业之间也有所区别。证券、投资服务以及银行等金融服务领域拥有最高的平均数字化数据存储量,通信和媒体公司、公共事业公司以及政府等企业和组织也有规模显著的数字化数据存储。这些数据强度高的行业更加具有通过大数据来创造价值的潜力。

3) 现有趋势将继续推动数据增长

在各部门和地区之间,企业正在加快收集数据的步伐,推动了传统的事务数据库的增长;在医疗卫生等面向消费者的行业中,多媒体的广泛使用刺激了大数据的持续扩张;社交媒体的广泛普及以及物联网中应用的不断创新都进一步推动了大数据不断增长……这些相互交叉的动力刺激了数据的增长,并将继续推动数据池的迅速扩张。

4）大数据是继传统IT之后下一个提高生产率的技术前沿

只要具有适当的政策推动，大数据的使用将成为未来提高竞争力、生产力、创新能力以及创造消费者盈余的关键要素。医疗卫生行业能够利用大数据避免过度治疗、减少错误治疗和重复治疗，从而降低系统成本、提高工作效率，改进和提升治疗质量；公共管理领域能够利用大数据有效推动税收工作开展，提高教育部门和就业部门的服务效率；零售业领域通过在供应链和业务方面使用大数据，能够改善和提高整个行业的效率；市场和营销领域能够利用大数据帮助消费者在更合理的价格范围内找到更合适的产品以满足自身的需求，提高附加值。

如今，数据已经成为可以与物质资产和人力资本相提并论的重要的生产要素。伴随着多媒体、社会媒体以及物联网的发展，企业将收集更多的信息，从而带来数据呈现指数级的增长。大数据在同时为商业和消费者创造价值方面具有巨大的发展潜力。

1. 大数据定义

无论是在人类历史长河中，还是在现代社会日新月异的发展中，大数据并非一个确切的概念，这个概念是指需要处理的信息量过大，已经超出了一般电脑在处理数据时所能使用的内存量，因此，工程师们必须改进处理数据的工具。这导致了新的处理技术的诞生，例如谷歌的 MapReduce 和雅虎最初创建的开源 Hadoop 平台。这些技术使得人们可以处理的数据量大大增加。同时，因为互联网公司可以收集大量有价值的数据，而且有利用这些数据的强烈的利益驱动力，所以，互联网公司顺理成章地成为了最新处理技术的领头实践者。它们甚至超过了很多有几十年经验的线下公司，成为新技术的领衔使用者。

大数据是人们在大规模数据的基础上可以做到的事情，而这些事情在小规模数据的基础上是无法完成的[108]。大数据是人们获得新的认知、创造新的价值的源泉；大数据还是改变市场、组织机构，以及政府与公民关系的方法。

麦肯锡认为，大数据是指其大小超出了典型数据库软件的采集、储存、管理和分析等能力的数据集。该定义有两方面内涵：一是符合大数据标准的数据集大小是变化的，会随着时间推移、技术进步而增长；二是不同部门符合大数据标准的数据集大小会存在差别。目前，大数据的一般范围是从几个 TB 到数个 PB[107]。

2. 发展大数据技术的意义

目前，城市交通规划、设计、建设、运营管理研究与实践领域主要还是依赖抽样数据、局部数据和片面数据，甚至在无法获得实证数据的时候纯粹依赖经验、理论、假设和价值观去发现未知领域的规律。因此，规划师、设计师、运营管理者对城市交通的认识往往不够全面。维克托指出，大数据时代的来临使人类第一次有机会和条件，在非常多的领域和非常深入的层次获得和使用全面数据、完整数据和系统数据，深入探索现实世界的规律，获取过去不可能获取的知识，得到过去无法企及的商机。这也为城市交通系统的研究与发展提供了新的路径与方法。

大数据的出现，使得通过数据分析获得知识、商机和社会服务的能力从以往局限于有限学术界扩大到了普通的机构、企业和政府部门。门槛的降低直接导致了数据的容错率提高和成本的降低，但正如维克托所强调的，最重要的是人们可以在很大程度上从对于因果关系的追求中解脱出来，转而将注意力放在相关关系的发现和使用上。只要发现了两个现象之间存在的显著相关性，就可以创造巨大的经济或社会效益。大数据之所以可能成为一个“时代”，在很大程度上是因为这是一个可以由社会各界广泛参与、处处结果的社会运动，而不仅仅是少数专家学者的研究对象。

大数据还可以发挥重要的经济作用，不但有利于私人商业活动，也有利于国民经济和公民。数据可以为世界经济创造重要价值，提高企业和公共部门的生产率和竞争力，并为消费者创造大量的经济剩余。例如，如果能够有效地利用大数据来提高效率和质量，预计美国医疗行业每年通过数据获得的潜在价值可超过 3 000 亿美元，能够使得美国医疗卫生支出降低超过 8%；充分利用大数据的零售商有可能将其经营利润提高 60%以上；通过利用大数据实现政府行政管理方面的运作效率提高，估计欧洲发达经济体可以节省开支超过 1 000 亿欧元[107]。

3. 大数据关键技术

大数据通常被视为人工智能的一部分，又被视为是一种机器学习。大数据的精髓在于我们分析信息时的三个转变，这些转变将改变我们理解和组建社会的方法[108]。第一个转变是，在大数据时代，我们可以分析更多的数据，有时候甚至可以处理和某个特别现象相关的所有数据，而不再依赖于随机采样。第二个转变是，研究数据如此之多，以至于我们不再热衷于追求精确度。第三个转变因前两个转变而促成，即我们不再热衷于寻找因果关系。

从大数据中挖掘更多的价值，需要运用灵活的、多学科的方法。目前，源于统计学、计算机科学、应用数学和经济学等领域的技术已经开发并应用于整合、处理、分析和形象化大数据。一些面向规模较小、种类较少的数据开发的技术，也被成功应用于更多元的大规模的数据集。依靠分析大数据来预测在线业务的企业已经并持续自主开发相关技术和工具。随着大数据的不断发展，新的方法和工具正不断被开发。

1）可用于大数据分析的关键技术

可用于大数据分析的关键技术源于统计学和计算机科学等多个学科，其中关于分析新数据集方法的研究仍在继续。需要注意的是，A/B 测试、回归分析等技术也可应用于小数据集分析。麦肯锡认为，可用于大数据分析的关键技术主要包括 A/B 测试、关联规则挖掘、分类、数据聚类、众包、数据融合和集成、数据挖掘、集成学习、遗传算法、机器学习、自然语言处理、神经网络、神经分析、优化、模式识别、预测模型、回归、情绪分析、信号处理、空间分析、统计、监督式学习、无监督式学习、模拟、时间序列分析、时间序列预测模型等。

2）专门用于处理大数据的关键技术

麦肯锡认为，可专门用于整合、处理、管理和分析大数据的关键技术主要包括 Big Table、商业智能、云计算、Cassandra、数据仓库、数据集市、分布式系统、Dynamo、GFS、Hadoop、HBase、MapReduce、Mashup、元数据、非关系型数据库、关系型数据库、R 语言、结构化数据、非结构化数据、半结构化数据、SQL、流处理、可视化技术等。

3）可视化技术

大数据的爆炸使人们急需展示数据、理解数据、演绎数据的工具，可视化技术也就成为大数据应用的重点之一，目前主要包括动态模拟、Clustergram、动画技术、空间信息流等技术和应用。著名统计学家杰克·伯庭认为，图形是解决逻辑问题的视觉方法。负责采用数据可视化技术推进联邦政府专项资金使用透明度的奥巴马总统顾问塔夫特教授指出，数据可视化的关键在于设计，他认为“信息过载这回事并不存在，问题在于糟糕的设计，如果用来表达数据的图形让人感觉杂乱不解，那就需要修改设计”。

大数据在影响着社会经济、技术发展趋势的同时,也在对城市交通产生着直接和间接的影响。直接影响包括大数据对城市交通规划管理、决策支持理论技术的影响;间接影响包括大数据通过社会经济发展改变间接导致的城市交通出行技术、结构与行为等方面的作用。

9.3.2　大数据发展需要注意的问题

大数据是一股新的技术浪潮,也是逐步形成的历史现象,其具体是指随着信息存量的增多,人类在实践中逐渐认识到通过数据开放、整合和分析,能发现新的知识、创造新的价值,从而为社会带来新的机遇。传统意义上的数据,指的是有根据的数字,但在进入信息时代之后,数据二字的内涵在扩大,它不仅指代数字,还统称一切存储在电脑中的信息,包括文本、声音、视频等。更重要的是,随着信息技术的进步,其数量在爆炸,特别是新媒体出现之后,数据的收集、保存、维护、使用等任务,成为横跨各个领域的现象和挑战[109]。

大数据一词来源于英语 Big Data 的翻译。“Big”在英语中除了指代大的意思外,还表示重要程度。故大数据之大并不在于数据的大容量,而是在于其潜在的重要性和大价值。当前不少城市交通研究报告中大数据一词泛滥,似乎只要采集到一定量的数据就可以自称使用了大数据技术,这一现象值得反思。

有很多例证可以表明,由于新工具的出现,我们从以前的小数据当中也能发现大的价值。例如,美国把 20 多年的犯罪数据和交通事故数据映射到同一张地图上后发现,无论是交通事故和犯罪活动的高发地带,还是两者的频发时段,都有高度的重合性。这引发了美国公路安全部门和司法部门的联合执勤,通过共治数据黑点,交通事故率和犯罪率双双降了下来。这说明,小数据只要在纵向上有一定的时间积累,在横向上有细致的记录粒度,在和其他数据整合,就能产生大的价值。从这个角度来看,大数据也可以理解为正对某个对象在时间空间两个维度上的全息数据。这种全息,在大数据时代还表现为多源,即有多个源头在从不同方向对同一个对象进行数据记录,数据之间可以相互验证。当前,城市智能交通的一个重要研究和实践领域就是采用各种先进手段采集实时交通状态。实时交通状态的采集技术有多种,包括基于手机终端的技术、基于 GPS 等全球定位系统的技术、基于 RFID 的技术等。这些不同技术就构成了城市实时交通信息的不同来源,通过数据的多元融合可以更准确、更全面的掌握城市交通状况。

大数据技术已经在欧美发达国家得到一定程度的实践应用,他们在使用与发展过程中遇到的问题将为我国发展大数据技术提供宝贵的经验借鉴,这些问题主要包括以下四个方面[107]:

1) 数据政策方面

由于大规模的数据是数字化的,且横跨多组织边界,因此,一些政策问题将变得越来越重要,其中包括隐私、安全、知识产权和责任等问题。尤其是随着大数据的价值愈加明显,隐私是个愈发重要的问题。如以采用手机信令数据进行城市交通状态的采集就一直存在个人隐私方面的争论。另一个更紧迫的问题是数据安全。一项研究发现 2005—2009 年之间,美国被盗用的数据数量增加了 30%。数据可以轻松地复制,同样一份数据可以由多个人同时使用。因此,知识产权将成为一个更重要的考虑因素。此外,还有与责任相关的问题,包括当一份不准确的数据导致负面结果时哪一方将负责。目前,我国高速公路收费结算一般是以省为单位,同一省内高速公路通行费收缴后均上缴到省级平台,然后根据测算出来的每条高速公路的实际交通量来进行通行费拆账与分配。现行通行费拆分中比较常用的高速公路交通量估计方法是基于高速公路通行卡数据的路径推算模型。如果该区域高速公路使用基于手机信令的交通状态检测方法,也可以获取各条高速公路上的交通流量。此时,这两种模型测算所得到的流量有很大的概率是不同的,这时应以谁为准在各经营单位尤其是会计师事务所眼里将是一个值得研究的问题。

2) 技术与技能整合和更新方面

要通过大数据获取有价值的信息和研究成果,相关组织机构将不得不部署新的技术(例如存储、计算和分析软件)和技能(新的分析类型)。技术难题的范围以及解决它们的优先次序将因各单位数据的成熟度而异。但各单位既有的旧系统和不统一的标准和格式也常常会妨碍数据以及大数据分析工具的整合。新的问题和不断提高的计算能力将刺激新型分析技能的开发。另外,研究人员还需要技术和技能方面的持续创新,以帮助个人和组织整合、分析、可视化和消费不断扩大的数据洪流。

3) 数据访问权方面

越来越多的机构需要访问第三方数据来源并将自己信息与外部信息进行集成以充分获取大数据的潜力。目前,市场尚未建立交易或共享数据机制。为了充分获得大数据带来的价值,需要克服阻碍数据获取的障碍。我国城市交通研究领域的数据孤岛现象多发,各地方、单位的城市居民出行调查、城市实时交通状态监测等数据均掌握在各自的数据库中,缺少整合与联合研究,无法发挥数据的整合和规模效应。

4) 体制方面

从大数据中获取价值的难易和反应速度有时会取决于个别产业或行业的结构。缺乏竞争和透明绩效的行业以及利润高度集中的产业从大数据中获取价值可能会很缓慢,比如公共部门。为促进数据的开放和整合,就需要制定规则甚至是法律,来推进相关的数据开放工作。如美国从 1955 年开始着手推动信息自由法,最终大数据技术能够首先在美国得到最好的应用完全得益于半个多世纪以来的一系列立法,尤其是 2007 年通过的《开放政府法》直接推动了大数据的发展。回顾我国城市交通研究,也急需类似的法律或地方规定来推动各类数据的整合,在此基础上才有可能进一步带来大数据技术的应用发展。

9.4 手机技术在城市交通规划管理中的应用

城市交通规划管理改革创新的核心是从物的规划管理到人的规划管理。原有蓝图式、扩张型规划逐渐式微,而关注人的需求,面向社区、面向管理、面向存量的规划管理新理论新方法呼之欲出。大数据技术使得静态的物质空间与动态的人的行为结合起来,大数据使得我们可以在物质空间上终于具备了研究"人"的工具。城市交通问题,归根结底是在城市中生活的人的问题,大数据在规划管理中的创新就是研究城市空间中人的分布和流动行为。大数据是一种新的、直接的、广泛的公众参与的规划管理模式。

涂子沛在《大数据》一书中指出,手机将是未来大数据的重要来源之一,也是大数据技术的重要应用载体。事实上,在城市交通规划管理领域,最早从 1997 年的美国就开始研究手机技术在交通领域的应用。但由于手机定位技术、切换技术的限制以及有关隐私的担忧，手机技术一直没有得到大规模的实际应用。直到 2010 年上海世博会举办期间交通管控的契机出现，手机技术才真正开始在交通领域进行大规模应用。目前，手机技术在交通系统的主要应用包括道路实施交通信息检测、城市交通出行行为分析以及空气质量检测三个方面。

相比较而言，手机技术应用于交通领域具有显著的优势，可以有效弥补视频、感应线圈等技术的局限性。这些优势包括：

(1) 成本优势。利用移动运营商既有的通信基站和网络设施，初期投资较小，只有视频、感应线圈等技术的十分之一，且后期维护相对简单。

(2) 能够采集的参数种类多样。目前的研究进展可以提取的交通参数包括行程车速、出行起讫点等多种。

(3) 覆盖范围广。原则上只要在手机信号覆盖范围内都可以实现交通信息的采集。尤其是在城市郊区范围更能凸显覆盖率的优势，这些地区配备有 GPS 的出租车较少，且缺乏线圈和视频设备。

(4) 海量数据。手机技术由于其庞大的通信话务量，能够为交通参数提取提供丰富的原始数据来源，有利于确保交通状态参数采集的精度与可靠度。

(5) 建设周期短。一般线圈或者视频检测系统从一开始规划设计、招标采购到部署运营往往需要一年甚至更长时间，但基于手机技术的系统一般只需要 6 个月以内的时间就可以实现部署运行，这对于目前处于快速城镇化阶段对时间和效率都很敏感的交通规划管理者显得尤为重要。

9.4.1　手机技术采集交通信息原理

手机技术研究初期的理论基础是定位技术，包括三角定位、内置 A－GPS 定位等。由于定位技术自身的缺陷导致无法获取足够的样本，故从 2003 年开始采用手机切换技术作为理论基础，如图 9-1 所示。移动通信信号理论上以正六边形的蜂窝状集群覆盖整座城市，穿行于其中的城市道路与这些蜂窝状的六边形就产生很多交点，称为切换点。正在通话中的手机跟随载体（人或者车辆）在道路上行驶，势必会连续穿越相邻小区交界处的切换点。基于手机切换定位的道路交通状态参数检测的核心思想是利用手机切换位置的连续变化信息，提取相应的速度、行程时间、OD 等参数。

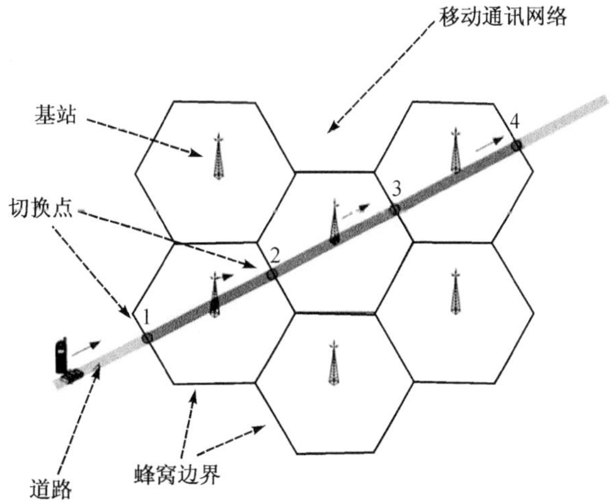

图 9-1　手机切换技术示意图

图 9-1 中代表基站信号覆盖范围的六边形半径大小与其所处的位置有关。市中心地区由于话务量较高，基站覆盖半径最小可达 100 m；在城郊与乡村地区，基站覆盖半径较大，最大可达 1～2 km。如果将这些切换点看作

是用来监控城市交通运行状态的虚拟摄像头，一般大城市将拥有数万个这样的虚拟摄像头在同时工作，所检测的数据也将是海量的。

9.4.2 基于手机技术的道路交通实时运行状态检测

城市道路交通实时运行状态主要指行程速度、行程时间、交通流量的检测，在此基础上，可以通过算法进行交通指数测算、交通事件检测、短时交通预测等工作。基于手机技术的交通状态检测一般可以直接获取行程时间、速度和交通流量，且数据参考价值较大，其基本原理如图 9-2 所示。

实际生活蜂窝的形状受天气、地形以及建筑物等因素的影响，通常都不是规整的正六边形。道路与蜂窝的交界点也就是切换点的分布与图 9-1 相比不具备理论状况下的规律性，需要通过定期实测来确定每个切换点的空间位置。一旦切换点的位置确定，则手机用户通过几个连续切换点的行程时间 Δt 就可以从 $t_n - t_{n-1}$ 中获得。相邻两个切换点之间的道路长度 S 是已知的变量，此时，计算该手机用户行程速度的计算就是用距离除以时间即可获得，如图 9-2 中公式所示。流量的检测相对比较直接，只要在各个切换计量一定时间内累积通过的样本数并加以修正即可获得。

通过与模式识别程序的结合，研究人员可以将研究样本区分为行人、非机动车交通、公共交通与私家车等出行方式，并分别计算上述不同出行方式对应的行程时间、速度和流量。

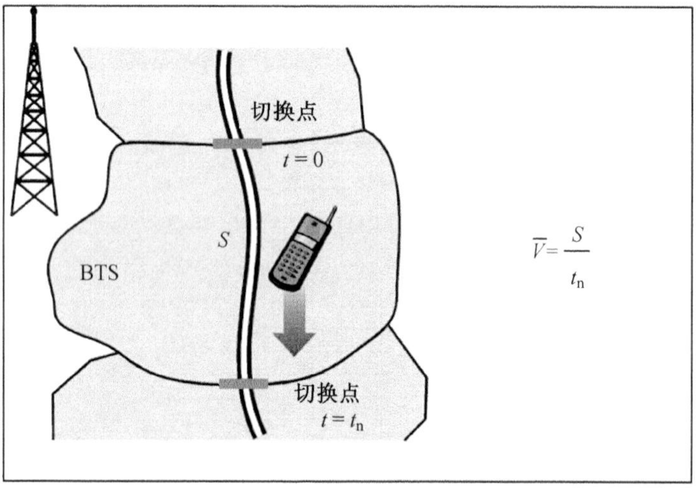

图 9-2 手机采集行程速度原理示意图

基于手机技术的行程速度检测具有时间和空间两个维度上较好的覆盖率和解析率，对于高速公路、普通公路、城市快速路、主干道以及次干道行程速度的实测精度可达到 80%以上。基于手机技术的实时行车速度检测对于实时交通诱导、信号控制等管理手段具有很高的参考与使用价值。

图 9-3 展示的基于手机技术的车流量动态检测，地点位于重庆嘉陵江大桥。通过与其他验证数据的校核，图中以 10 min 为单位进行集计的机动车流量数据检测精度达到了

78%，可以满足一般交通规划管理，尤其是分割岔河线调查的数据需求。

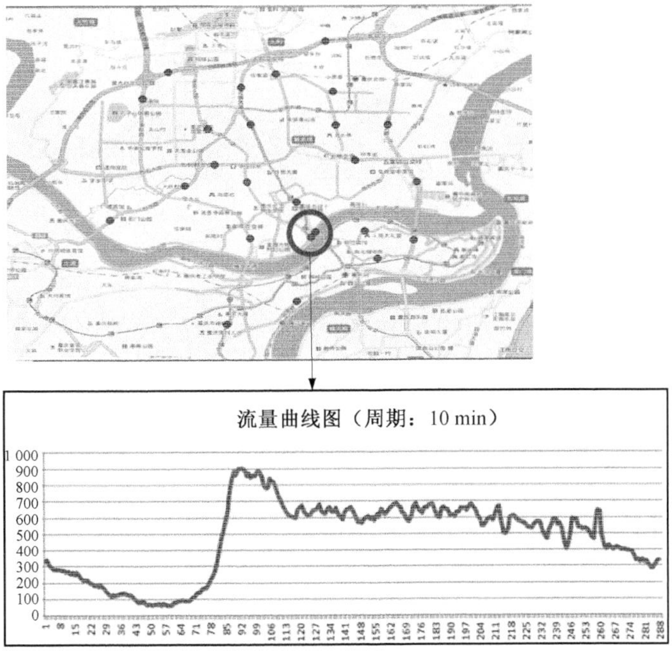

图 9-3　道路流量实时监测示意图[110]

交通指数是交通拥堵指数或交通运行指数（Traffic Performance Index，TPI）的简称，是综合反映道路网畅通或拥堵的概念性指数值，本质上是把拥堵情况数字化。交通指数的取值范围目前还没有统一的规范，有从 0～10 取值的，也有从 0～100 取值的，图 9-4 所示的上海市交通指数取值范围就是选的后者。关于交通指数对应交通拥堵等级的划分也没有统一，北京市进行五级划分，而上海市则划分为正常畅通、一般畅通、拥挤、严重拥挤、阻塞、严重阻塞六级。交通运输部《城市交通运行状况评价规范》征求意见稿中交通指数的取值为 0～10，相应的拥堵等级也是进行五级划分，如表 9-1 所示。

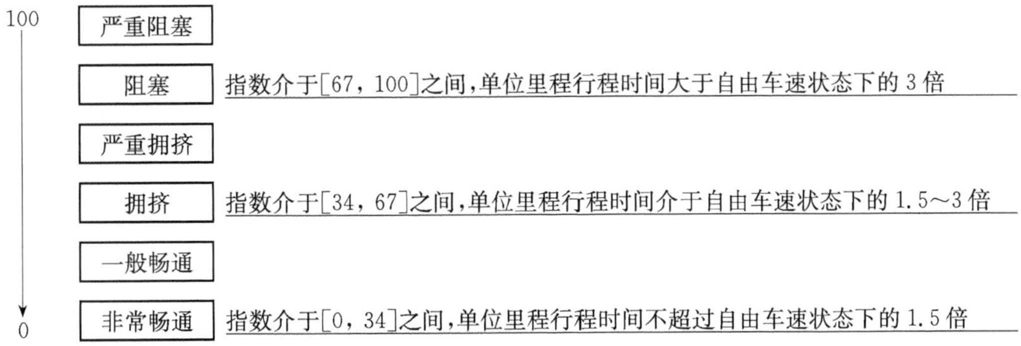

图 9-4　上海市交通拥堵指数取值及范围划分

表 9-1　交通运输部《城市交通运行状况评价规范》交通指数区域及范围划分表

指数	[0, 2)	[2, 4)	[4, 6)	[6, 8)	[8, 10]
交通运行状况等级	畅通	基本畅通	轻度拥堵	中度拥堵	严重拥堵

通过手机技术采集到路网中各路段对应的行程时间、速度等参数后，就可以对照类似图 9-4 中的交通指数分类标准进行计算。

9.4.3　基于手机技术的城市居民出行调查

城市交通出行行为研究是进行城市交通规划管理的基础，但出行行为研究长期以来备受数据来源的困扰。按照 1%～5%的建议抽样率，传统的入户调查成本近年来节节攀高，大城市进行规模居民出行调查的成本都在 1 000 万元以上，且要耗费大量的时间和人力，调查结果无论在时空覆盖率、精度等方面均还存在较大的提升空间。基于手机技术的城市居民出行调查具有时空覆盖率高、部署时间短以及低成本的优势，近年来广受学术机构和交通规划管理部门的关注。

手机技术在城市居民出行调查领域的研究已经得到较为丰富的研究成果。借助于手机技术，可以进行包括人口动态分布调查分析、OD 调查分析、通勤出行特征调查分析、职住分布调查分析、轨道交通客流特征调查分析、流动人口出行特征调查分析、重点区域集散客流事变特征、典型断面、校核线客流调查分析等出行调查工作。

1. 城市人口动态分布

城市人口的分布是包括城市交通在内的城市活动分析所需要的重要基础数据。传统方法很难准确获取大范围内的人口分布数据，基于手机的调查技术可以在这一方面起到很好的调查效果。

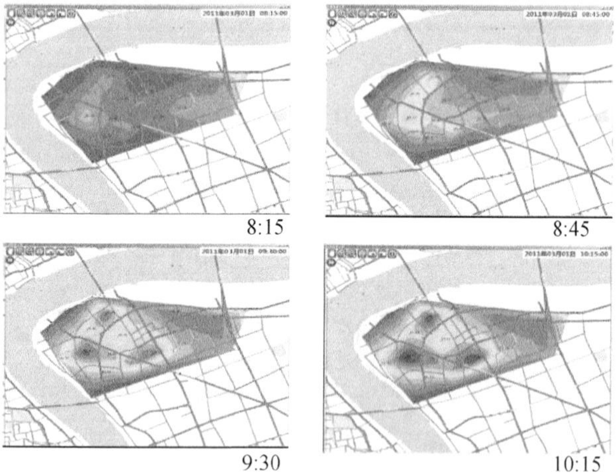

图 9-5　上海陆家嘴地区人口动态分布[110]

手机的空间位置是与用户的空间位置一致的，所以分析手机在城市空间上的分布，并对数据进行适当的修正，就可以得到城市局部或者总体的人口分布情况。此外，由于手机数据是在时间上连续采集的，故本方法还能获得不同时间段人口分布的动态对比。图 9-5 展示的是上海陆家嘴地区从早上 8:15 到 10:15 这个时段之内人口密度的动态变化。图 9-6 展示的是基于手机技术对深圳全市的人口分布进行动态研究。

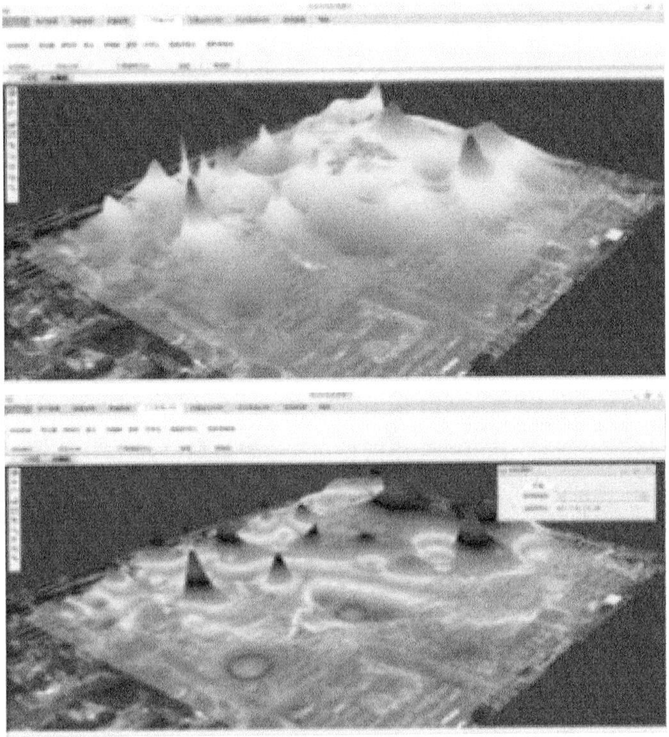

图 9-6 深圳全市人口动态分布[110]

2. OD 调查分析

OD 数据是城市交通规划管理工作的基础，传统的交通调查方法在进行 OD 数据调查时存在填表不准确、填报时间范围有限、抽样率低等缺点，导致我国城市交通出行需求分析结果一直备受质疑。手机技术通过将基站与交通分析小区进行匹配，能获取区域 OD 数据，如图 9-7 所示。

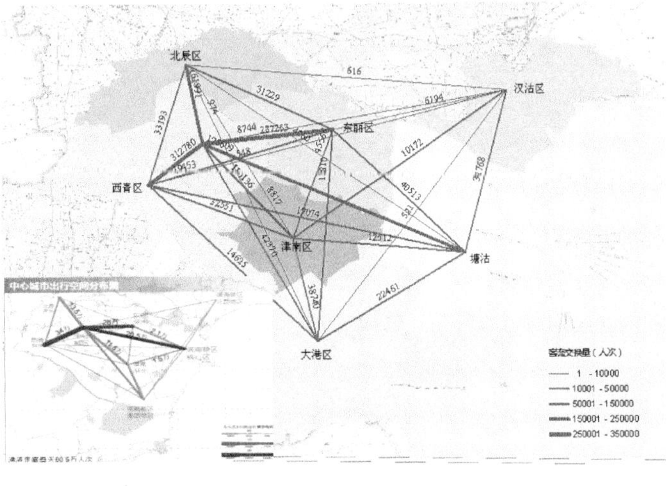

图 9-7 天津市交通分析大区 OD 分布[111]

图 9-7 中展示的是全方式出行 OD 分布。事实上，如果采用手机切换信令数据，则通过模式识别程序，还可以获得分方式的城市交通 OD，为交通规划管理提供更为有用的数据支持。

将手机技术应用于 OD 调查，除了具备覆盖范围广、抽样率高、调查结果客观等优点外，还具备对城市 OD 数据进行历史年份逆分析的功能。这一功能的实现，取决于研究人员所能获取的本地区历史手机话单数据的多少。如果能获取过去 10 年的手机话单历史数据，则可以对该城市交通 OD 数据进行 10 年的逆分析，从而研究得到该地区交通的演进机理。

3. 通勤出行特征调查分析

通勤出行直接导致了每天城市交通峰值出现的时间和地点，是城市居民出行研究的重点。基于传统调查方法很难获得详细的通勤出行数据。基于手机技术的通勤交通出行调查可以弥补传统方法在这一方面的不足。使用手机数据进行通勤出行调查需要界定哪些手机用户的空间移动行为属于通勤行为，而界定通勤行为首先需要确定哪些手机用户属于研究区域的居民(此处居民指的是研究区域常住人口，包括本地户籍常住人口和外地户籍常住人口)。以图 9-8 为例，需要统计无锡市太湖新城居民的通勤出行数据，则首先要界定出现在太湖新城区域的手机用户哪些属于常住人口。由于调查无法获取手机用户的社会经济属性，就不可能采用户籍资料等常规手段来确定。目前，常用的方法是基于一定量的手机历史话单数据，比如过去六个月的数据进行数据挖掘。通过数据分析，可以判断出哪些手机用户在夜间 20:00 到次日早晨 6:00 常住在研究区域，如果特定用户在所界定的时间区段内持续出现在研究区域，则就在模型中将该用户设置为研究区域的居民，也就是常住人口。当研究区域的居民手机用户全部确定后，只要研究这个群体在白天的出行行为就能提取其通勤出行的时间分布规律、空间分布规律甚至出行方式的构成。从图 9-8 可以看出，太湖新城的通勤出行仍以区内出行为主，与其他城区的通勤出行比例较低。

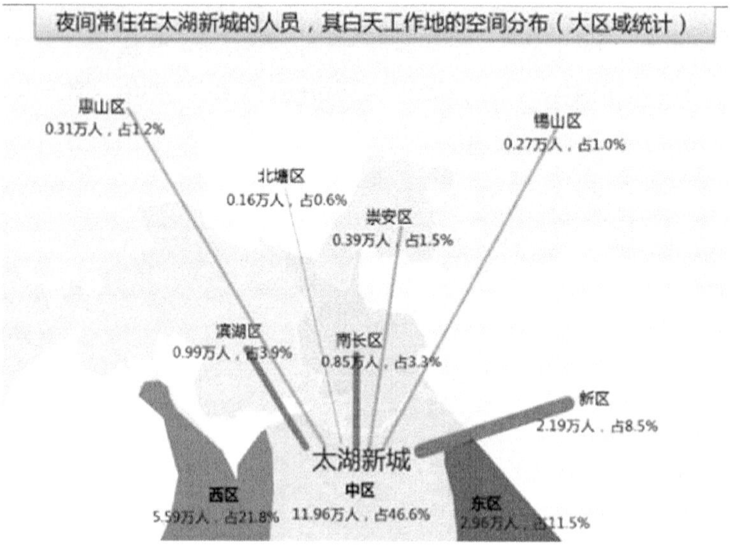

图 9-8　无锡太湖新城居民通勤特征分析[112]

基于手机的通勤出行分析除了能获取通勤出行 OD 之外，还可以分析通勤出行的客流走廊，如图 9-9 所示。通勤走廊一旦确定，将为城市常规公共交通系统、轨道交通系统的规划建设提供非常有价值的参照依据。

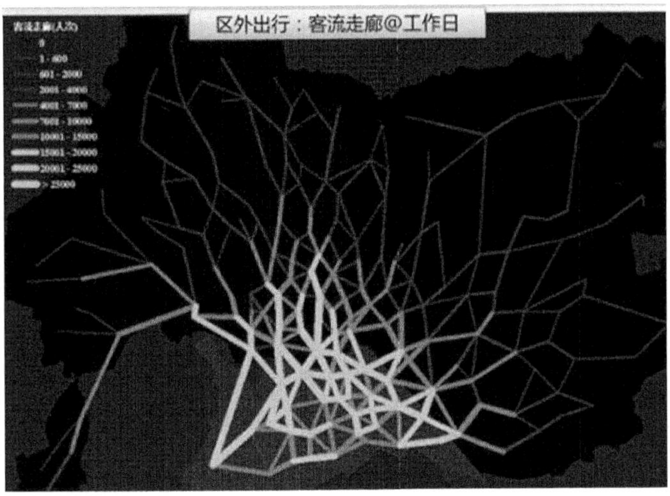

图 9-9　无锡市太湖新城对外通勤客流走廊[112]

4. 职住分布调查分析

职住平衡理念最早来源于霍华德田园城市中居住与就业相互临近、平衡发展的思想，其基本内涵是指在某一给定的地域范围内就业人口数量与就业岗位的数量大体相当，大部分居民可以就近工作，从而减少通勤出行的距离、时耗与机动车的使用率，达到减少交通拥堵的目的。职住平衡这一规划理念在我国有着广泛的认同和实践驱动。但如何评价某区域是否达到了职住平衡一直没有很有效的方法，甚至一些人士认为城市主要交通走廊出现明显朝夕交通现象就是因为职住不平衡引起的。应用手机数据来调查分析城市职住比例情况是一个很大的技术进步。如图 9-10 所示，左图展示了居住人口的分布，右图展示了工作人口（就业岗位的当量）的分布。

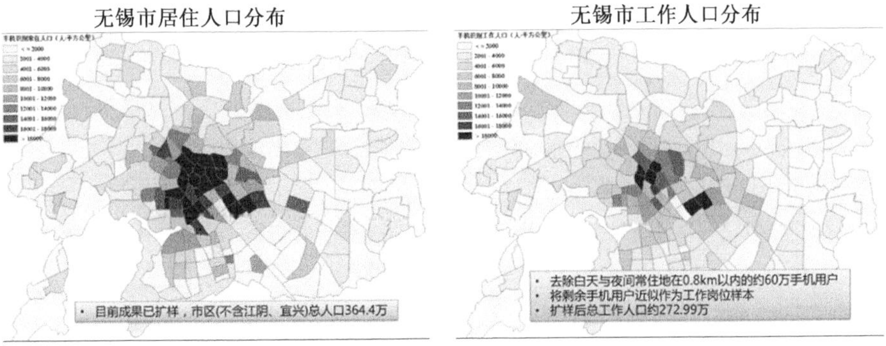

图 9-10　无锡市居住与工作人口分布图[112]

使用手机数据进行职住平衡分析的重点在于识别特定时段内哪些手机用户属于居住人口，哪些手机用户属于工作人口。进行这两类人识别的方法与前文提到的区域常住人口识别方法在理论上是一致的。

5. 轨道交通客流特征调查分析

当前，轨道交通乘客普遍采用进出站刷卡的方法来管理，中间换乘不需要刷卡。这些刷卡数据可以用来估算特定轨道交通站点的进出客流量。但对于轨道交通规划设计与运营管理者而言，各条轨道线路之间的换乘量对于日常的规划管理工作具有很大的帮助。但是，依靠刷卡数据这一传统手段只能间接推算换乘量，不能直接测算，精度上比较难以把握。轨道设施内特殊的基站布置形式为采用手机技术进行轨道交通客流特征分析提供了便利。

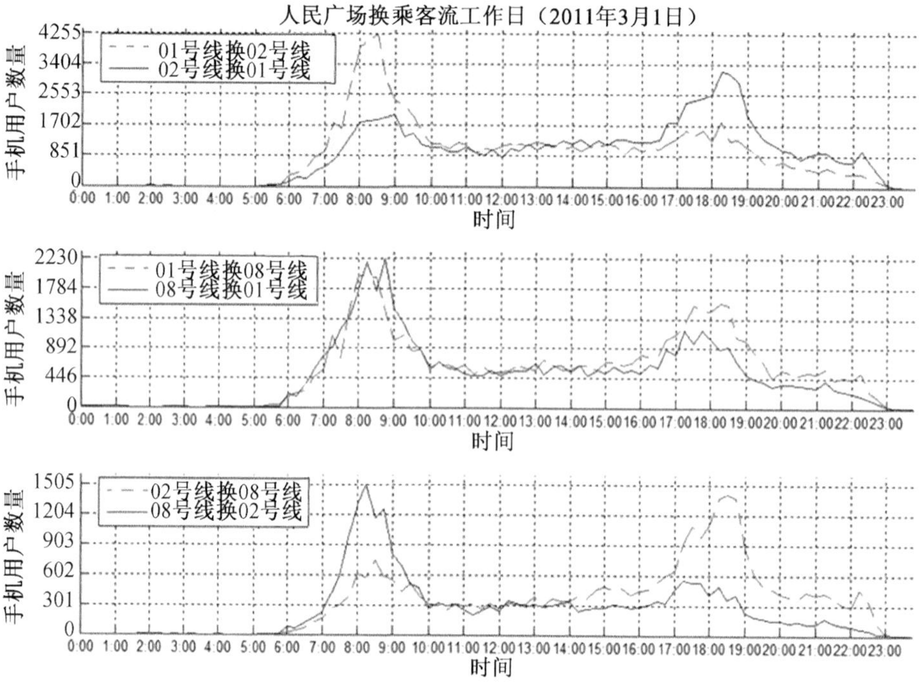

图 9-11　上海市轨道交通换乘客流统计图[110]

如图 9-11 所示，基于手机技术可以直接测算出相应轨道线路之间的换乘量。此外，手机方式还能够直接获取区分线路的进/出站客流，可作为 IC 数据的有益补充。

通过对选择轨道交通方式出行群体的连续跟踪分析，还能得到轨道交通站点在城市各个方向上的服务范围和强度，这一检测数据能够为城市交通规划管理部门提供配套公交站点、班次设置的依据，并根据周边土地利用改变情况及时做出线路调整。

6. 外来人口出行特征调查分析

外来人口出行调查近年来一直是我国城市交通出行调查的软肋。常用的调查方法是派出调查员进入火车站、汽车站等交通枢纽进行问卷调查。这一调查方法在样本偏差、抽样率等方面存在固有的缺陷，同时，被调查人员填报数据的准确性也很难验证。通过手机技术，为上述问题的解决提供了途径。确定哪些手机用户属于外来人口是本项工作的第一步。通常判断的准则包括该手机是否属于外地漫游用户以及该用户在本市停留时间长短等条件来判断。在此基础上可以进一步采用手机调查技术获得白天和夜间两个时间段外来人口在城市空间上的分布情况。图 9-12 展示的则是外来人口在天津停留时间的统计。这些数据将为城市对外交通规划提供很好的数据研究支撑。

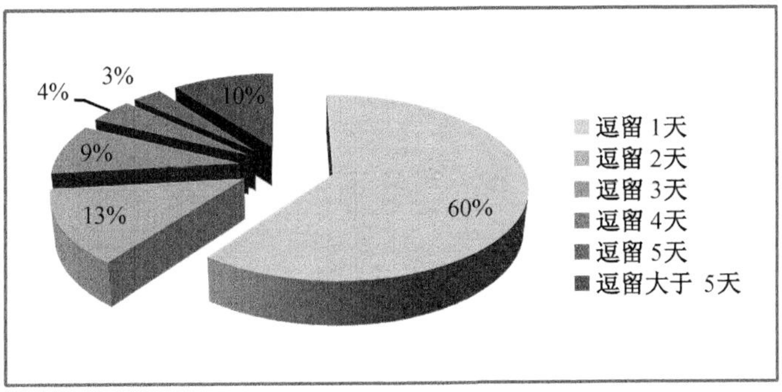

图 9-12　外来人口在天津停留时间统计[111]

7. 重点区域集散客流时变特征分析

城市重点区域包括城市 CBD、文化体育场馆、民俗节日庆祝地点等场所。分析研究这些区域的客流集散时变特征,有助于制定全面、科学的交通管理预案,确保重点区域和重大节日、集会的成功举办。图 9-13 就是采用来源于手机技术的调查数据进行绘制,展示了上海市陆家嘴地区某日早晨 6:00 到 7:15 之间客流的汇集情况。从这 5 张每 15 min 统计一次的地图可以看出人群从上海的各处地方动态向陆家嘴汇集的过程。这些动态数据是实现有效交通诱导与管控的基础。

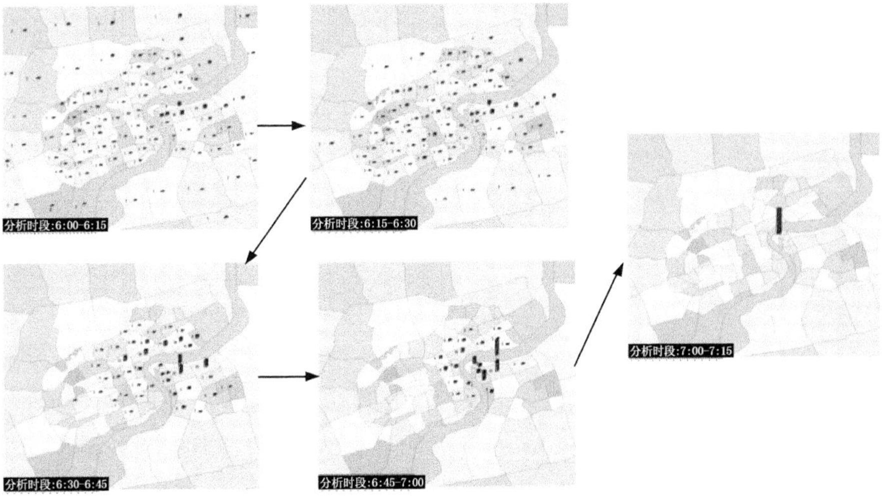

图 9-13　上海市陆家嘴地区客流汇聚动态示意图[110]

8. 典型断面、校核线客流调查分析

典型断面、校核线客流是进行城市总体 OD 调查数据精度验证的参照数据,具有很高的重要性。目前,常用的方法是人工在预设的校核点处进行流量统计。采用手机技术也可以完成此项调查,且可以统计这些典型断面的客流时变规律。如图 9-14 所示,就是基于手机技术统计的翔殷路隧道(越江隧道)的断面流量。

手机技术在城市居民出行调查与行为分析方面的应用,为城市交通规划管理的理论与技术创新提供了广阔的空间。但由于目前处于隐私保护的考虑,手机技术还无法获取用户

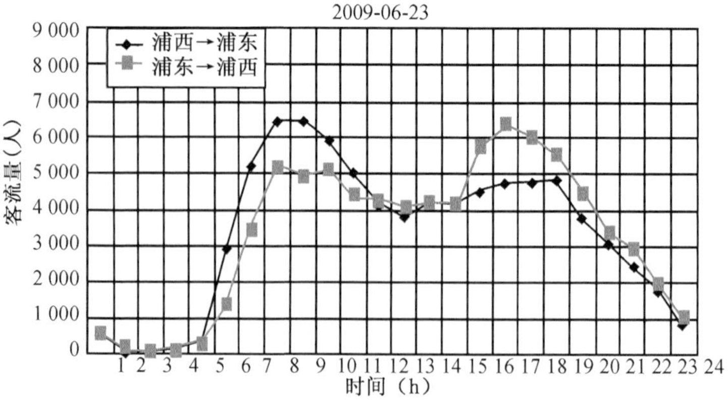

图 9-14 境界线流量统计示意图[110]

个人或者家庭的社会经济属性。这就决定了现阶段的手机技术侧重于城市交通集计数据的调查分析,对基于居民个体效用的离散选择理论缺少支持。

9.4.4 基于手机技术的机动车空气污染分析

空气污染已经引起全社会的极大关注,改善环境质量已经成为中央以及地方政府的重要工作内容之一。据测算,在城市空气污染所有来源中,机动车排放所造成的空气污染占所有来源的30%以上。改善城市空气质量,离不开对城市交通状况与空气污染之间关系的研究,并基于此提出相应的交通排放改善措施。

图9-15是应用手机技术进行机动车空气污染分析的技术路线。具体技术流程可以总结为基于覆盖城市道路的动态交通数据,结合既有国内外机动车排放模型应用经验,针对本地道路交通工况,研究建立适用于本地的机动车排放因子库,并构建基于实时动态交通数据的机动车尾气排放测算模型;整合道路附近的环境空气质量监测数据,建立一套"整体实时动态交通信息采集—机动车实时排放—空气污染预警"系统。从而实现交通状态、机动车尾气污染排放、空气质量的实时监控,为政府实时掌握交通污染路段和时段,制定交通污染控制措施提供数据支撑。手机技术在该系统里主要起到提供道路动态交通数据的作用。

除了上述调查应用,基于手机的交通调查技术还可以分析高速公路以及快速路的实时交通、进行轨道交通沿线人口分布等研究,并有可能会在城市交通与土地利用互动关系、城市交通与经济增长之间的机理研究方面取得突破。以手机为代表的大数据规划分析技术开创了一个新时代,是城市交通规划理论与方法改革创新的新动力。这些技术的应用将为城市总体规划与交通规划提供丰富的数据和技术支持,使城市交通规划管理早日进入数据智能驱动的决策分析阶段。

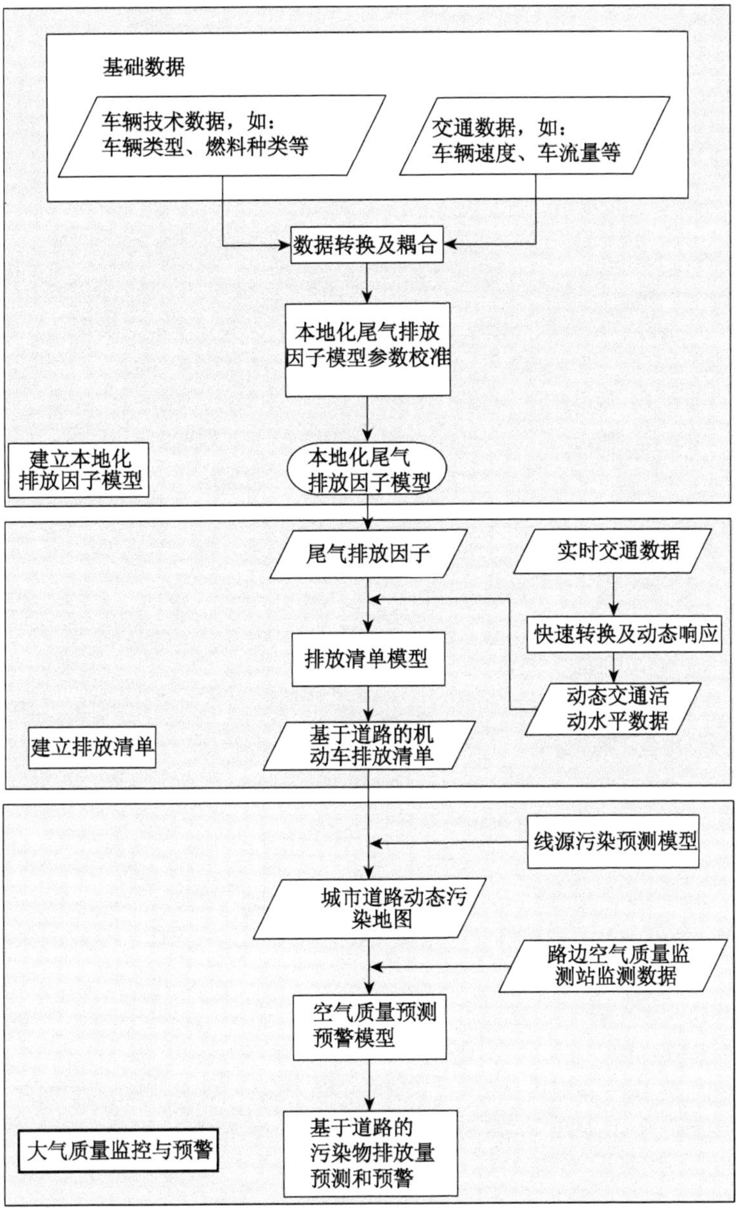

图 9 15　基于手机技术的机动车空气污染分析[113]

参 考 文 献

[1] [日]佐佐木公明，文世一. 城市经济学基础[M]. 北京：社会科学文献出版社，2012
[2] [美]刘易斯·芒福德. 城市发展史——起源、演变和前景[M]. 北京：中国建筑工业出版社，2005
[3] 陈萍. 城市经济发展——理论与实践[M]. 北京:经济管理出版社，2009
[4] [美]阿瑟·奥莎利文. 城市经济学[M]. 北京:北京大学出版社，2008
[5] [美]爱德华·格莱泽. 城市的胜利[M]. 上海：上海社会科学院出版社，2012
[6] 夏南凯. 城市经济与城市开发[M]. 北京：中国建筑工业出版社，2003
[7] 王磊智. 城市化的中国——机遇与挑战[M]. 上海：上海交通大学出版社，2013
[8] 沈玉麟. 外国城市建设史[M]. 北京：中国建筑工业出版社，1989
[9] [加]贝淡宁，[以]艾维纳. 城市的精神[M]. 重庆：重庆出版社，2012
[10] [美]汉克·V. 萨维奇，保罗·康特. 国际市场中的城市——北美和西欧城市发展的政治经济学[M]. 上海:上海人民出版社，2013
[11] [美]理查德·P. 格林，詹姆斯·B. 皮克. 城市地理学[M]. 北京：商务印书馆，2011
[12] [加]杰布·布鲁格曼. 城变[M]. 北京：中国人民大学出版社，2009
[13] 丁成日. 城市经济与城市政策[M]. 北京：商务印书馆，2008
[14] 陆铭. 空间的力量——地理、政治与城市发展[M]. 上海:上海人民出版社，2013
[15] 杨卫东，郭虹. 中心城市经济理论与实践——以武汉为例[M]. 北京：经济科学出版社，2011
[16] 张京祥. 西方城市规划思想史纲[M]. 南京：东南大学出版社，2005
[17] 黄凌翔. 国外城市产业发展的阶段性特点及对我国城市产业升级的启示[J]. 上海经济研究，2007(2):83-87
[18] 左学金. 世界城市空间转型与产业转型比较研究[M]. 北京：社会科学文献出版社，2011
[19] 王磊. 城市产业结构调整与城市空间结构演化——以武汉市为例[J]. 城市规划汇刊，2001(3)：55
[20] 徐和平. 经济发展中的大国城市化模式比较研究[M]. 北京：人民出版社，2011
[21] [美]沃尔特·艾萨德. 区位与空间经济[M]. 北京：北京大学出版社，2011
[22] 过秀成. 城市交通规划[M]. 南京：东南大学出版社，2010
[23] 王炜，陈学武. 交通规划[M]. 北京：人民交通出版社，2007
[24] [美]德怀特·H. 波金斯，斯蒂芬·拉德勒，戴维·L. 林道尔. 发展经济学[M]. 北京：中国人民大学出版社，2013
[25] 张跃庆，张连城. 城市经济学教程[M]. 北京：经济日报出版社，1995
[26] United World Urbanization Prospects:The 2014 Revision[R]，2014
[27] 联合国人口发展委员会. 世界人口趋势[R]，2009
[28] 贺雪峰. 地权的逻辑Ⅱ:地权变革的真相与谬误[M]. 北京：东方出版社，2013
[29] [美]道格拉斯·诺思. 理解经济变迁过程[M]. 北京：中国人民大学出版社，2013
[30] 张培刚，张建华. 发展经济学[M]. 北京:北京大学出版社，2009
[31] 张建华. 创新、激励与经济发展[M]. 武汉:华中理工大学出版社，2000
[32] Goulet D. The Cruel Choice: A New Concept in the Theory of Development[M]. New York:

Atheneum Press，1971
[33] [英]阿瑟·刘易斯. 经济增长理论[M]. 北京：商务印书馆，1991
[34] 张培刚. 农业与工业化[M]. 武汉：华中科技大学出版社，2002
[35] 姚洋. 发展经济学[M]. 北京：北京大学出版社，2013
[36] 李崇良. 西宁市产业结构演变对交通运输影响研[D]. 西宁：青海师范大学，2011
[37] 王岳平. 产业结构对交通运输发展影响的定量分析[J]. 管理世界，2006(6)：65-72
[38] 杨德勇，张宏艳. 产业结构研究导论[M]. 北京：知识产权出版社，2008
[39] Maibach M, Schreter C, Sutter D, et al. Handbook on Estimation of External Costs in the Transport Sector[R]. CE Delft，2008
[40] Fagnant D J, Kockelman K M, Xie C. Anticipating Roadway Expansion And Tolling Impacts：Toolkit For Abstracted Networks[C]. The 90th Annual Meeting of the Transportation Research Board，2011
[41] Small K A, Verhoef E T. The Economics of Urban Transportation[M]. New York：Routledge，2007
[42] Lindsey C R, Verhoef E T. Traffic Congestion and Congestion Pricing[J]. Economics University of Alberta，2011
[43] Litman T. Socially Optimal Transport Prices and Markets：Principles，Strategies and Impacts[R]. Victoria Transport Policy Institute，2015
[44] K V Podgorski ，K M Kockelman. Public Perceptions of Toll Roads：A Survey of the Texas Perspective[J]. Transportation Research，2006，40A：888-902
[45] De Corla-Souza P. Value Pricing Pilot Program Manager[R]. US Department of Transportation，2009
[46] Luskin D, Garcia-Diaz A, Walton C M, et al. Highway Cost Allocation in Texas：Executive Summary [R]. Center for Transportation Research at University of Texas at Austin，2002
[47] Rosenthal E. In Auto Test in Europe，Meter Ticks Off Miles，and Fee to Driver[R]. The New York Times，2011
[48] Kockelman K, Chen T D, Larsen K, et al. The Economics of Transportation Systems：A Reference for Practitioners[R]. Center for Transportation Research，The University of Texas at Austin，2013
[49] Eliasson J, Mattsson L G. Equity Effects of Congestion Pricing：Quantitative Methodology and a Case Study for Stockholm[J]. Transportation Research，2006，A(40)：602
[50] [英]杰克·哈维，厄尼·乔赛. 城市土地经济学[M]. 福州：福建人民出版社，2012
[51] Button K. Transport Economics[M]. Northampton，MA：Edward Elgar Publishing，2010
[52] Allen D N, Robertson G E. Silicon，Sensors and Software：Listening to Advanced Technology Enterprises in Pennsylvania [R]. Institute of Public Administration，Pennsylvania State University，1983
[53] Buffington J L, Vadali S R, Womack K N, et al. Social，Economic and Environmental Effects of Elevated，Depressed，and AtGrade Level Freeways in Texas[R]. Texas Transportation Institute，Texas A&M University，1997
[54] NCHRP. Land Use Impacts of Transportation：A Guidebook [R]. Transportation Research Board，1999
[55] Alonso W. Location and Land Use[M]. Cambridge，MA：Harvard University Press，1964
[56] Nelson A C. Effects of Elevated Heavy-Rail Transit Stations on House Prices with Respect to Neighborhood Income[J]. Transportation Research Record，1992，1359：127-132
[57] Gatzlaff D, Smith M. The Impact of the Miami Metrorail on the Value of Residences Near Station Locations[J]. Land Economics，1993，69(1)：54-66
[58] Cervero R, Landis J. Twenty Years of the Bay Area Rapid Transit System：Land Use and

Development Impacts[J]. Transportation Research，1997，31A(4)：303-399

[59] 王云，陈胜男，熊珊珊. 轨道交通对周边住宅房地产价格影响研究[J]. 土木工程与管理学报，2014，31(4):88-102

[60] 苏亦宁，冯长春. 城市轨道交通对其沿线住宅价格的影响分析——以北京市地铁四号线和八通线为例[J]. 城市发展研究，2011，18(7)：108-113

[61] Bowes D R，Keith R. Identifying the Impacts of Rail Transit Stations on Residential Property Values [J]. Journal of Urban Economics，2001，50：1-25

[62] Gamble H B，Sauerlender O H，Langley C J. Adverse and Beneficial Effects of Highways on Residential Property Values[J]. Transportation Research Record，1974，508：37-48

[63] Haider M，Miller E. Effects of Transportation Infrastructure and Location on Residential Real Estate Values：Application of Spatial Autoregressive Technique[J]. Transportation Research Record，2000，1772：1-8

[64] Handy S L，Kubly S，Jarrett J，et al. Economic Effects of Highway Relief Routes on Small and Medium-Size Communities [R]. The University of Texas at Austin，2000

[65] TxDOT. Access Management Manual [R]. Texas Department of Transportation Design Division，2011

[66] Gluck J，Levinson H S，Stover V G. Impacts of Access Management Techniques[R]. National Cooperative Highway Research Program，Transportation Research Board，1999

[67] TRB. Highway Capacity Manual[R]. Transportation Research Board，2000

[68] Eisele W L，Frawley W E. A Methodology for Determining the Economic Impacts of Raised Medians：Final Project Results[R]. Texas Department of Transportation，Texas Transportation Institute，Texas A&M University，2000

[69] Weisbrod G，Neuwirth R. Economic Effects of Restricting Left Turns[R]. National Cooperative Highway Research Program，1998

[70] Vu P. Economic Impacts of Access Management. Washington State Department of Transportation [R]. Washington State Transportation Center，University of Washington，2002

[71] Barnum D T，McNeil S，Hart J. Comparing the Effiiency of Public Transportation Subunits Using Data Envelopment Analysis[J]. Journal of Public Transportation，2007，10(2)：1-16

[72] Ozbek M E，Garza JMDL，Triantis K. Data Envelopment Analysis as a DecisionMaking Tool for Transportation Professionals[J]. Journal of Transportation Engineering，2009，135(11)：822-831

[73] Kockelman K，Srinivasan S，Handy S L. Economic Effects of Highway Relief Routes on Small- and Medium-Size Communities[R]. Center for Transportation Research，The University of Texas at Austin，2001

[74] Andersen S J，Harrison R，Euritt M A，et al. Economic Impacts of Highway Bypasses[R]. Center for Transportation Research，The University of Texas at Austin，1992

[75] Weisbrod G. Being Clear About Benefit/Cost Analysis (BCA) and Economic Impact Analysis[R]. Economic Development Research Group，USDOT，2010

[76] Kockelman K，Zhou B，Tirumalachetty S. NCTCOG's Land Use Modeling Workshop[R]. NCTCOG，2009

[77] Goff Z A，McFarland W F，Edge B，et al. The Value of Texas Ports[R]. Texas Transportation Institute，Texas A&M University，1997

[78] Research CfEDa. The Economic Impact of General Aviation in Texas[R]. Texas Department of Transportation，2011

[79] TxDOT. SH-71(US-290) improvements, Travis Gunty: Environmental Impact Statement [R]. Texas Department of Transportation, 2007
[80] Piermartini R, Teh R. WTO Discussion Papers No. 10: Demystifying Modelling Methods for Trade Policy[R]. World Trade Organization, 2007
[81] Victoria University. MINIMAL: a Simplified General Equilibrium Model[EB/OL]. [2015-2-12]. http://www.copsmodels.com/minimal.htm.
[82] Wing L S. Computable General Equilibrium Models and Their Use in Economy-Wide Policy Analysis [R]. MIT Joint Program on the Science and Policy of Global Change, 2004
[83] 美国城市土地协会. 联合开发——房地产开发与交通的结合[M]. 北京:中国建筑工业出版社, 2003
[84] 李梦白, 杨钟仁. 城市建设经济学研究[M]. 北京: 中国建筑工业出版社, 1992
[85] 余振, 陈瑞莲. 中国城市公共行政与公共政策比较研究[M]. 北京: 中国社会科学出版社, 2005
[86] 夏朝阳. 城市轨道交通与土地资源综合开发研究[D]. 上海:同济大学, 2006
[87] 陆锡铭. 大都市一体化交通[M]. 上海: 上海科学技术出版社, 2003
[88] 周蕾. 走向破产的英国伦敦地铁——中国地铁未来发展之鉴[J]. 国际工程与劳务, 2014 (06): 14-16.
[89] 贾颖伟. 美国旧金山湾区的城际轨道交通[J]. 城市轨道交通研究, 2003(02): 69-73
[90] 郑捷奋, 刘洪玉. 日本轨道交通与土地的综合开发[J]. 中国铁道科学, 2003 (04): 134-139
[91] 郑捷奋, 刘洪玉. 香港轨道交通与土地资源的综合开发[J]. 中国铁道科学, 2002 (05): 3-7
[92] 郝成, 李静. 北京、香港、纽约城市轨道交通投融资模式对比分析[J]. 城市轨道交通研究, 2009 (01): 15-20
[93] 易文媛, 孙蕾. 深圳市轨道交通沿线用地综合开发实践探索[J]. 地下空间与工程学报, 2014 (04): 756-762
[94] 周峥华. 城市轨道交通与房地产综合开发研究——以广州为例[D]. 广州:暨南大学, 2006
[95] [英]汤姆逊. 城市布局与交通规划[M]. 北京: 中国建筑工业出版社, 1982
[96] 周诚. 土地经济学[M]. 北京: 农业出版社, 1989
[97] 知乎. 金钱有术[M]. 北京: 中信出版社, 2014
[98] 钱晓佳. 浅析上海轨道交通综合开发项目股权转让模式创新——以上海某地铁停车场综合开发项目股权转让为例[J]. 中国房地产, 2013(07): 50-52
[99] 林正, 孙彰, 张文宇. 香港地铁的可持续发展探索[J]. 都市快轨交通, 2008(01): 5-10
[100] 杨涛. 城市交通:新世纪的挑战与对策[M]. 南京: 东南大学出版社, 2001
[101] 赵和生. 城市规划与城市发展[M]. 南京: 东南大学出版社, 2005
[102] Schrank D, Eisele B, Lomax T. TTI's 2012 URBAN MOBILITY REPORT[R]. Texas A&M Transportation Institute, 2012
[103] 吴栋栋, 邵毅, 景谦平, 等. 北京交通拥堵引起的生态经济价值损失评估[J]. 生态经济, 2013, 4: 75-79.
[104] [美]杰里米·里夫金. 第三次工业革命[M]. 北京:中信出版社, 2012
[105] 江苏省人民政府. 省政府关于印发江苏省新能源汽车推广应用指导意见的通知[R], 2012
[106] 南京市人民政府. 南京市新能源汽车推广应用实施方案[R], 2013
[107] 麦肯锡环球研究院. 大数据:创新、竞争和生产力的下一个前沿[R], 2011
[108] [英]维克托·迈尔-舍恩伯格, 肯尼斯·库克耶. 大数据时代——生活、工作与思维的大变革[M]. 杭州: 浙江人民出版社, 2012
[109] 涂子沛. 大数据[M]. 桂林: 广西师范大学出版社, 2013
[110] 上海美慧软件有限公司. 重庆市交通综合信息平台-手机技术[R], 2012

[111] 天津市城市规划设计研究院交通所，上海美慧软件有限公司. 天津市第四次交通调查手机话单与出租车调查分项[R]，2012
[112] 无锡市城市规划编制研究中心，上海云砥信息技术有限公司. 无锡基于手机信令数据的居民出行调查[R]，2013
[113] 上海市环境保护局，上海市环境科学研究院，上海市环境监测中心，等. 机动车实时排放空气污染预警研究与示范[R]，2010